Mystische Pfade
Hunsrück

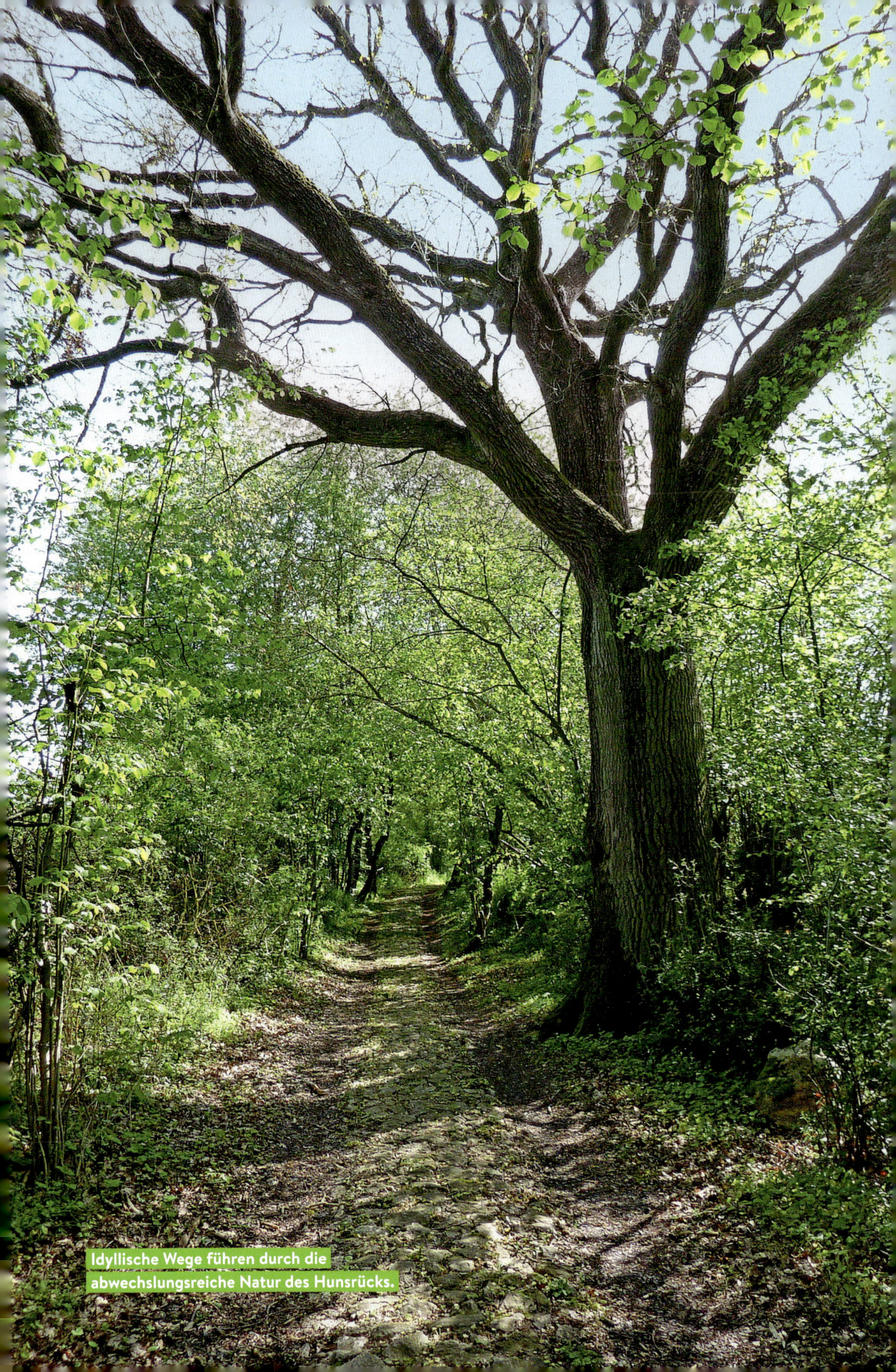

Idyllische Wege führen durch die abwechslungsreiche Natur des Hunsrücks.

Antje Bayer

Mystische Pfade HUNSRUCK

30 Wanderungen auf den Spuren von Mythen und Sagen

BRUCKMANN

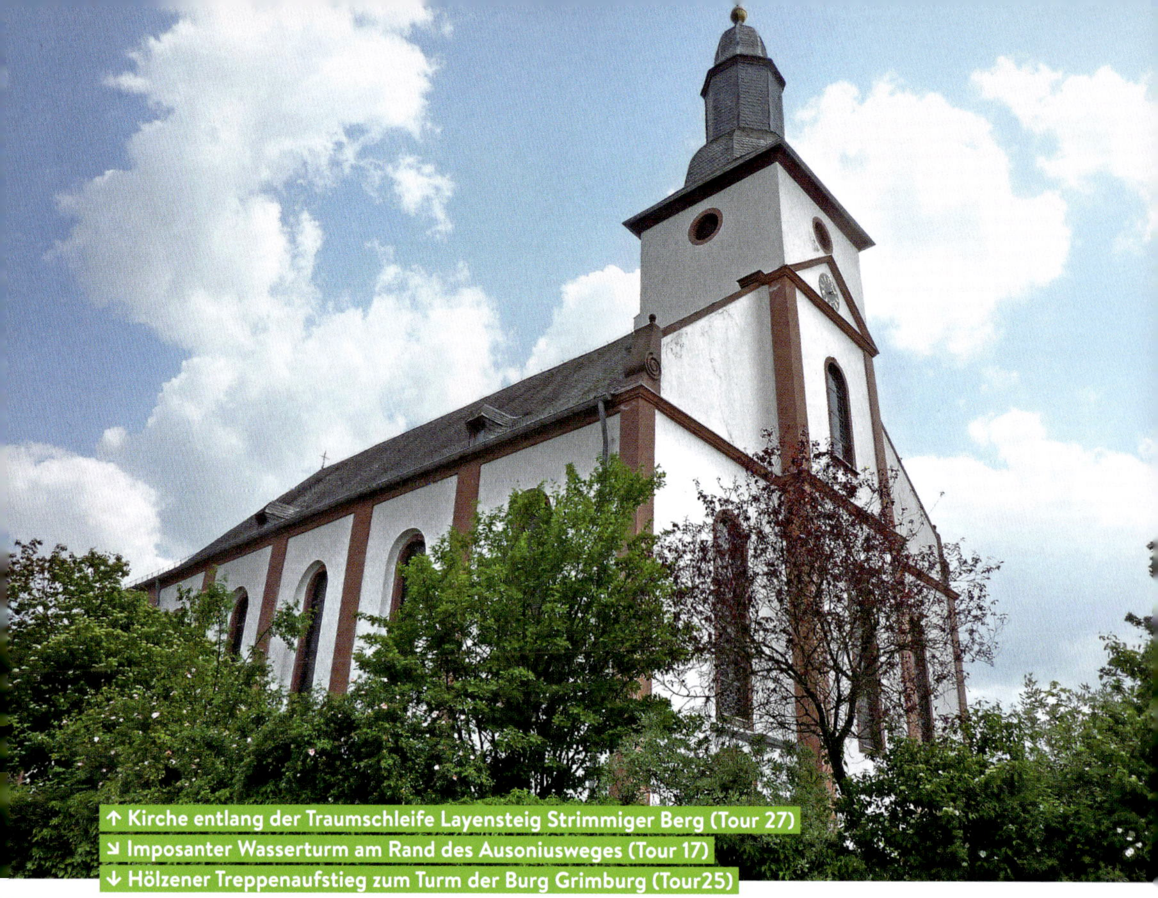

↑ Kirche entlang der Traumschleife Layensteig Strimmiger Berg (Tour 27)
↘ Imposanter Wasserturm am Rand des Ausoniusweges (Tour 17)
↓ Hölzener Treppenaufstieg zum Turm der Burg Grimburg (Tour25)

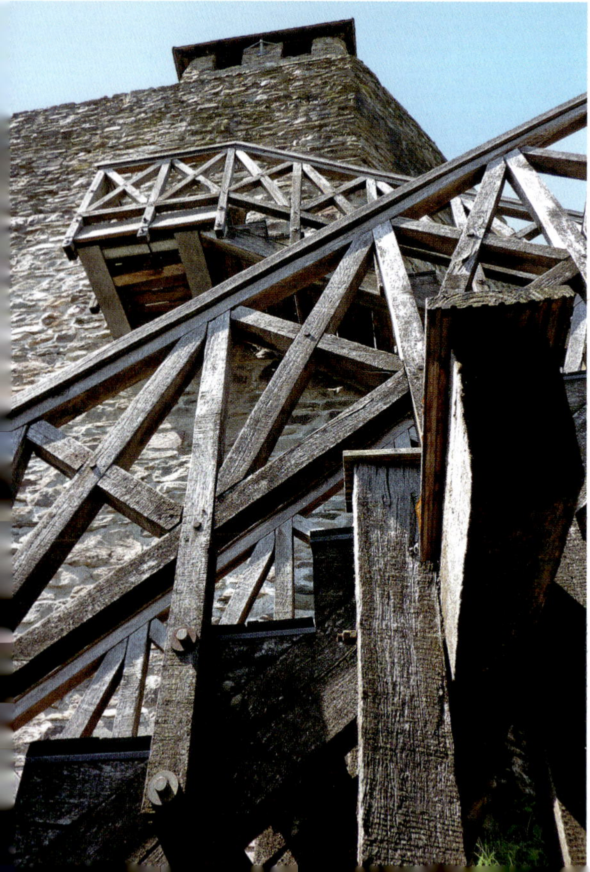

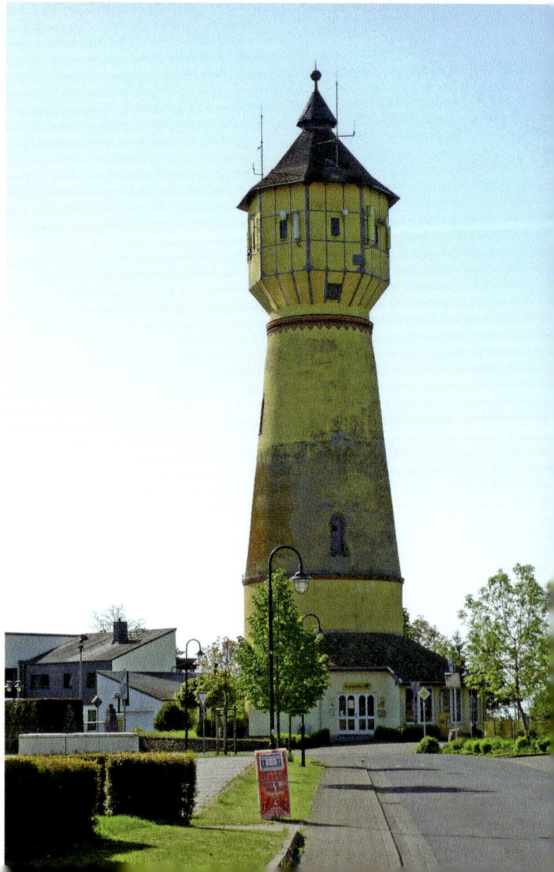

INHALT

DIE TOUREN

RHEIN-HUNSRÜCK

SIMMERNER MULDE UND SOONWALD

HOCH- UND IDARWALD

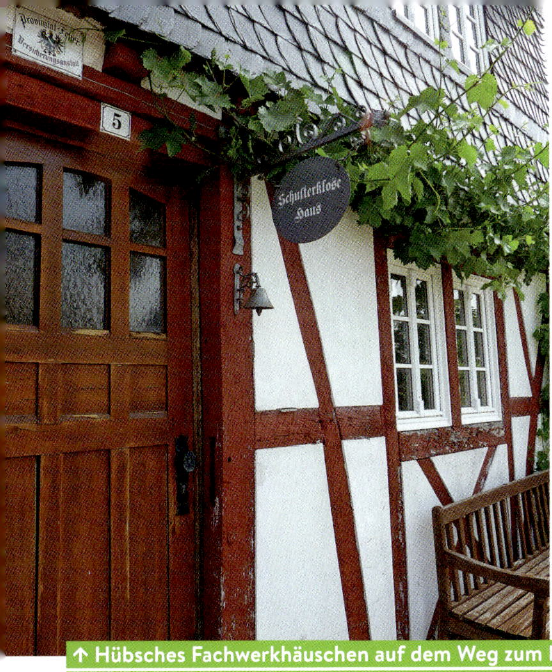

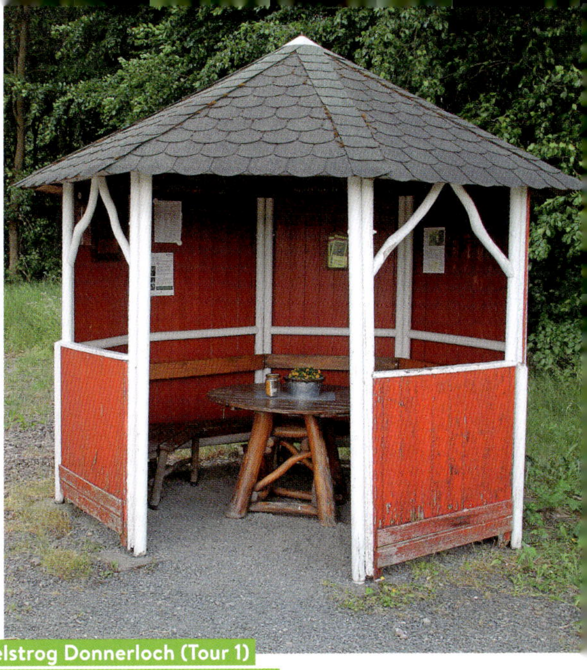

↑ Hübsches Fachwerkhäuschen auf dem Weg zum Felstrog Donnerloch (Tour 1)
↗ Für eine gemütliche Rast entlang der Traumschleife Oberes Baybachtal (Tour 4)

MOSEL-HUNSRÜCK

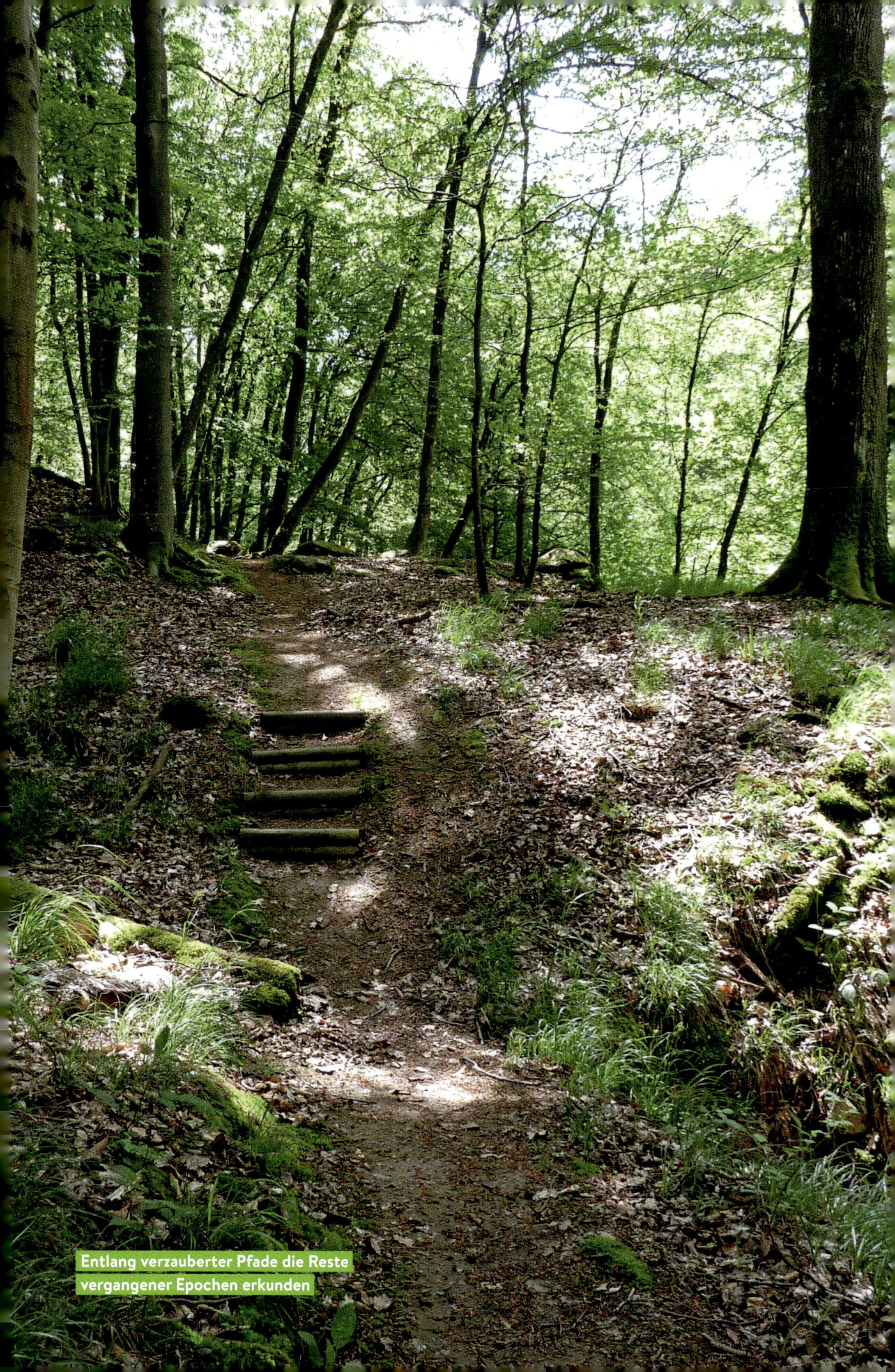

Entlang verzauberter Pfade die Reste vergangener Epochen erkunden

Vorwort

ICH HABE EINE LEIDENSCHAFT FÜR ZAUBERHAFTE ORTE und in der Region des Hunsrücks habe ich wahrlich ein richtiges Paradies entdeckt. Diese bezaubernde Gegend bietet ein Füllhorn an Möglichkeiten, die darauf warten, von mir erkundet zu werden. Als die Mystikerin in mir zum Leben erwachte, fand ich mich voller Enthusiasmus in den Vorbereitungen für meine Reise wieder.

Während meiner Erkundungstour führte mich mein Weg an malerische Orte. Kleine verträumte Dörfer, faszinierende Landschaften mit ihren verborgenen Schätzen und die vielen Ruinen mit ihren reichen Geschichten zogen mich augenblicklich in ihren Bann. Es war geradezu magisch, wie ich mich von bizarren Höhlen wie der Schinderhanneshöhle, stillen Tälern und Burgen, deren Atmosphäre förmlich greifbar war, angezogen fühlte.

Während meinen Wanderungen durfte ich unzählige faszinierende Dinge sehen und erleben. Ich begegnete vielen herzlichen Menschen, die mir den ein oder anderen Geheimtipp gaben. Ihre gruseligen Geschichten über teuflische Gestalten, aber auch Helden entführten mich in längst vergangene Zeiten. Mit diesen Erzählungen in meinem Gedächtnis begab ich mich auf die Spuren der Vergangenheit.

Ich spürte förmlich die Anwesenheit der Römer auf dem Ausoniusweg, drängte mich an so mancher Felswand entlang und bewunderte die von der Natur geformten Steilhänge. In Otzenhausen bestaunte ich vom Ringwall aus die malerische Landschaft. Zudem stieß ich auf römische Relikte und tauchte in das Rätsel um so manche Quelle ein. Vor meinem inneren Auge wurden die Sagengestalten greifbar und erweckten die Landschaft zum Leben. Ich lauschte gebannt dem Rauschen der Blätter der Königsbuche und ließ mich von der einzigartigen Atmosphäre in der Hölzbachklamm gefangen nehmen.

Ich durchstreifte zauberhafte Wiesentäler, kleine Dörfer mit ihren putzigen Fachwerkhäusern und verlor mich im Klang der Kirchenglocken. Mit großer Begeisterung verfolgte ich den eleganten Flug der Schmetterlinge und Libellen, lauschte dem sanften Rauschen und Plätschern der Bäche und beobachtete das wilde Spiel der Wasserfälle. Über weichen Waldboden und Feldwege führte mich mein Weg oft bergauf und bergab, und enge Pfade enthüllten immer neue Schätze.

Nun wünsche ich auch Ihnen viel Spaß beim Ausprobieren dieser magischen Wandertouren. Möge dieses Buch Ihnen ein treuer Begleiter sein!

Antje Bayer

Willkommen im Hunsrück

Der Hunsrück ist ein Mittelgebirge, das in Rheinland-Pfalz und teilweise im Saarland liegt. Der Erbeskopf mit seinen 816 Metern ist seine höchste Erhebung.

Naturschätze im Hunsrück

Die Naturlandschaft im Hunsrück ist sehr vielfältig. Im Nationalpark Hunsrück-Hochwald kann man auf schmalen Wegen und naturbelassenen Pfaden dunkle Moore, fantastische Felsformationen, die durch die Wettereinflüsse der letzten Jahrmillionen bizarr geformt wurden, sowie auch alte Buchenwälder erforschen. Immer wieder trifft man auf andere Vegetationen und Landschaften. Hier fühlen sich u. a. Wildkatzen, Schwarzstörche oder auch Schwarzspechte sehr heimisch.

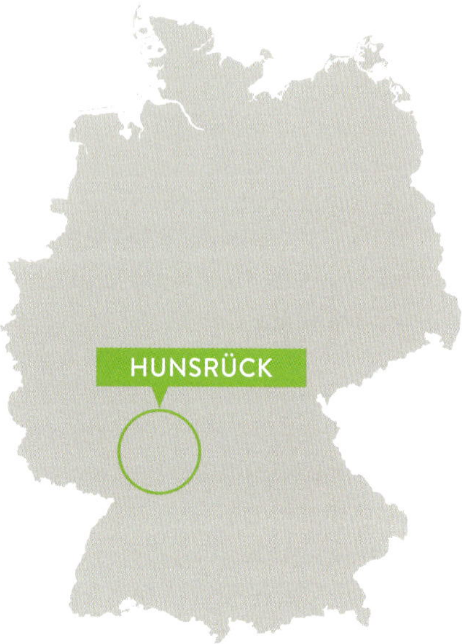

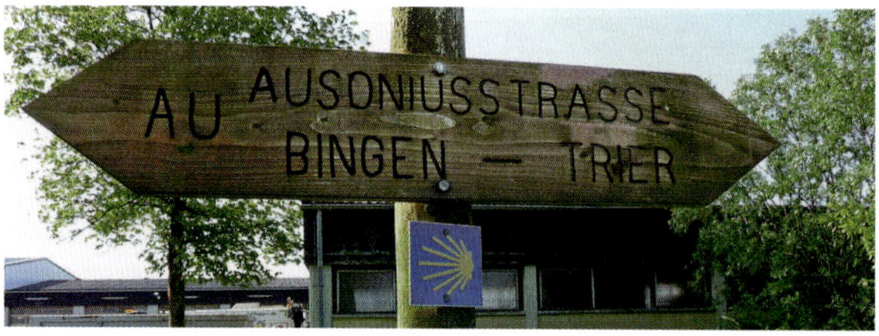

Römerstraße

Einst im Jahre 368 n. Chr. reiste Ausonius auf der Römerstraße von Bingium (Bingen) am Rhein über den Hunsrück an die Mosel in die Kaiserresidenz Augusta Treverorum (Trier). Der heutige Wanderweg, teilweise auf der Originaltrasse, zeigt noch an vielen Stellen, wie die Römer einst ihre Straßen bauten.

Wildkatzen

Der Nationalpark Hunsrück-Hochwald gilt als Hotspot der Wildkatzen. Es streifen etwa 100 im Nationalpark umher. Der Hunsrücktiger ist sehr scheu und bewegt sich in einem Gebiet von zwei bis drei Quadratkilometern. Tagsüber versteckt er sich gern und zeigt sich hauptsächlich während der Dämmerung. In Freiheit kann er bis zu zehn Jahre alt werden.

360 Meter

Etwa 360 Meter lang ist die Hängeseilbrücke Geierlay zwischen Mörsdorf (VG Kastellaun) und Sosberg (VG Zell/Mosel). Sie ist eine der längsten Hängeseilbrücken in Europa und eine der schönsten in Deutschland. Etwas Mut ist schon nötig, um die Seiten zu wechseln. Je nach Windstärke kann es in einer Höhe von 100 Metern ganz schön schaukelig werden. Dafür wird jeder Besucher mit einer fantastischen Aussicht über das Mörsdorfer Bachtal belohnt.

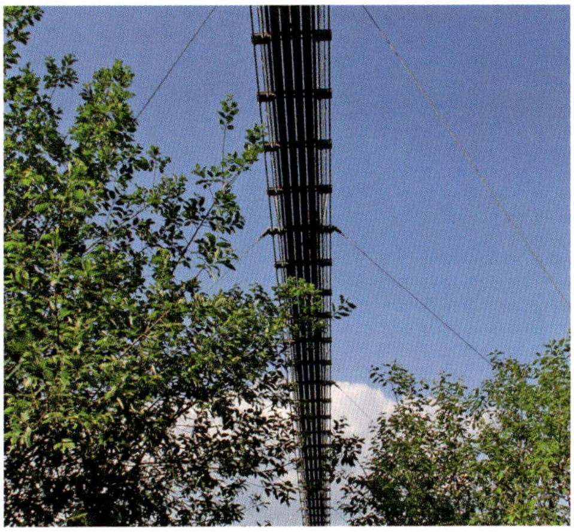

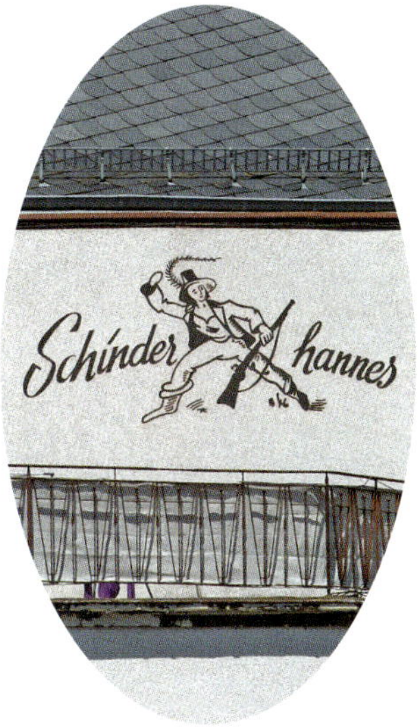

Schinderhannes

Geschichten, Lieder, Literatur und Filme halten den Mythos des Schinderhannes am Leben. Johannes Bückler wurde im Herbst 1779 in Miehlen geboren. Gestorben ist er am 21. November 1803 in Mainz. Bis heute gilt Schinderhannes als einer der populärsten Räuber Deutschlands. Sein Name ist Kleinen wie auch Größeren bekannt. Robin Hood war er nicht, allerdings wurden im Volk immer sehr gern die Geschichten erzählt, als er die Gendarmen ausgetrickst hat. Sobald er gefasst wurde, war er auch schon wieder der Obrigkeit entkommen. Die Mundpropaganda im Volk trug dazu bei, dass er bereits zu Lebzeiten zur Legende wurde. 3400 Dokumente belegen in Zeugenaussagen, Protokollen und Beutelisten über 200 Straftaten. Darunter Erpressung, Raubmord und Mord. Schlussendlich wurde der berühmte Räuber mit der Guillotine hingerichtet.

Hunsrücker Spießbraten

Das Rezept dieses Spießbratens kommt eigentlich aus Brasilien und wurde von Auswanderern in den Hunsrück mitgebracht. Gewürzt mit Salz wurden ursprünglich handgroße Fleischstücke an Spießen über dem offenen Feuer gebraten. Heute wird der Spießbraten mit Zwiebeln gefüllt, gerollt und anschließend auf einen Spieß gesteckt. Über einem offenen Buchenholzfeuer wird er dann schön knusprig gebraten.

Der Wolf im Hunsrück

Im Jahr 2021 wurde der Wolf erstmals im Nationalpark Hunsrück-Hochwald nachgewiesen. Im Mai 2023 entstand wieder eine Fotografie eines Wolfes. Ob es das Tier von vor zwei Jahren war, ist ungewiss, da man damals auch das Alter, Geschlecht und die Herkunft nicht feststellen konnte. Nun wurden im Nationalpark mehrere Fotofallen aufgestellt, um dem Rätsel auf die Spur zu kommen.

Bruckmann-Tourenfinder

Für jeden Tag die richtige Tour

			km	Hm	Std.								
1	Felstrog Donnerloch	●	15,7	410	4.30	✓				✓			✓
2	Mariengrotte Holzbachtal	●	4,8	124	1.30	✓	✓		✓		✓		✓
3	Rheinhöhentour	●	11,6	332	3.30	✓		✓		✓			✓
4	Traumschleife Oberes Baybachtal	●	15,3	417	4.00	✓		✓			✓		✓
5	Schessels Beersche	●	5,5	134	1.30	✓	✓	✓	✓		✓		✓
6	Gehaichnisweg Bickenbach	●	10,8	182	3.00	✓			✓		✓		✓
7	Traumschleife Baybachklamm	●	10,5	413	4.00	✓		✓			✓		✓
8	Traumschleife Dünnbach-Pfad	●	10,8	303	4.00	✓				✓			✓
9	Mirza Alpe	●	11,5	190	3.00	✓	✓	✓			✓		✓
10	Geierlayschleife	●	6,6	252	2.30	✓	✓	✓	✓	✓			✓
11	Traumschleife Masdascher Burgherrenweg	●	13,9	306	5.00	✓		✓		✓			✓
12	Traumschleife Klingelfloß	●	8	125	3.00	✓	✓	✓	✓		✓		✓
13	Diller Burgpfad	●	11,5	166	3.00	✓	✓	✓			✓		✓
14	Schinderhanneshöhle	●	8	130	2.00	✓	✓	✓		✓			✓
15	Ausoniusweg	●	26,8	388	7.00	✓		✓		✓			✓

			km	Hm	Std.								
16	Via Molarum	●	15,6	204	5.30	✓				✓		✓	✓
17	Hahnenbachtaltour	●	7,3	151	2.30	✓	✓	✓		✓			✓
18	Koppenstein-Runde	●	13,8	516	4.30	✓		✓		✓			✓
19	Hölzbachklamm – Hunolsteiner Klammtour	●	10,5	265	4.30	✓	✓	✓			✓		✓
20	Kirschweiler Festung	●	9,1	294	3.00	✓	✓	✓		✓			✓
21	Vom Erbeskopf zur Siegfriedquelle	●	10,9	295	3.00	✓	✓	✓	✓	✓			✓
22	Rockenburger Urwaldpfad	●	11,5	506	4.00	✓		✓			✓	✓	✓
23	Frau Holle	●	7,4	120	2.30	✓	✓	✓		✓			✓
24	Ruine Burg Grimburg	●	10,9	290	3.00	✓		✓		✓			✓
25	Keltischer Ringwall	●	13,7	431	4.30	✓		✓		✓			✓
26	Wildnis-Trail Weiskirchen	●	17,5	464	6.00	✓		✓			✓		✓
27	Traumschleife Layensteig Strimmiger Berg	●	13,8	465	4.30	✓		✓			✓		✓
28	Kulturweg Grafschaft Veldenz	●	39,9	961	11.00	✓		✓		✓			✓
29	Seitensprung Kirchspiel's Tälertour	●	13,5	310	4.00	✓				✓			✓
30	Ruine Baldenau	●	15,5	140	4.30	✓		✓			✓		✓

Unser Nachhaltigkeitskodex

Die Welt birgt viele Wunder, Abenteuer und spektakuläre Aussichten, die wir gerne erkunden möchten. Doch sie ist auch leicht aus dem Gleichgewicht zu bringen. Hier ein paar Tipps, wie wir unsere Welt nachhaltig entdecken können:

- **Die Hauptsaison meiden:** Wenn wir nicht gerade auf die Ferienzeiten angewiesen sind, können wir der Umwelt einen großen Gefallen tun, indem wir in der Nebensaison verreisen. Damit tragen wir zu einer gleichmäßigeren Auslastung der Umwelt und der Infrastruktur bei und der Urlaub wird dazu auch noch wesentlich entspannter.
- **Auf umweltschonende Verkehrsmittel setzen:** Wo es möglich ist, reisen wir mit öffentlichen Verkehrsmitteln an. Das reduziert nicht nur die Luftverschmutzung, sondern schont auch unsere Nerven. Falls das nicht geht, helfen verschiedenste Plattformen dabei, den CO_2-Austoß auszugleichen, vor allem, wenn das gewünschte Reiseziel nur mit dem Flugzeug zu erreichen ist.
- **Nur dort parken und campen, wo es erlaubt ist:** Selbst, wenn wir uns noch so vorbildlich verhalten und unseren Aufenthaltsort so hinterlassen, wie wir ihn vorgefunden haben, stören wir den Lebensraum von Wildtieren und hinterlassen Spuren und Gerüche. Auch Lagerfeuer entzünden wir ausschließlich an den dafür vorgesehenen Stellen und achten dabei auf Waldbrandstufen und Naturschutzgebiete.
- **Ressourcen gewissenhaft nutzen:** Manche Umweltressourcen sind bereits knapp, endlich sind auf jeden Fall alle. Um sie zu schonen, sollten wir sparsam mit ihnen umgehen, gerade in Gegenden, in denen zum Beispiel Wasser oder Strom nicht im Überfluss vorhanden sind.
- **Ein guter Gast sein:** Nachhaltig unsere Umgebung zu erkunden bedeutet auch, der hiesigen Flora und Fauna mit Respekt zu begegnen. Pflanzen sollten auf keinen Fall gepflückt werden, aber sie stehen uns bestimmt gerne Modell für das eine oder andere Foto. Das Gleiche gilt für wilde Tiere: Wir füttern sie nicht, halten Abstand und beobachten sie aus der Ferne.
- **Auf den Wegen bleiben:** Wer die vorgegebenen Wege verlässt, dringt nicht nur in die Rückzugsräume heimischer Arten ein, sondern trägt auch dazu bei, dass sich neue Wege bilden, was zur Erosion des Bodens führt.
- **Abfall wieder mitnehmen:** Plastikverpackungen jeglicher Art, Dosen, Flaschen und Papiertaschentücher (es dauert Jahre, bis sich ein einzelnes Taschentuch vollständig abgebaut hat!) gehören nicht in die Natur, sondern artgerecht entsorgt. Am besten gleich eine wiederverwendbare Brotdose oder Trinkflasche mitnehmen.
- **Lokal kaufen:** Dadurch lernen wir Land und Leute besser kennen und unterstützen die regionale Wirtschaft, außerdem sind regionale Produkte meist auch preisgünstiger und qualitativ hochwertiger.

Nachhaltig draußen unterwegs zu sein, bedeutet auch ein **respektvolles Miteinander** – das sollte stets ein Motto in der Natur sein. Es tut nicht weh, sich gegenseitig zu grüßen und sich entgegenkommend zu verhalten. So haben Wanderer auf schmalen Wegen stets Vorrang, bei Gegenverkehr gilt in steilem Gelände immer: Wer absteigt, hält an. So lassen sich die Schönheit und Vielfalt der Natur gemeinsam genießen.

INFO

PIKTOGRAMME ERLEICHTERN DEN ÜBERBLICK

Länge

Höhenunterschied

Gehzeit

Einkehr

kindergeeignet

Sehenswürdigkeit

wintergeeignet

viel Sonne

schattiger Weg

Baden

ÖPNV

ANFORDERUNGEN

Die Wanderungen sind nach eigener Einschätzung der Schwierigkeiten von Wegbeschaffenheit, Entfernung, Orientierung, Höhenunterschied und Gefahrenlage eingeteilt.

● LEICHT

Einfache Wanderung auf guten Wegen und Pfaden ohne starke Steigungen, die aber auch ohne Markierung sein können. Orientierungssinn wird benötigt.

● MITTEL

Mittelschwere Wanderung mit deutlichen Höhenunterschieden auf Wegen und Pfaden, die etwas Kondition, Ausdauer und guten Orientierungssinn erfordert.

● SCHWER

Anspruchsvolle Wanderung auf teilweise steilen Wegen mit hoher Anforderung an die Kondition, Schwindelfreiheit und Trittsicherheit. Kann ausgesetzte Passagen am Fels beinhalten. Ein gutes Orientierungsvermögen ist unbedingt geboten. Alpine Erfahrung wird vorausgesetzt.

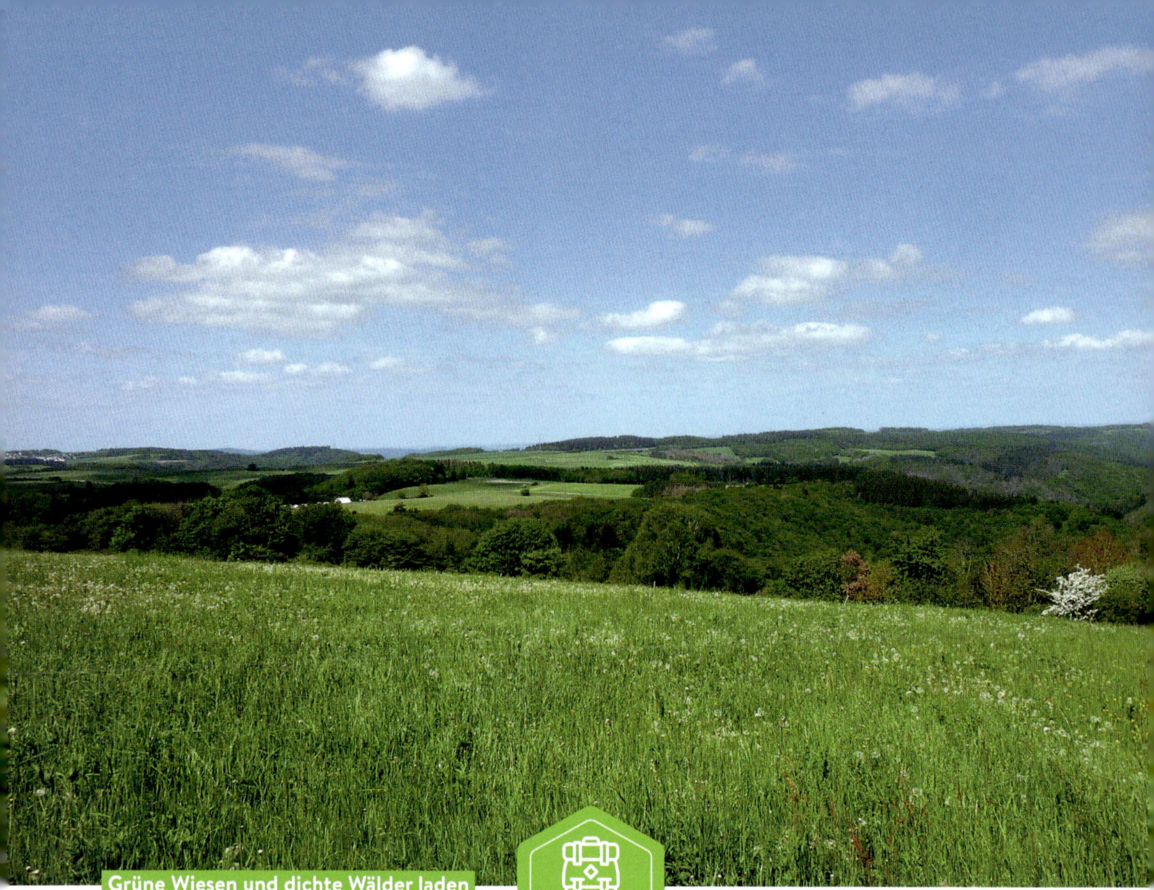

Grüne Wiesen und dichte Wälder laden zum Entspannen und Verweilen ein.

WANDERREGION HUNSRÜCK

Der Hunsrück wird von den Flüssen Nahe, Mosel, Saar und Rhein umrahmt. Dieses wird schon den Kindern in den Hunsrücker Schulen gelehrt: »Mosel, Nahe, Saar und Rhein schließen unsern Hunsrück ein.«

Als Teil des Rheinischen Schiefergebirges zählt der Hunsrück zu den älteren Gebirgen in Deutschland. Im Zentrum befinden sich die Hunsrückhochfläche mit einer Höhe von 400 bis 500 Metern sowie die Simmerner Mulde. Der 816,32 Meter hohe Erbeskopf ist die höchste Erhebung des Mittelgebirges. Die Hunsrückhöhenstraße erstreckt sich von Saarburg bis Koblenz und führt quer durch das Hunsrück-Mittelgebirge. Von West nach Ost durchzog eine römische Militärstraße, die

Ausoniusstraße, das Gebiet. Sie verband die Städte Trier und Bingen.

Über die Hochlagen des Hunsrücks und zwischen den Bundesländern Saarland bzw. Rheinland-Pfalz erstreckt sich der Nationalpark Hunsrück-Hochwald mit seinen ausgedehnten Wäldern und seltenen Tier- und Pflanzenarten. Auffällig sind die alten Buchenwälder, wobei die Rotbuche stark dominiert. Die Wildkatze ist hier beheimatet, im Hunsrück befindet sich Europas größtes Wildkatzenvorkommen. Neben dem Schwarzstorch und dem Schwarzspecht sind auch Rothirsch, Reh- und Schwarzwild ebenso weitverbreitet. In den Mooren und auf den Waldwiesen gibt es mehr als 1400 Käferarten, eine beachtliche Anzahl von Fledermausarten und auch verschiedenste Pilze. Besonders schön ist auch der Anblick der Moorlibelle, wie sie anmutig ihre Kreise fliegt. An der Naturparkinfostelle im Nationalpark-Tor Erbeskopf können sich Interessierte über Besonderheiten im Naturpark Saar-Hunsrück informieren. Neben der Ausstellung werden auch Veranstaltungen zu verschiedenen Themen angeboten (Hunsrückhaus am Erbeskopf, 54426 Hilscheid, Tel. 06504/778, www.hunsrueckhaus.de).

Der Naturpark Saar-Hunsrück zählt zu den größten Naturparks in Deutschland. Neben den Wald- und Wiesenflächen sind Hecken, Flusstäler, Moore wie auch Felsformationen typisch. Dem gegenüber steht der Naturpark Soonwald-Nahe, der zu Beginn der 2000er-Jahre gegründet wurde. Dieser Naturpark umgibt die Hochflächen des Hunsrücks bei Kirchberg und Simmern und führt über den Soonwald hinunter an den Fluss Nahe. Etwa 60 % der Fläche des Naturparkes sind Landschaftsschutzgebiet. Hier lassen sich blütenreiche Waldwiesen, Moore, Schieferstollen, Wacholderheiden, Streuobstwiesen, naturnahe Bachläufe, Flussauen, Trockenrasen und Weinbergsbrachen mit ausschweifenden Orchideenbeständen entdecken. Besonders bekannt bei vielen Wanderern ist der 84 Kilometer lange Soonwaldsteig. Dieser Fernwanderweg erstreckt sich zwischen Kirn an der Nahe und Bingen am Rhein.

LANDSCHAFTLICHE VIELFALT

Wer die Ehrbachklamm oder das Baybachtal durchwandert, sollte festes Schuhwerk mitnehmen. Gerade nach mehreren Regentagen sinken die Schuhe im nachgebenden Boden manchmal ein. Häufig geht es auch über Holzstege entlang oder es gilt, Bäche zu durchlaufen. Neben Weiden oder Erlen lassen sich auch Eichen und Hainbuchen entdecken. Zudem wachsen an diesem Ort die Hirschzunge oder die Stinkende Nieswurz. Graureiher und Stockenten sind dagegen die am häufigsten anzutreffenden Wasservögel.

DIE BURGEN

Neben den zahlreichen Sehenswürdigkeiten, den märchenhaften Wäldern und Felsformationen gibt es romantische Burgruinen und Burgen, die von Familien und Wanderern aufgesucht werden können. Manche stehen auf der Bergspitze und manche sind etwas versteckt im Wald. Unter den Perlen der Burgen ist die Burg Kastellaun zu nennen, die auf einem hohen Felsen im Ortszentrum thront. Die Burg Dill als Stammburg der Sponheimer befindet sich ebenfalls im Zentrum des gleichnamigen malerischen Ortes und ist schon von Weitem zu sehen. Die Burg Grimburg ist gleichfalls einen Besuch wert. Hier fanden in längst vergangenen Zeiten Hexenprozesse statt. Ein absolutes Kleinod ist die Burgruine Baldenau, welche die einzige Wasserburg im Hunsrück ist. Der 25 Meter hohe Bergfried wirkt immer noch sehr beeindruckend. Überdies sehr faszinierend ist die zwischen Buch und Mastershausen gelegene Burg Balduinseck, die einst im Auftrag des Kurfürsten Balduin von Luxemburg errichtet wurde.

FLORA UND FAUNA

Die Pflanzen- und Tierwelt im Hunsrück ist vielfältig. Luchse, Hirsche und Rehe leben in den hiesigen Wäldern. Zudem können Spechte, Greif- und Singvögel beobachtet werden. Der seltene Schwarzstorch hat hier ebenfalls seine Heimat, genauso wie die Mopsfledermaus oder auch der Feuersalamander. Neben den artenreichen Mischwäldern beeindrucken im Soonwald die zahlreichen Farnarten.

KLIMA IM HUNSRÜCK

Der Hunsrück, der durch mildes subozeanisches Klima bestimmt wird, ist bekannt für milde Winter und kühle Sommermonate. Von Ende März bis Anfang Oktober ist im Hunsrück die beste Wanderzeit.

BELIEBTE WANDERWEGE

Der Saar-Hunsrück-Steig ist einer der schönsten Wanderwege und der bedeutsamste Fernwanderweg im Hunsrück. Die 300 Kilometer lange Wanderroute verläuft von Perl bis nach Boppard am Rhein und wurde in 27 Etappen unterteilt. Zwischen 13 und 24 Kilometern beträgt eine einzelne Etappenlänge. Eine lückenlose Beschilderung des Saar-Hunsrück-Steiges sorgt für eine gute Orientierung. Auf den naturbelassenen Wegen bieten sich dem Wanderer immer wieder erstklassige Aussichten.

Zudem bietet der Ausoniusweg ein wunderbares Wandererlebnis. Die etwa 118 Kilometer lange Route führt über weitläufige Feld- und Waldwege größtenteils über Teile der historischen Römerstraße. Da er im Mittelalter als Pilgerweg genutzt wurde, wird er als »Hunsrücker Jakobsweg« bezeichnet. Der Fernwanderweg Soonwaldsteig führt dagegen von Kirn über das Hahnenbachtal, den Soonwald bis nach Bingen. Mit seinen insgesamt 84 Kilometern bietet er Wandererlebnisse für mehrere Tage.

KÖSTLICHES FÜR DIE WANDERPAUSE

Gemütliche Landgasthäuser wie auch die Küchen alter Mühlen verwöhnen im Hunsrück ihre kleinen und großen Gäste mit frischen und deftigen Gerichten. Häufig sieht man am Eingang auch die mit Sternen oder Kronen versehenen Auszeichnungen, welche auf die Qualität der Küche hinweisen. In der Region hat sich die Kartoffel schon immer als das Hauptnahrungsmittel der Bürger etabliert. Erstmals wurde der Anbau von Kartoffeln hier im Jahr 1723 dokumentiert. Über die Jahrzehnte sind mit der Kartoffel viele Rezepte entstanden. Verschiedene Knollengerichte wie »Gefillte Klees« (gefüllte Klöße) oder »Dibbelabbes« (geriebene Kartoffeln im gusseisernen Topf) werden immer noch gern in den Hunsrücker Küchen zubereitet. Neben der Weißkohl-Gemüse-Mischung aus dem Gärtopf oder dem Zwiebelkuchen steht der Hunsrücker Schwenkbraten gern auf dem Speiseplan. Die Krommbierewurscht, eine Kartoffelwurst, wie auch die Hunsrücker Eierschmier sind sehr beliebt.

HUNSRÜCKER MUNDART

Der echte Hunsrücker Dialekt für Außenstehende ist manchmal nur schwer verständlich. Viele Worte kommen im Hochdeutschen nicht vor. »Dääz« ist der Kopf und das Huhn

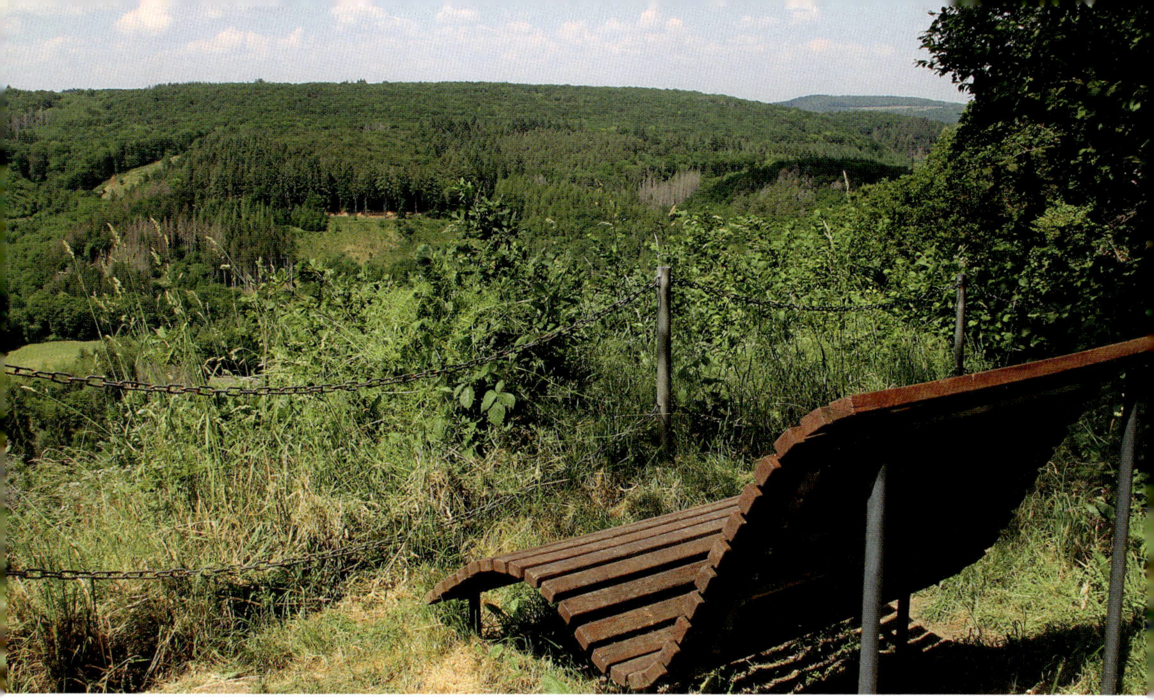

Immer wieder bieten sich Möglichkeiten, die Aussicht zu genießen.

ein »Dat Hinkel«. Mit » Zouversiecht « ist Unordnung und Durcheinander gemeint. Eine alte Mittelhunsrücker Bezeichnung für Garten ist »Bischordna«, während das Wort »Schinnooz« für böse Frauen verwendet wird.

JOHANNES BÜCKLER – DER SCHINDERHANNES

Der Dieb, Räuber und Mörder Schinderhannes ist unter den Hunsrückern eine positiv bekannte Figur, obwohl er um 1800 mehr als 200 Verbrechen, darunter Raubüberfälle, Erpressung bis Mord mit seinen Kumpanen verübte. Am 24. Oktober 1803 war die Prozesseröffnung und am 20. November wurde das Todesurteil ausgesprochen. Überall im Hunsrück begegnet man seinem Namen, sei es an Fassaden, auf Speisekarten oder auch anderen Werbeträgern. Im Hunsrück-Museum in Simmern gibt es zu seiner Person und seiner zwiespältigen Beliebtheit eine Ausstellung im ehemaligen Turmgefängnis. Neben dem Hut des Schinderhannes sind seine Pistole und eine Replik des Fallbeils, mit dem er 1803 in Mainz hingerichtet wurde, zu sehen. Die Ausstellung befindet sich in der Turmgasse im Schinderhannesturm (www.hunsrueck-museum.de).

HUNSRÜCKER VERANSTALTUNGEN

Der Hunsrück bietet eine Vielzahl an Veranstaltungen, darunter Bauernmärkte wie den Hermeskeiler Bauern- und Handwerkermarkt, Jahrmärkte wie den Beller Markt und traditionelle Feste wie den Weihnachtsmarkt in Kirchberg. Eine bemerkenswerte Auszeichnung ist der deutsche Schmuck- und Edelsteinpreis, der erstmals im Jahr 1970 in Idar-Oberstein verliehen wurde. Jedes Jahr wird er erneut vergeben. Zudem wird seit 1976 alle zwei Jahre in Idar-Oberstein die deutsche Edelsteinkönigin gekrönt. Die Edelsteinkönigin repräsentiert die deutsche Edelsteinindustrie und ist ein Symbol für die hohe Edelsteinkompetenz der Region.

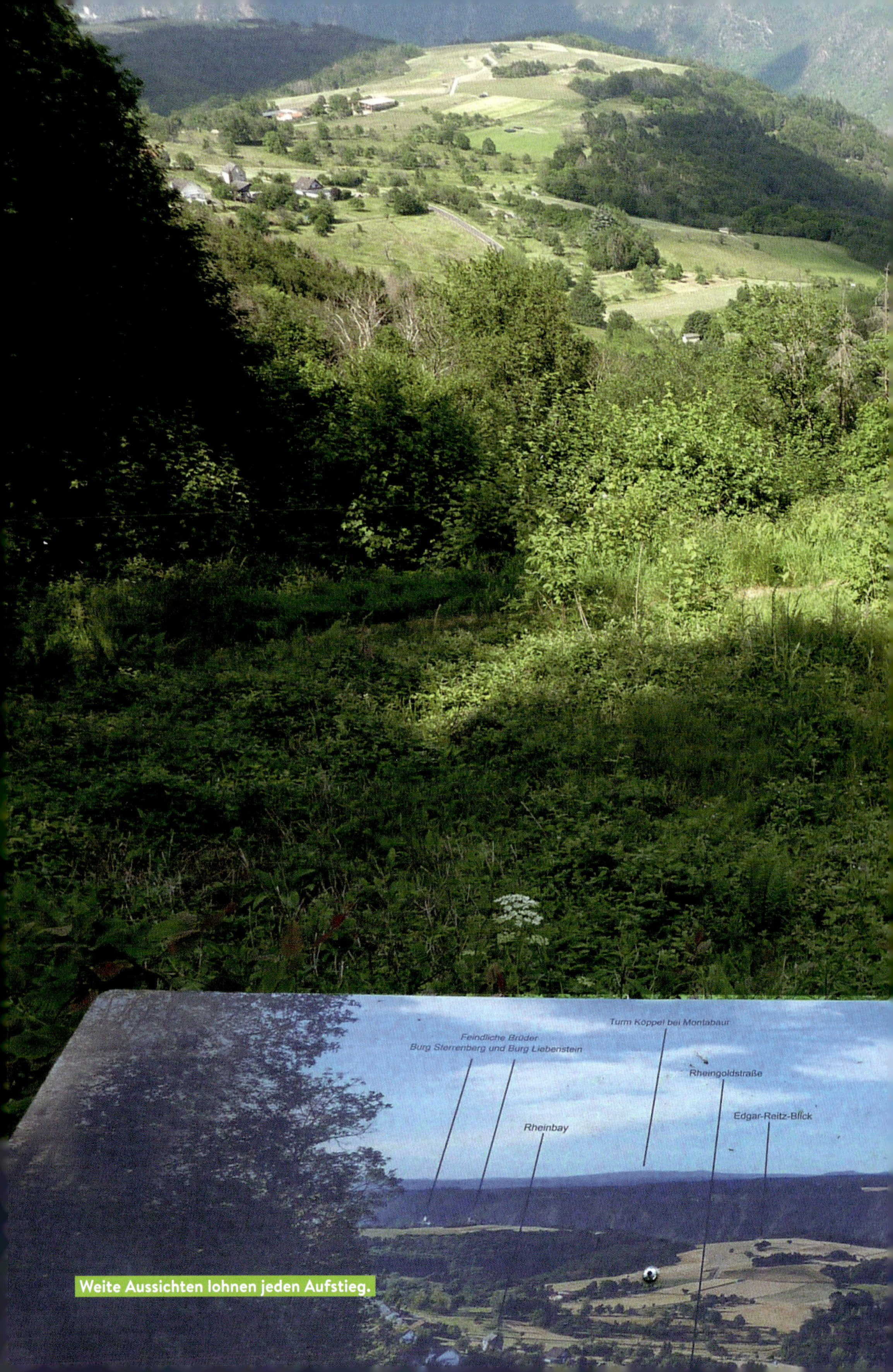

Weite Aussichten lohnen jeden Aufstieg.

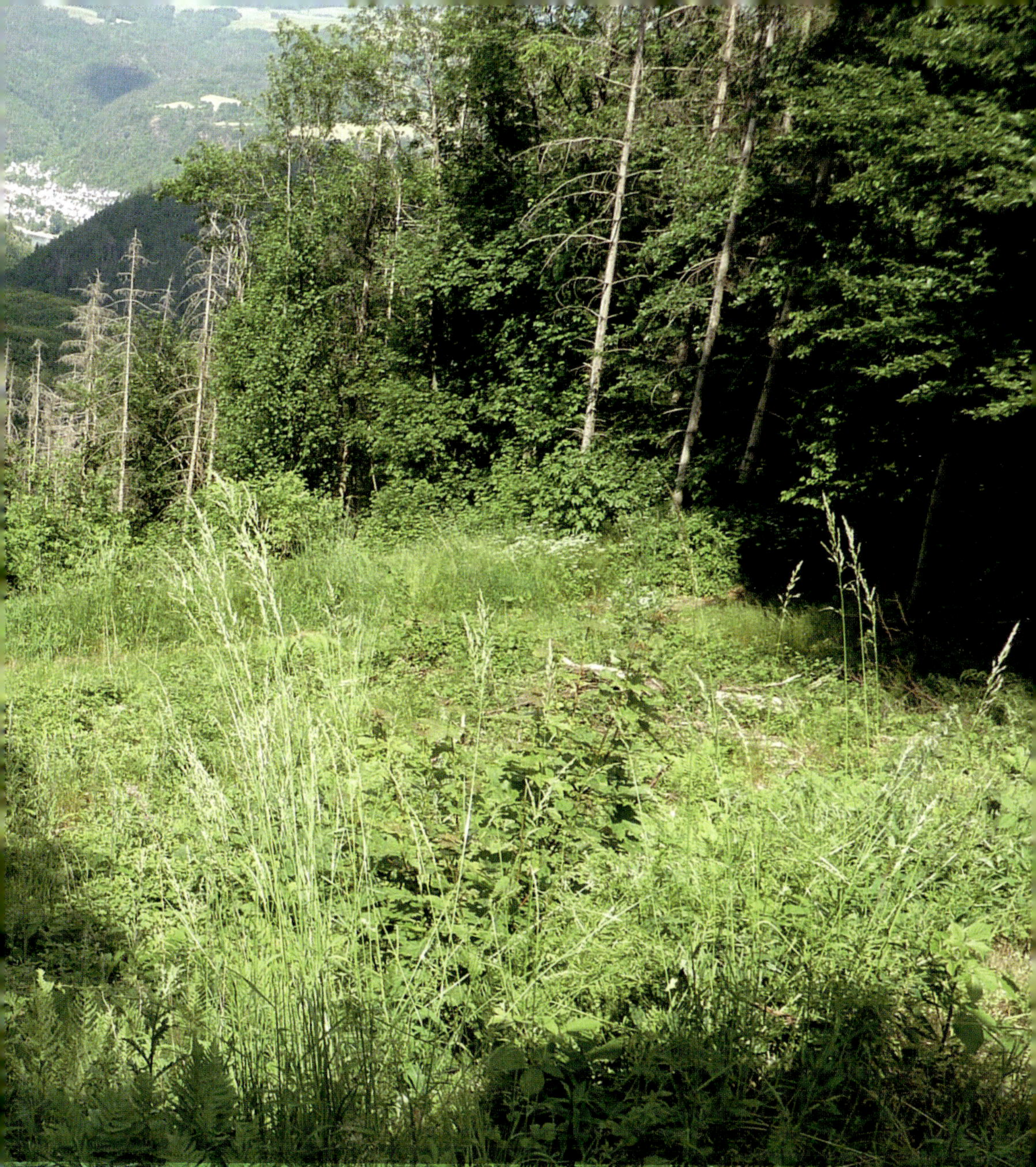

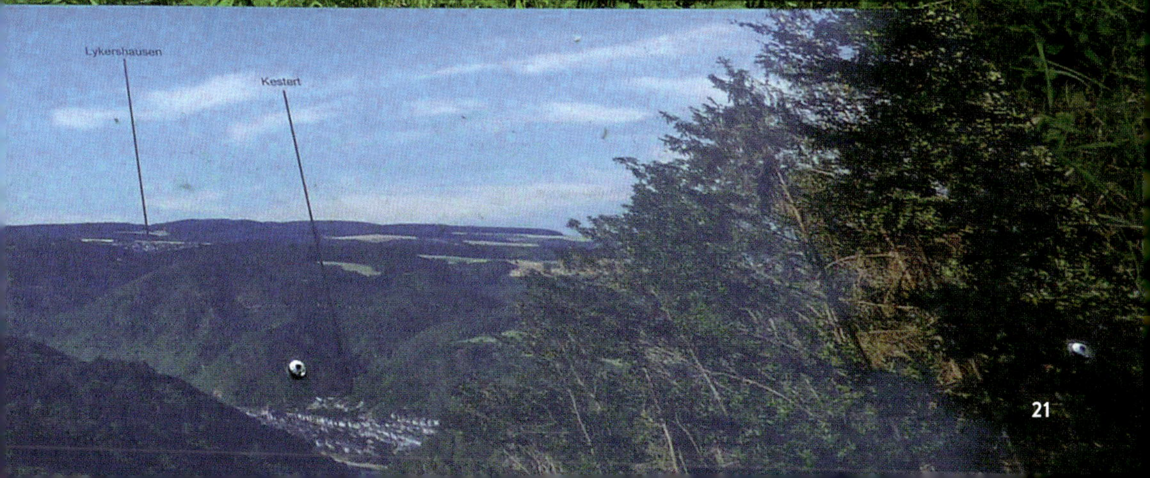
Lykershausen
Kestert

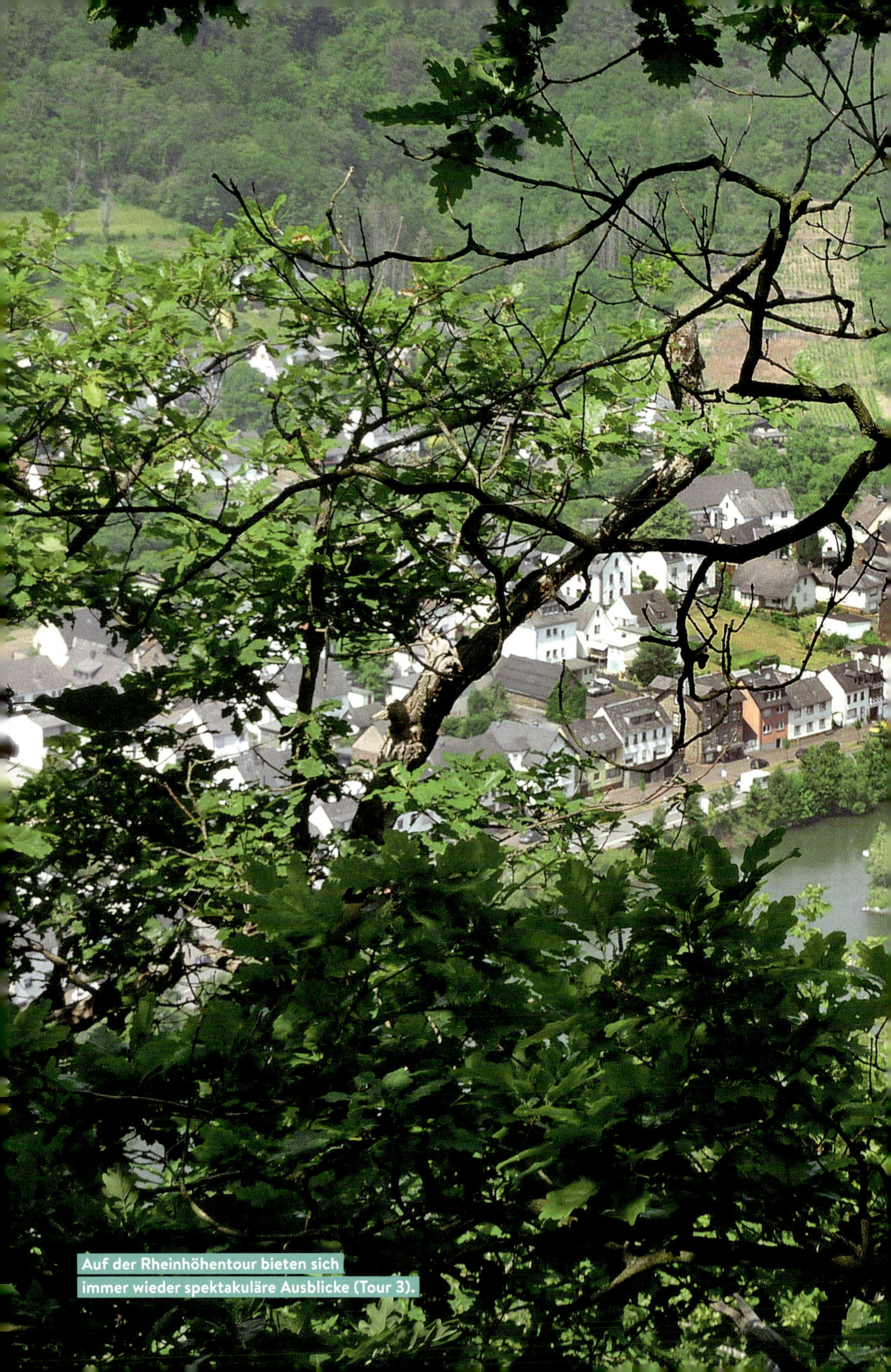

Auf der Rheinhöhentour bieten sich immer wieder spektakuläre Ausblicke (Tour 3).

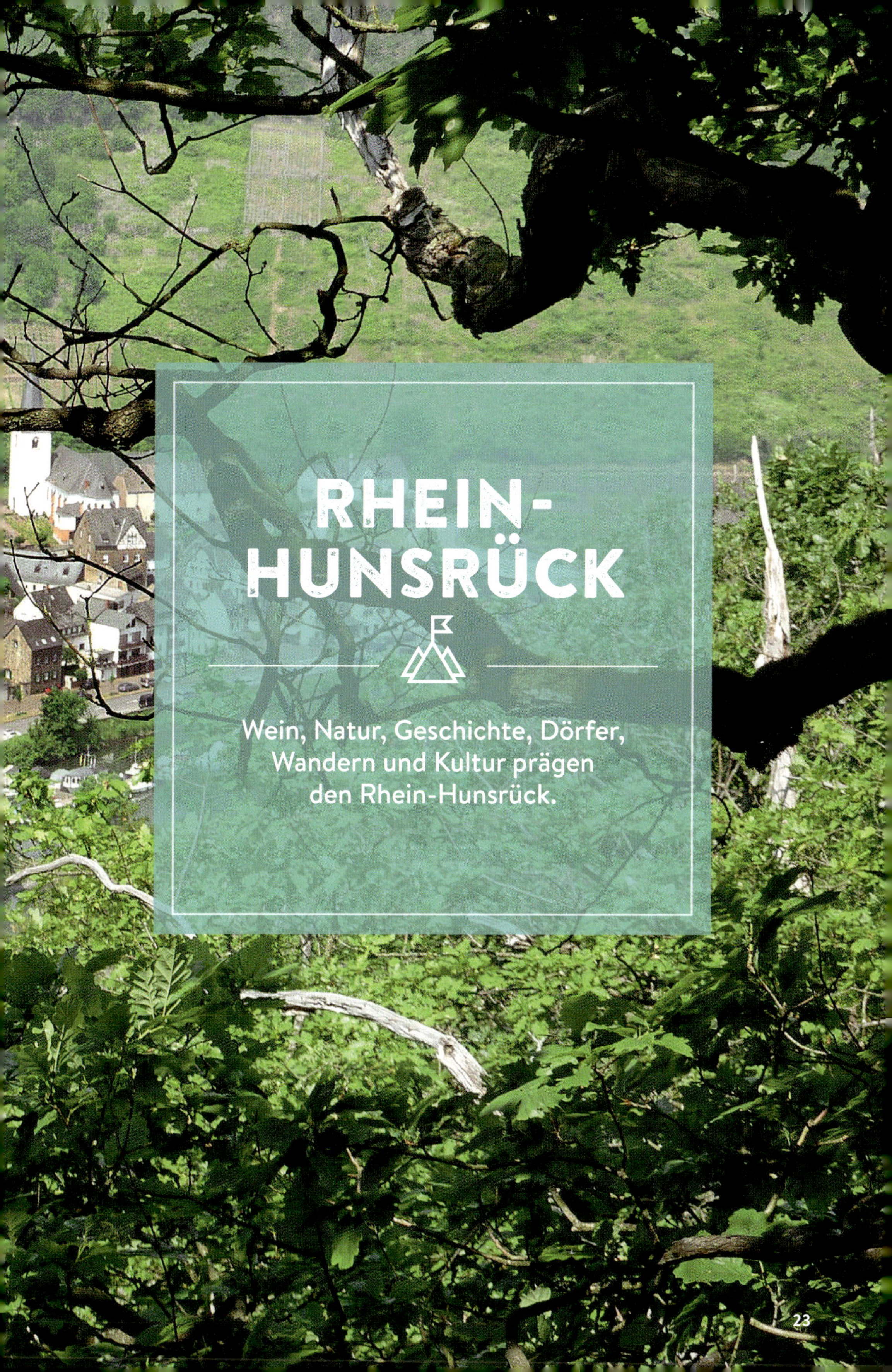

RHEIN-HUNSRÜCK

Wein, Natur, Geschichte, Dörfer, Wandern und Kultur prägen den Rhein-Hunsrück.

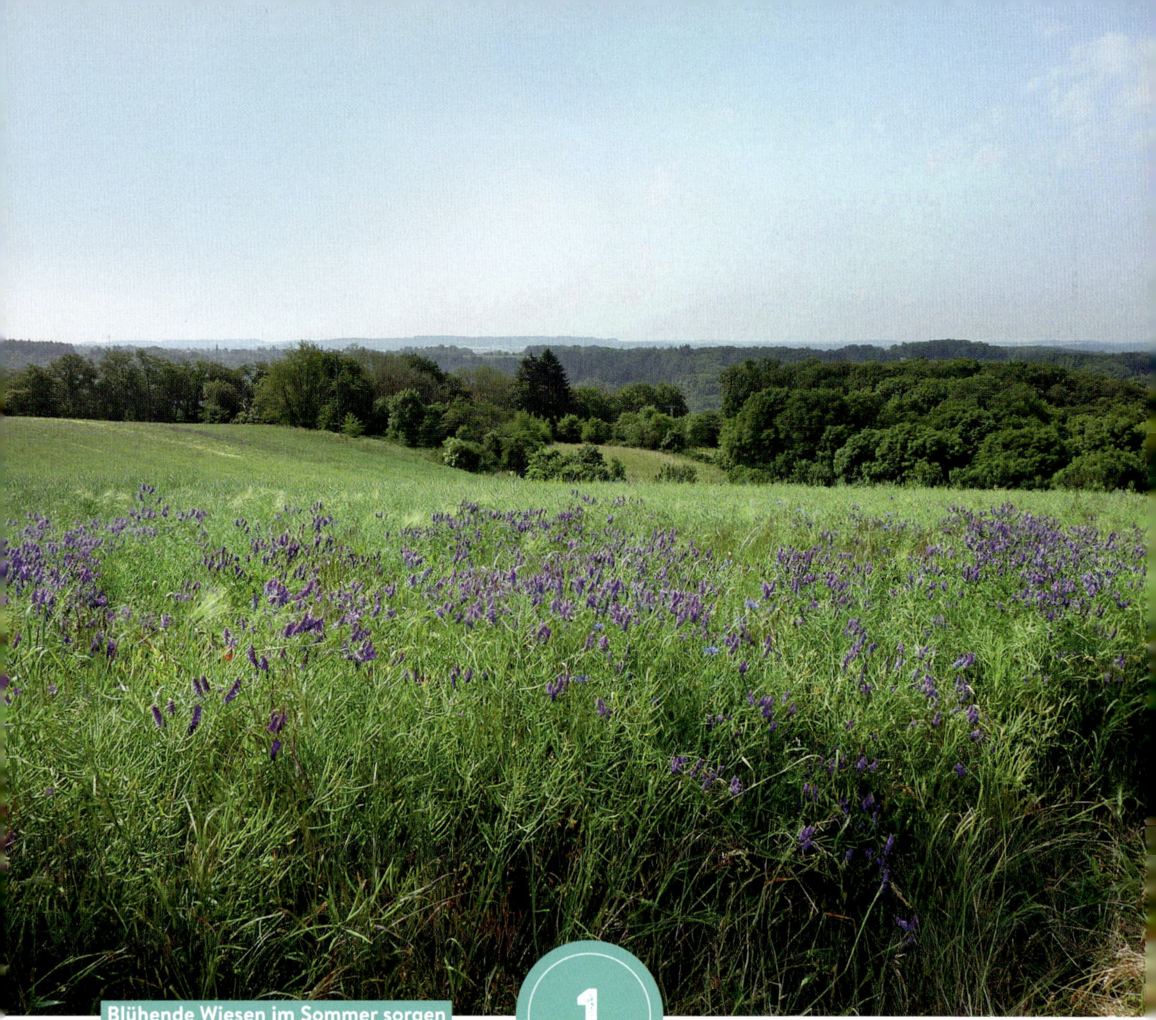

Blühende Wiesen im Sommer sorgen für eine ganz besondere Stimmung.

1

FELSTROG DONNERLOCH

Blick ins Moseltal

Für Entdecker jeden Alters ist diese Wanderung ein echtes Vergnügen. Neben einer bezaubernden Landschaft gibt es kleine Wasserfälle wie auch eine ehemalige Kultstätte der Germanen zu erkunden. Besonders schön sind außerdem auch die Aussichten auf der Tour.

ENTSPANNTER BEGINN Diese mittelschwere Wanderung beginnt in Udenhausen an der **A Bushaltestelle an der B 327**. Der Ort, der im Vorderhunsrück liegt, ist ein Sackgassendorf. Wie die Bezeichnung schon vermuten lässt, gibt es hier keinen Durchgangsverkehr. Der Name von Udenhausen leitet sich auf den ersten Siedler namens Udo ab. Udenhausen ist einer von mehreren Bezirken der Stadt Boppard im Rhein-Hunsrück-Kreis in Rheinland-Pfalz. Im Jahre 1021 wurde Udenhausen erstmals in einer Urkunde erwähnt. Im Ortskern stehen neben der Filialkirche St. Nikolaus auch mehrere Fachwerkhäuser. Darunter befindet sich ein besonderes Kleinod, ein altes Backhaus, das zu besonderen Gelegenheiten in Betrieb genommen wird.

Nachdem der Ort über die Udostraße später rechts abbiegend auf dem Pletschweg durchstreift wird, führt die Strecke entlang des Kohlbaches zum Brodenbach. Bald treffen wir auf den Brodenbach, dem wir weiter folgen. Der Wasserlauf entspringt im Norden des Bopparder Stadtteiles Buchholz in etwa 372 Metern über dem Meeresspiegel. Von dort aus fließt er, ohne weitere Ortschaften zu durchqueren, vorwiegend in westliche Richtung. Bald treffen wir auf die **1 Grüne Mühle** und folgen weiter dem Bach.

AUF DEN SPUREN DES GOTTES DONAR

Nach nun etwa fünf Kilometern haben wir das **2 Donnerloch** erreicht. Hier ist das Tal besonders eng. Für einen Wirtschaftsweg wurde durch eine Sprengung in den 60er-Jahren die Kaskadengruppe teilweise zerstört. Sehr urwüchsig stellt sich hier die Natur da. An einer kleinen Kaskade lohnt es sich, zu verweilen und dem Spiel des Wassers, wie es über die groben Steine hüpft, zuzusehen. Schon ganz ausgewaschen vom Wasser sieht der Fels aus. Die ehemalige Kultstätte der Germanen soll dem Gott »Donar« geweiht gewesen sein. Der Gott des Gewitters und der Fruchtbarkeit sowie Beschützer der Menschen wurde häufig als Krieger mit seinem Hammer Mjölnir dargestellt und war in Nordeuropa auch unter dem Namen Thor bekannt. Generell galt der Gott Donar als groß

Verschlungene Wege führen tief in die Schlucht zum Donnerloch.

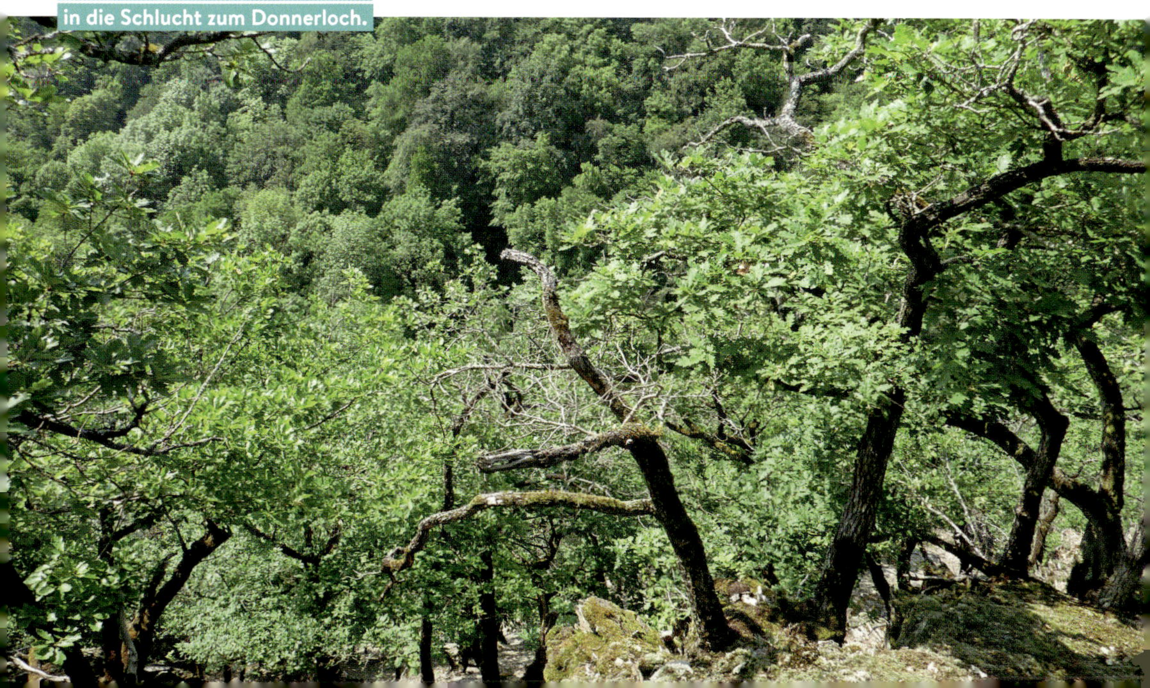

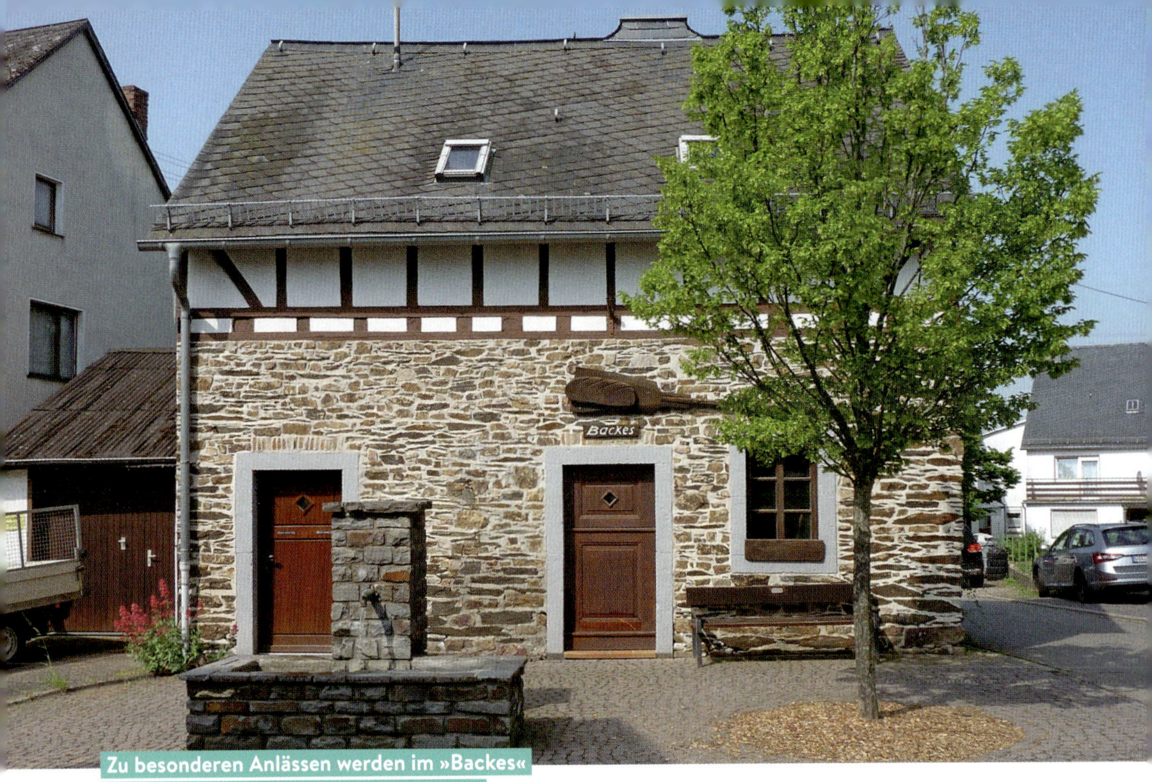

Zu besonderen Anlässen werden im »Backes« immer noch Brot und Kuchen gebacken.

Tipp

BOPPARD

Nur wenige Kilometer von dem Ort Udenhausen entfernt, bietet Boppard zahlreiche Sehenswürdigkeiten und ist immer einen Besuch wert. Die Stadt am Mittelrhein lädt mit ihren kleinen Gassen und Fachwerkhäusern zum Bummeln und Verweilen ein. Zudem gibt es hier die »kleinste Kneipe« zu entdecken, ein kleines schmales Fachwerkhaus, das sich idyllisch im Zentrum befindet. Weiterhin ist das »Schnuggelelsje« von Jutta Reiss eine Attraktion. Darüber hinaus ist Boppard eine der bekanntesten Städte am Mittelrhein. Ganz in der Nähe befinden sich die Loreley und die Burgen Liebenstein und Sterrenberg. Nach einer Überlieferung werden die Burg Liebenstein und die Burg Sterrenberg als die »Feindlichen Brüder« bezeichnet.

und stark, aber auch sehr gutmütig. Als Freund der Menschen wurde er von ihnen auch sehr geliebt und verehrt. Wenn Donar mit seinem Streitwagen über die Wolken fuhr, dann vernahm man den Donner auf der Erde.

SCHÖNE AUSSICHTEN Anschließend geht es auf bequemen Wegen bergauf weiter, wo der Blick in das Moseltal zum Verweilen einlädt. Vom 3 **Teufelslay** aus bieten sich besonders schöne Ausblicke auf die Umgebung. Dieser Aussichtspunkt über dem Moseltal befindet sich gegenüber von Löf und ist nur zu Fuß erreichbar. Anschließend geht es an Wiesen vorbei zu den 4 **Sinnesbänken**. Hier lohnt es sich, die Füße auszustrecken und den Blick schweifen zu lassen. Anschließend können wir einmal die Moselschleife bewundern, bevor Udenhausen und die E **Bushaltestelle** wieder erreicht werden.

SCHUSTERKLOSEHAUS Bevor der Ort wieder verlassen wird, lohnt es sich, noch einen Blick in das Schusterklosehaus zu werfen. Das Alter des Bauernhauses wird auf 150 bis 170 Jahre geschätzt. Das für die Region typische Bauernhaus beinhaltet Scheune, Stall und Wohnräume. Das hatte den Vorteil, dass das Vieh ebenfalls für Wärme in dem Gebäude sorgte. Es wird vermutet, dass der Name »Schusterklosehaus« auf einen ehemaligen Hausbewohner oder Vorfahren zurückgeht, der das Handwerk eines Schusters ausübte. Seitdem bekamen alle weiteren Bewohner des Hauses den Beinamen Schusterklose. Gleich nebenan steht die Kulturscheune, die auf ein ehrwürdiges Alter von etwa 200 Jahren zurückblicken kann. Einst lagerten im Inneren Maschinen und Werkzeuge für den landwirtschaftlichen Bedarf. Ein weiterer Scheunenteil wurde als Stall genutzt.

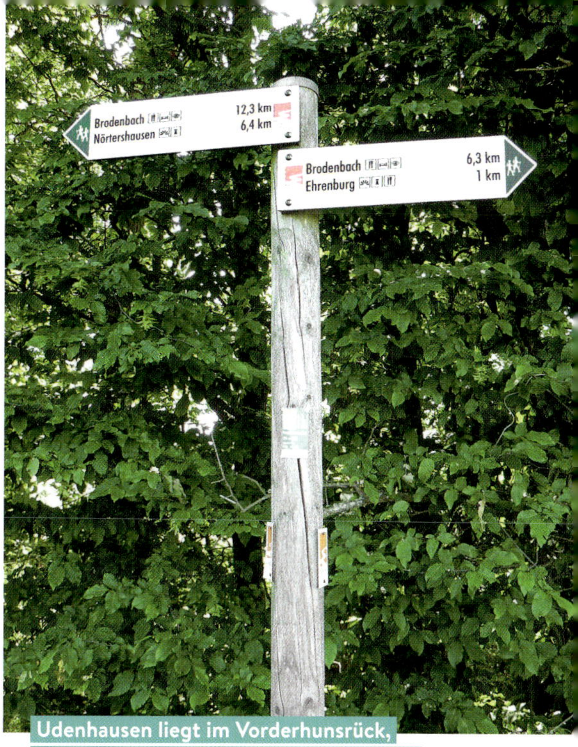

Udenhausen liegt im Vorderhunsrück, auf der Höhe zwischen Rhein und Mosel.

INFO

TOURENCHARAKTER
Mittelschwere Wanderung mit mehreren Highlights

ORIENTIERUNG
Gute Wegmarkierung auf dem Rundweg

HÖCHSTER/TIEFSTER PUNKT
410 m/120 m

AUSGANGS-/ENDPUNKT
Bushaltestelle, Bundesstraße B 327, 56154 Udenhausen
GPS 50.231121, 7.514238

ANFAHRT
Auto: Über die A 61, B 327 und L 207
ÖPNV: Mit dem Bus Linie 620 von Koblenz oder Simmern bis Haltestelle Udenhausen-Bundesstraße

EINKEHR/ÜBERNACHTUNG
Restaurant und Hotel Nikopolis, Hunsrückhöhenstraße 2, 56154 Buchholz – Boppard, Tel. 06742/9419429, www.nikopolis-buchholz.de

Mittel | 15,7 km | 410 Hm | 4.30 Std.

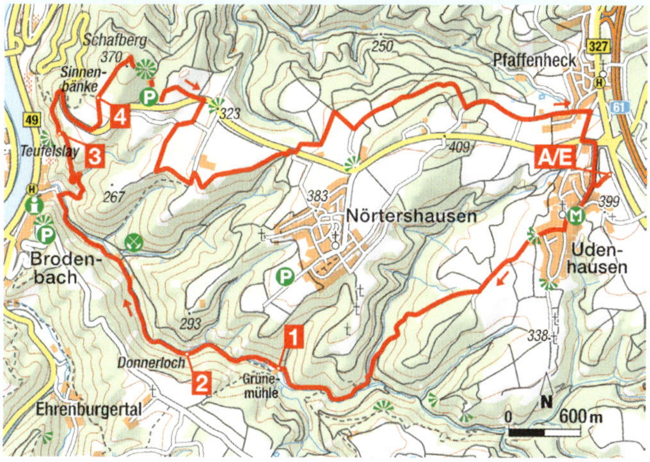

BESTE JAHRESZEIT
April–November

MARIENGROTTE HOLZBACHTAL

Geheimnisvolle Madonna

Die kleine beschauliche Rundtour führt direkt in das wildromantische schattige Holzbachtal. Auf gemütlichen Wegen führt uns die gut ausgeschilderte Wanderung zur geheimnisvollen Mariengrotte. Über Feldwege geht es dann schließlich wieder zurück zum Ausgangspunkt nach Halsenbach-Ehr.

2

Die Mariengrotte ist ein lauschiges Plätzchen zum Innehalten.

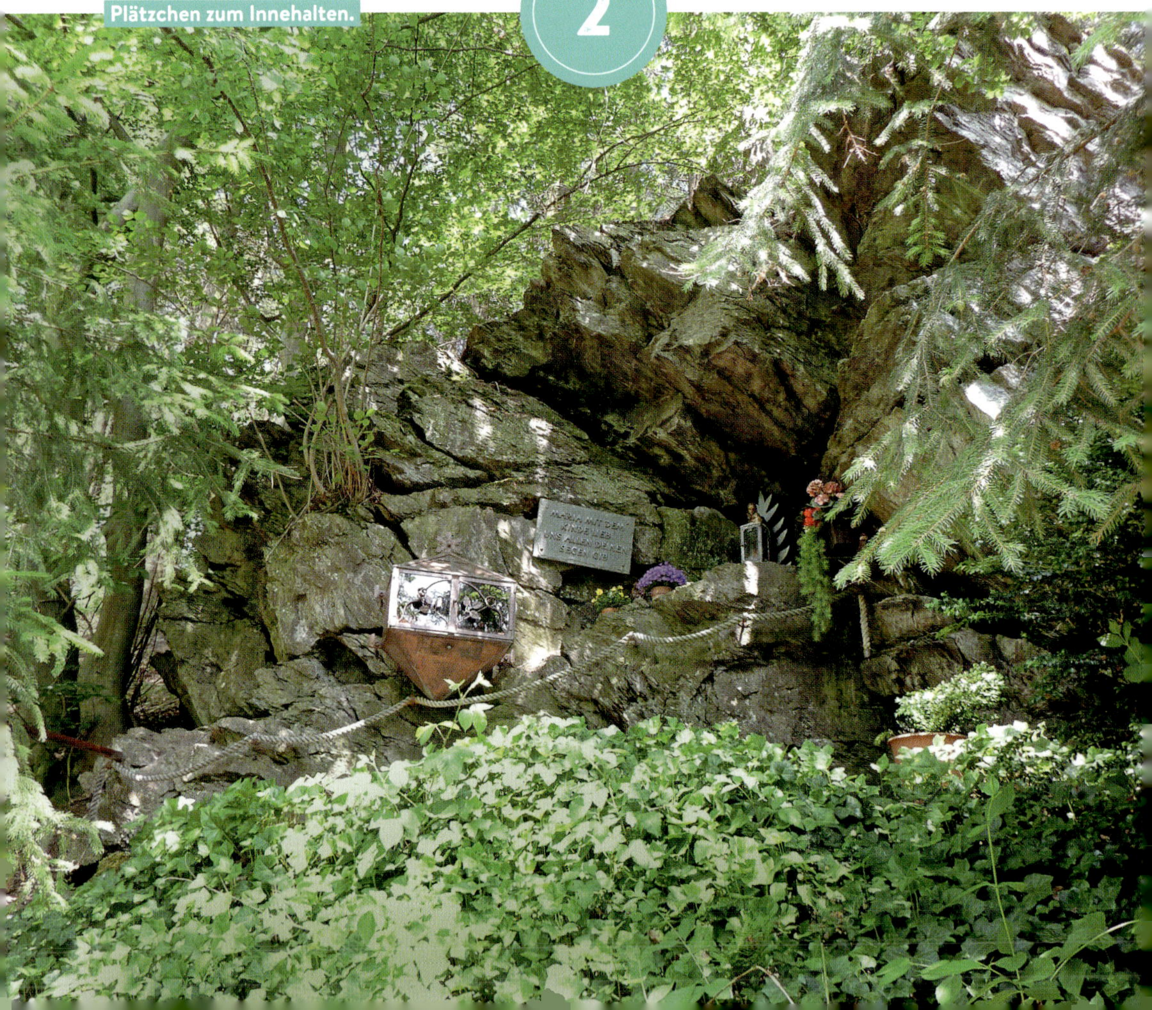

INFORMATIVES ZU HALSENBACH Der Ort Halsenbach befindet sich nordöstlich von Emmelshausen auf der Hunsrückhochfläche. In der direkten Nähe des Ortes befindet sich die Hunsrückhöhenstraße, die auch »Straße der weiten Aussicht« genannt wird. Die Hunsrückhöhenstraße wurde in den Jahren 1938 und 1939 erbaut und führt quer durch den Hunsrück von Saarburg bis Koblenz. Der Ort Halsenbach hat weitere Ortsteile: Ehr, Ehrerheide und Mermicherhof. Erstmals urkundlich erwähnt wurde Halsenbach im Jahr 1241 unter dem Namen Halstinbach. Das Wappen des Ortes ziert ein golden gekleideter Bischof mit einem roten Schild auf blauem Untergrund. Dieses soll auf den Schutzpatron, den heiligen Lambertus, der in den Jahren 1712 und 1713 erbauten katholischen Pfarrkirche in Halsenbach verweisen.

ZUR MARIENGROTTE Rechts vor dem **A Landhotel Feinheit** in Halsenbach-Ehr folgen wir nun der Wegmarkierung S4. Auf einem kleinen bequemen Pfad geht es an zwei weiteren bewohnten Grundstücken vorbei. Nach etwa 400 Metern folgen wir auf weichen Wegen der Markierung, wobei der Holzbach uns in unmittelbarer Nähe begleitet. Ganz gemütlich plätschert er linker Hand neben uns. Mitgekommene Vierbeiner können sich an dem Bach bei heißen Temperaturen eine Erfrischung gönnen.

DIE MARIENGROTTE Nach knapp einem Kilometer haben wir die **1 Mariengrotte**, einen Ort, der zur Besinnung einlädt, erreicht. Über ein paar Treppenstufen hinaufgestiegen, können wir sie aus nächster Nähe betrachten. In der Felsnische blickt uns jetzt die Madonna entgegen. Blumen und Kerzen machen diesen liebevoll dekorierten Ort inmitten des Waldes noch geheimnisvoller. Auf der Bank der Felswand gegenüber pausieren wir, bevor es wieder weitergeht.

Tipp

PFARRKIRCHE ST. LAMBERTUS

Die Pfarrei Halsenbach wurde 1075 erstmals urkundlich erwähnt. Der romanische Turm der Pfarrkirche ist noch heute ein Zeugnis aus dieser Zeit. Unter Johann Anton Liesenfeld, der in den Jahren 1694 bis 1716 in Halsenbach Pfarrer war, entstand der Vorgängerbau der heutigen Kirche um 1713. Durch Baufälligkeit stürzte die Kirche im Jahr 1755 ein. Nur der Turm blieb stehen. Daraufhin fanden die Gottesdienste vier Jahre unter freiem Himmel statt und in der kalten Jahreszeit in einem unbewohnten Haus. Anschließend wurde die Kirche in den Jahren 1758/59 neu errichtet. Es wurde eine Orgel erbaut, die alte Sakristei verlängert und der Aufgang zur Empore außerhalb der Kirche errichtet. Weitere Umbaumaßnahmen schädigten die Engers-Orgel, sodass die Orgelbauanstalt Kratochwil aus Bonn eine pneumatische Orgel mit 18 Registern auf zwei Manualen und Pedal für die Kirche erbaute. Im Zweiten Weltkrieg wurde die Pfarrkirche beschädigt und später umfangreich renoviert.

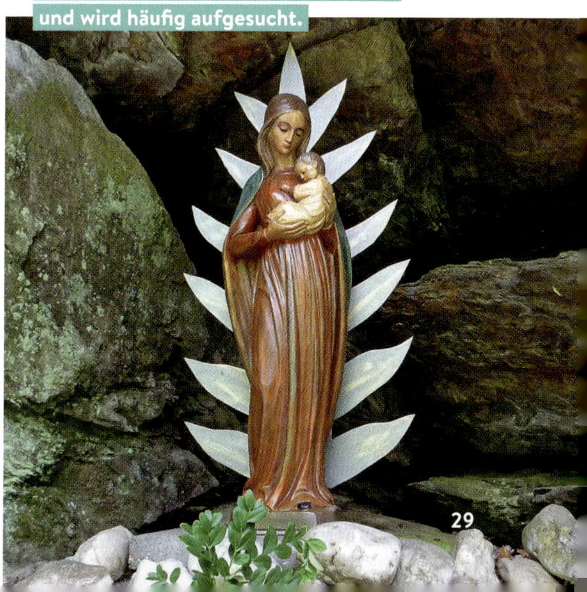

Die Madonna steht in einer Felsnische und wird häufig aufgesucht.

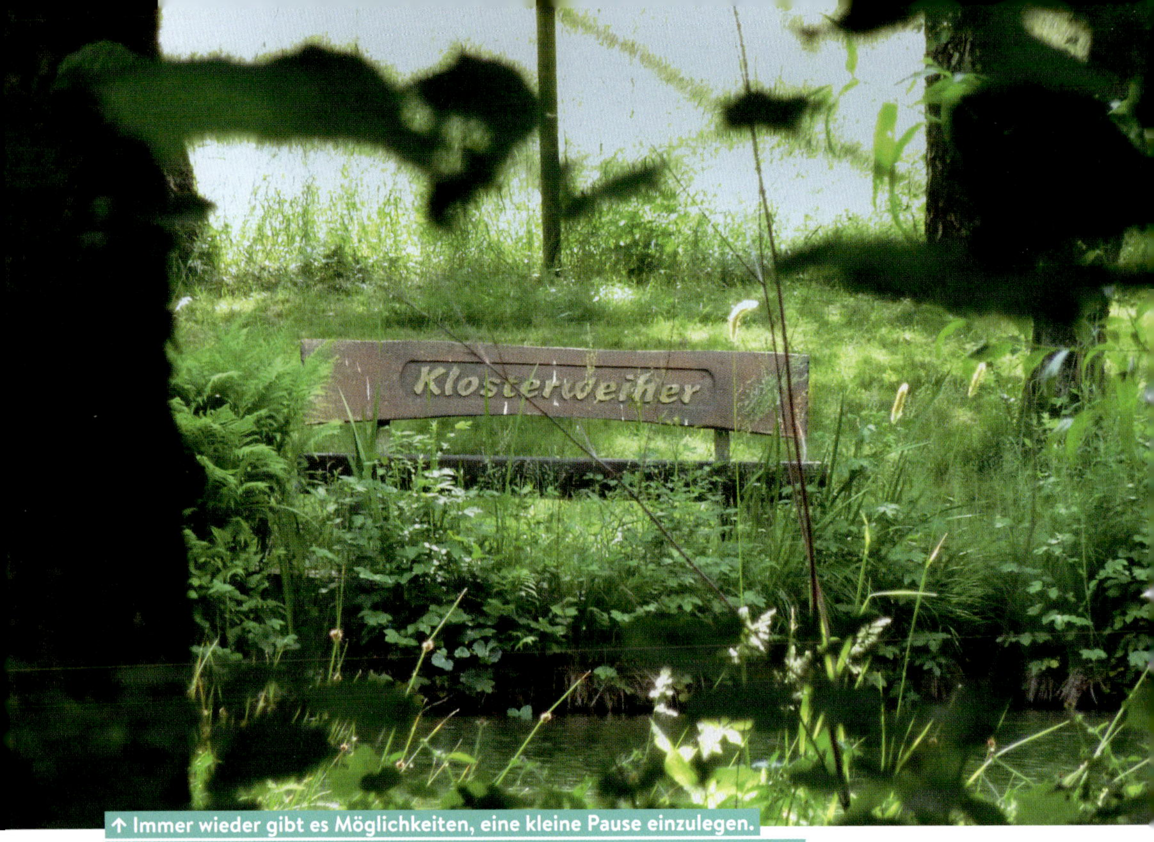

↑ Immer wieder gibt es Möglichkeiten, eine kleine Pause einzulegen.

↓ Über eine hölzerne Brücke lässt sich der Holzbach bequem überqueren.

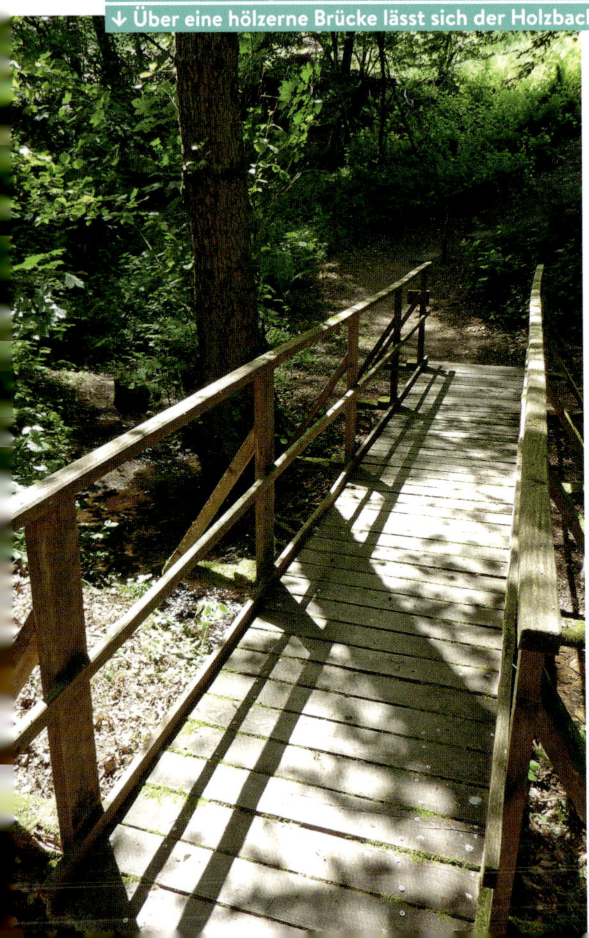

AUF DER ANDEREN SEITE Weiter geht es an dem wunderschönen Holzbach, bis wir zu einer kleinen Brücke kommen und mit ihr den Bach überqueren. Das flache Ufer macht es möglich, mit den Händen die Temperatur zu fühlen. Gerade bei schönen Temperaturen lädt das klare Wasser zum Verweilen am Ufer ein. Weiter auf der anderen Bachseite folgen wir unserem Weg mit der Markierung S4. Nun begleitet uns der Holzbach auf der rechten Seite. Mit ein wenig Glück können wir den Vulkan-Express hören, der ganz in der Nähe fährt und in Halsenbach hält.

ÜBER DIE FELDER Der Wanderweg wird nun etwas breiter und wir können rechts von uns das Rauschen der Windräder hören. Weiter links haltend führt uns die Route aus dem Wald heraus. Nun geht es entlang der Felder an einem landwirtschaftlichen Betrieb vorbei. Bald biegen wir links ab und befinden uns nicht mehr weit von dem Ausgangspunkt. Nahe der Straße biegen wir wieder links ab und erreichen schließlich ein Wohngebiet und unser Ziel, das **E Hotel Feinheit**. Im Restaurant des Landhotels gibt es nun noch die Möglichkeit, ein Schnitzel vom Hirsch aus eigener Jagd, Fischtopf oder auch Perlgraupenrisotto zu probieren. Angepriesen werden dazu Weine wie der Bopparder Hamm Grauer Burgunder vom Mittelrhein oder auch ein guter Bordeaux aus Frankreich. Zudem wird für Vorbeikommende unter der Woche ein Mittagstisch angeboten.

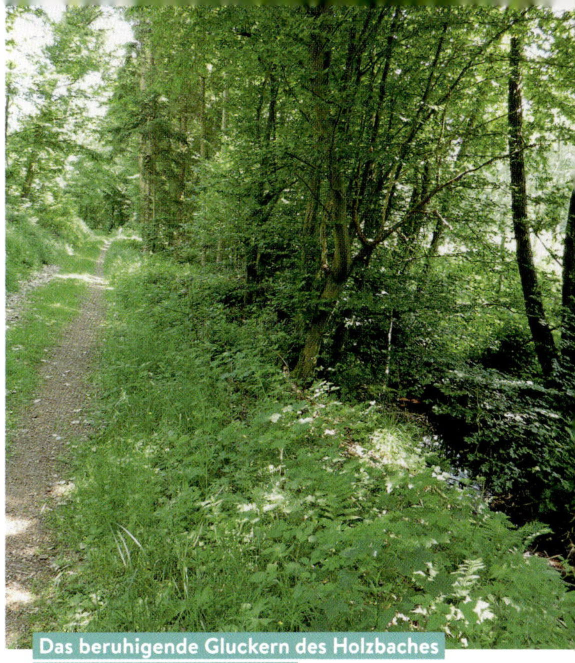

Das beruhigende Gluckern des Holzbaches begleitet eine ganze Weile.

ARCHÄOLOGISCH INTERESSANT In dem Waldstück »Im Hirschtreiben«, nördlich von Halsenbach, wurde während des Baues der A 61 ein eisenzeitliches Gräberfeld entdeckt. 13 kleine Einzelhügel wurden im Jahr 1971 in der Nähe der Fleckertshöhe, eines 529,8 Meter hohen Berges im vorderen Hunsrück, ausgegraben. Dabei handelt es sich um eine kleine, aus 13 Einzelhügeln bestehende Grabhügelgruppe. Neben Keramik wie einer Tonflasche wurden hier auch ein Gürtelhaken und ein Gürtelring aus Eisen entdeckt.

INFO

TOURENCHARAKTER
Leichte und erlebnisreiche Wanderung

ORIENTIERUNG
Guter Weg mit der Markierung S4

HÖCHSTER/TIEFSTER PUNKT
430 m/375 m

AUSGANGS-/ENDPUNKT
Hotel Feinheit, 56283 Halsenbach-Ehr
GPS 50.180156, 7.569606

ANFAHRT
Auto: Von Simmern über die L 218 und B 327 bis Auf der Katz in Halsenbach
ÖPNV: Mit dem Bus Linie 624 von Emmelshausen nach Halsenbach-Ehr (www.vrminfo.de)

EINKEHR/ÜBERNACHTUNG
Hotel Zur Katz,
Auf der Katz 6, 56283 Halsenbach-Ehr

Leicht	4,8 km	124 Hm	1.30 Std.

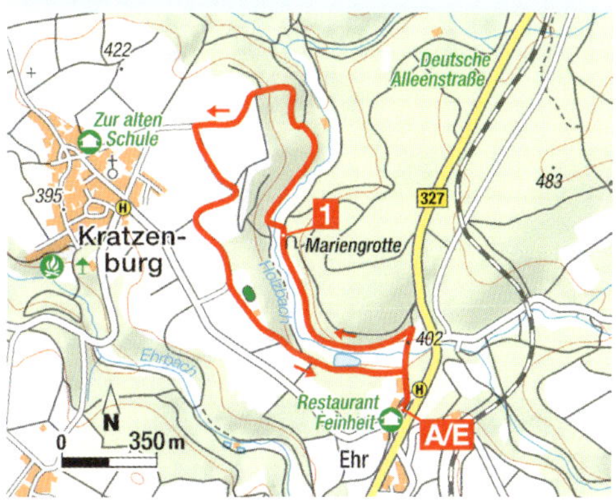

BESTE JAHRESZEIT
Ganzjährig

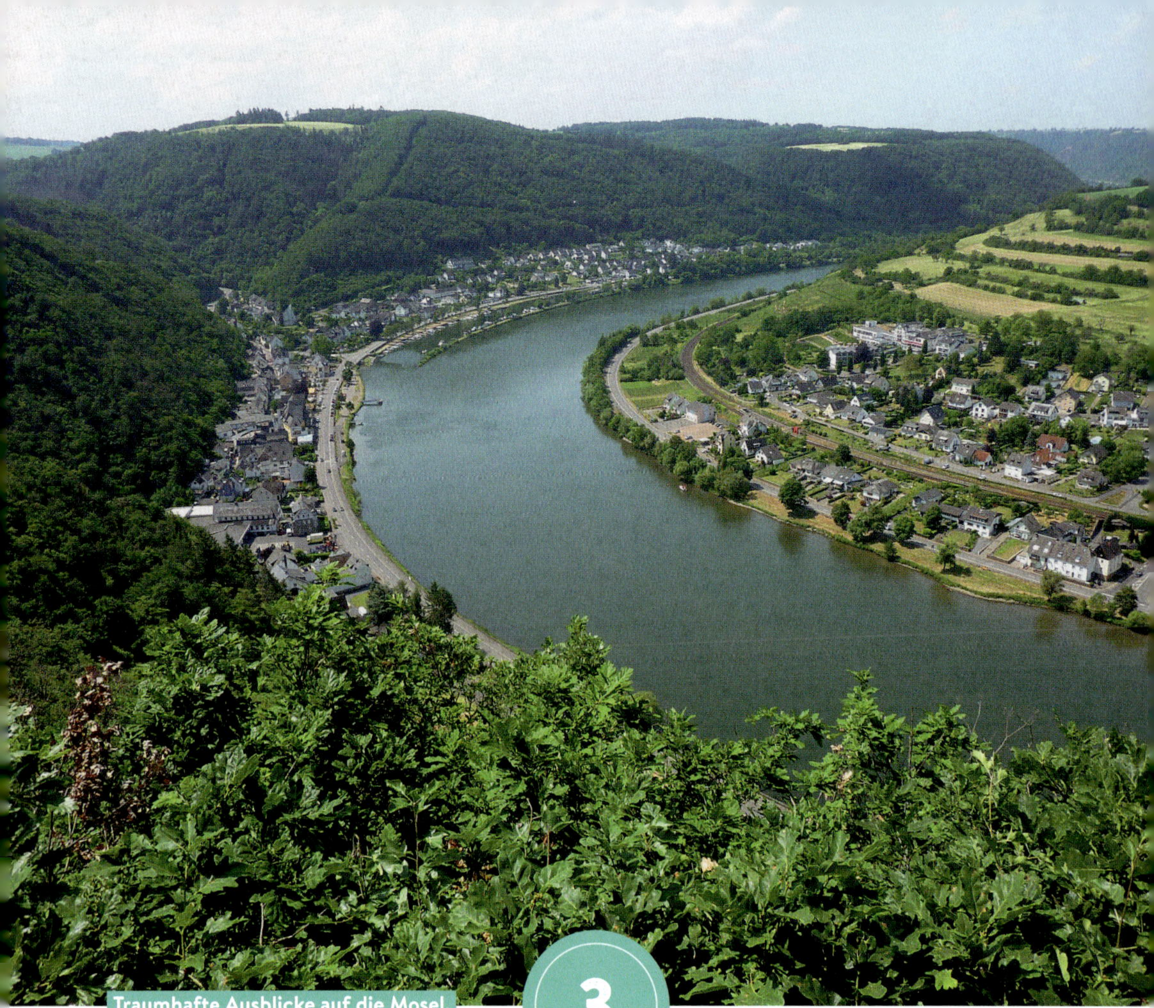

Traumhafte Ausblicke auf die Mosel, kleine Dörfer und Weinberge

3

RHEINHÖHENTOUR

Das Gespenst am Wegekreuz

Die knapp zwölf Kilometer lange Wandertour führt uns durch abwechslungsreiche Landschaften des Vorderhunsrücks in direkter Nähe von Karbach. Neben den schönen Aussichten faszinieren Highlights wie die Schieferhöhlen oder das Steinerne Männchen die Wanderer. Die Wanderer genießen die unberührte Natur des Hunsrücks, während sie durch dichte Wälder und malerische Dörfer streifen. Die Route ist anspruchsvoll, belohnt aber mit einem intensiven Naturerlebnis.

DER BERG RUFT Die Tour beginnt am **A Parkplatz des Sportplatzes** bzw. am Parkplatz an der Ausfahrt Emmelshausen. Nun gilt es, vorerst den etwa 521 Meter hohen Quintinsberg linker Hand halb zu umrunden.

WALLFAHRTSKIRCHE SANKT QUINTIN Schon nach fast einem Kilometer erreichen wir die **1 Wallfahrtskirche Sankt Quintin**, deren Entstehungszeit vor das Jahr 1000 zurückgeht. In einer beschaulichen Lage befindet sie sich direkt am Waldrand. In der Region wird sich erzählt, dass der heilige Quintinus mit seiner Herde von Schafen um 800 n. Chr. hierherkam. Die Temperaturen waren sehr heiß und es herrschte überall Wassermangel. St. Quintin stieß seinen Stab in die Erde, woraufhin Wasser aus dem Boden kam. Genau an diesem Ort wurde später die Kirche St. Quintin, die zu den ältesten Kirchen im Hunsrück zählt, erbaut. Eine Wasserquelle ist derzeit immer noch neben dem Friedhofseingang zu entdecken.

ZUR KIESELAY Weiter auf dem Wanderweg an Wiesen entlang erreichen wir ein privates Tiergehege. Schon bald durchstreifen wir den Wald, wo uns der Karbacher Bach begleitet. Nun geht es hinunter in das Tal der Kieselay. Nach einer Pause wird es kurz etwas anstrengend während eines Aufstieges zur **2 Kieselay**. Ganz beeindruckend sind die vielfachen Schreibweisen des Berges, der hauptsächlich aus Rheinischem Schiefer besteht. Kisseley, Kißley, Keseley sind nur einige Beispiele. Aber die Mühe lohnt sich, denn nun bietet sich dem Betrachter ein wunderschöner Ausblick auf die Wälder.

SCHÖNE AUSBLICKE Auf weichem Waldboden führt nun die Strecke weiter zum Jagdhaus Steffen. Auch hier bieten sich am Waldrand schöne Ausblicke in das Rheintal bis zur Loreley.

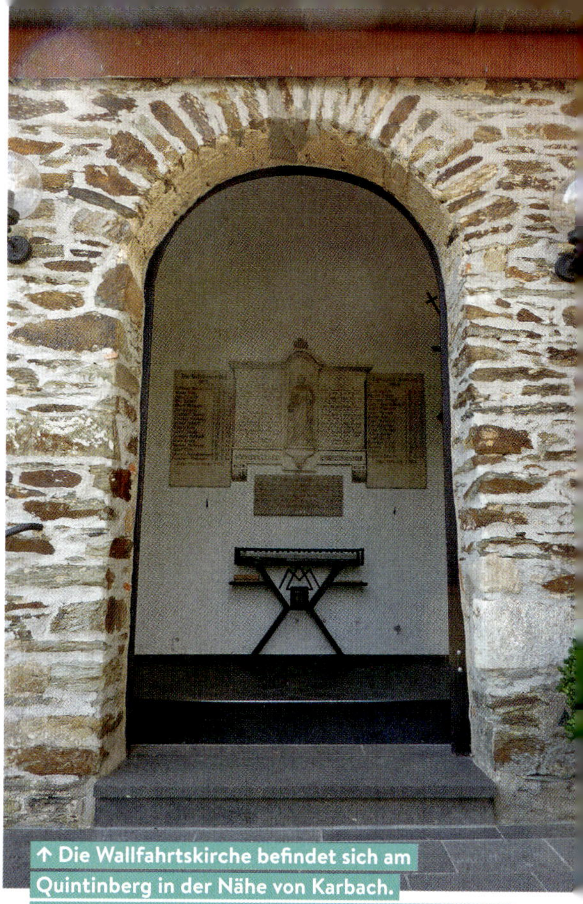

↑ Die Wallfahrtskirche befindet sich am Quintinberg in der Nähe von Karbach.
↓ Gut ausgeschilderte und bequeme Wanderwege führen sicher zum Ziel.

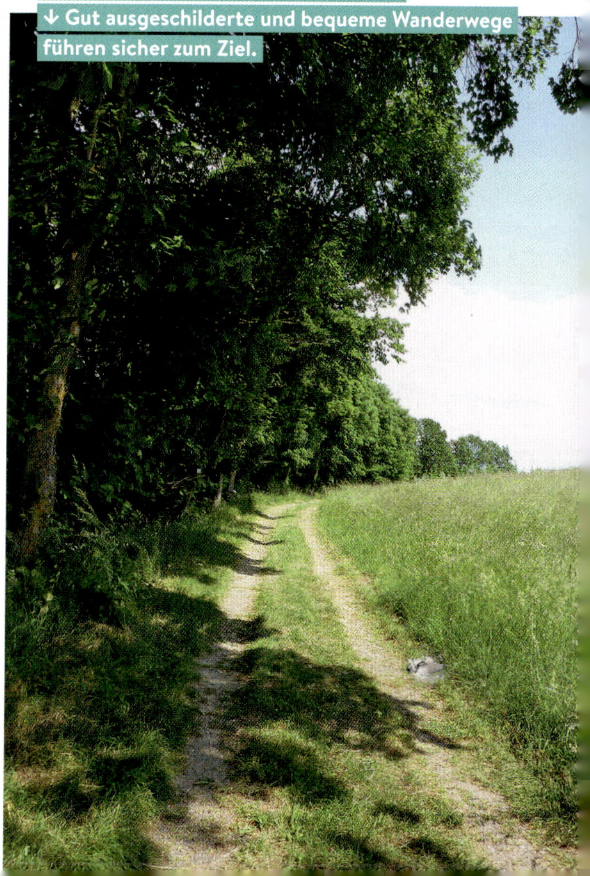

Unser Wanderweg Rheinhöhentour St. Quintin geleitet uns nun weiter über bequeme Wege zum einmaligen **3 Fünf-Burgen-Blick**. Hier können nun die Burg Katz, die Burg Maus, die Burgruine Reichenberg und die Feindlichen Brüder mit den Burgen Liebenstein und Sterrenberg gesichtet werden. Bei besonders gutem Wetter ist auch der Feldberg im Hochtaunus zu sehen.

ZU DEN SCHIEFERHÖHLEN Vom Fünf-Burgen-Blick geht es nun direkt zu den Schieferhöhlen. Diese befinden sich im urigen Tal des Patelsbaches, welches auch unter dem Namen Zittertal bekannt ist. Die Schieferhöhlen selbst dienten der Bevölkerung zum Schutz in Zeiten des Krieges. Die größte dieser Höhlen heißt die »obere Layekaul« und bot vielen Menschen einen trockenen Platz. Nach den Kriegszeiten wurde in den Höhlen Stein gebrochen und zum Bau von Häusern verwendet. In den heutigen Zeiten ist das Innere der Höhlen nicht mehr begehbar.
Etwas Mühe ist nun wieder gefordert auf dem schmalen kleinen Weg, der uns zum **4 Rheinblick** führt. Hier steht eine kleine Wanderhütte, die zum Rasten einlädt. Zudem gibt es hier wieder eine schöne Aussicht zu genießen.

ZUM STEINERNEN MÄNNCHEN Das nächste Highlight ist das **5 Steinerne Männchen** und das Wegekreuz am Steinernen Männchen. Wer das Wegekreuz errichtet hat, ist nicht bekannt. Es wird allerdings erzählt, dass es ein Grenzkreuz sein kann, welches einst im Krieg von einem gewissen Franz Mallmann neu errichtet wurde. Zudem gibt es die Sage, dass Vorbeigehende von einem Gespenst attackiert werden. In Gestalt eines Steinernen Mannes hüpft es auf den Rücken und verkündet, dass es mit nach Hause genommen werden möchte. Eine andere Sage berichtet, dass jedermann die Knöpfe von den Kleidern abfallen, falls man zu Mitternacht vor Ort ist.

HUNSRÜCKBAHN-MUSEUM Von hier geht es zum **E Parkplatz des Sportplatzes** in Emmelshausen zurück. Wer noch Zeit hat, kann sich über die Geschichte von Emmelshausen im Hunsrückbahn-Museum neben dem Bahnhof informieren. Zudem kann man das wieder funktionstüchtige alte Stellwerk bewundern und Informatives zur steilsten Eisenbahnstrecke nördlich der Alpen erfahren.

Tipp

DIE SAGE VON DER VERSUNKENEN GLOCKE

In früheren Zeiten hatte die Kirche St. Quintin einen Turm. Nachdem dieser aber verfiel, wurden die drei Glocken anderweitig untergebracht. Unter den Leuten ging das Gerücht um, dass eine Glocke für ein Fuder Erdbeerwein verkauft wurde und sich in Wellmich bei St. Goarshausen befindet. Die zweite Glocke wurde nach Karbach zur St.-Anna-Kirche gebracht. Bei der dritten Glocke gab es jedoch ein Missgeschick. Auf dem Weg nach Karbach brach ein Rad des alten Wagens durch das Gewicht der Glocke. Die Glocke fiel auf die sumpfige Wiese. Nun wurde versucht die Glocke mit Pferden herauszuziehen, was nicht gelang. Nach Einbruch der Dunkelheit ließ man von weiteren Versuchen ab und wollte es am nächsten Morgen wiederversuchen. Allerdings war dann die Glocke nicht mehr zu sehen, da sie tief im Sumpf versunken war, und niemandem war es möglich, sie herauszuholen. Noch immer wird erzählt, dass die versunkene Glocke am Heiligen Abend um Mitternacht läutet.

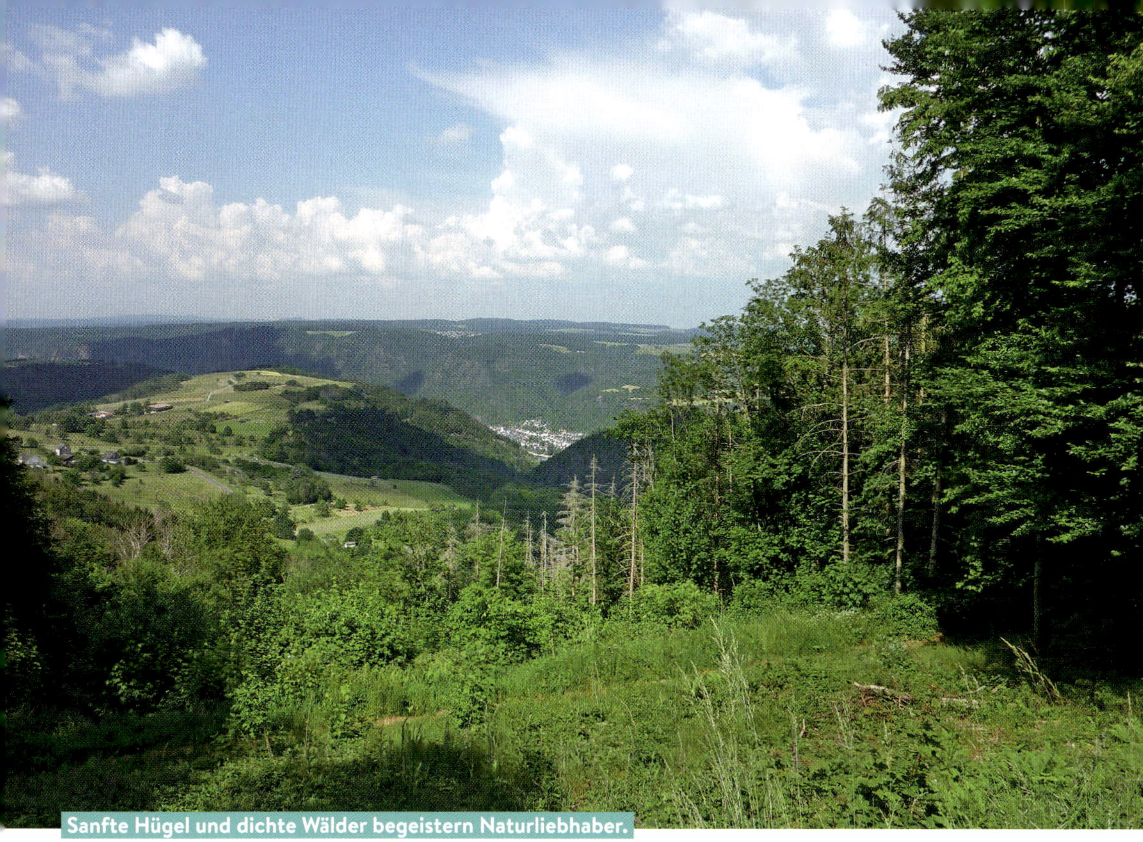

Sanfte Hügel und dichte Wälder begeistern Naturliebhaber.

INFO

TOURENCHARAKTER
Mittelschwere aussichtsreiche und historische Wanderung

ORIENTIERUNG
Gute Wegmarkierung

HÖCHSTER/TIEFSTER PUNKT
521 m/345 m

AUSGANGS-/ENDPUNKT
Sportplatz Karbach, Rhein-Mosel-Straße, 56281 Emmelshausen
GPS 50.160366, 7.603226

ANFAHRT
Auto: A 61 Ausfahrt Emmelshausen Richtung Rhein
ÖPNV: Mit dem Bus Linie 620 von Simmern bis nach Emmelshausen

EINKEHR/ÜBERNACHTUNG
Hotel Restaurant, Bopparder Straße 12, 56281 Emmelshausen, Tel. 06747/244, www.hotel-waldfrieden-emmelshausen.de

Mittel | 11,6 km | 332 Hm | 3.30 Std.

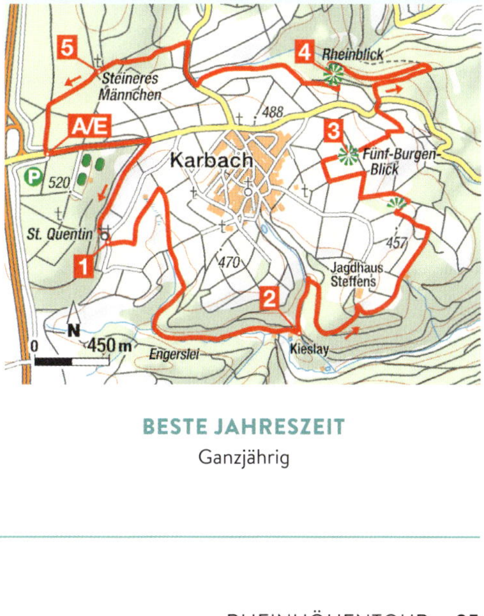

BESTE JAHRESZEIT
Ganzjährig

TRAUMSCHLEIFE OBERES BAYBACHTAL

Das Heilbrünnchen

Die Rundtour führt durch das Obere Baybachtal zu mehreren sehenswerten Mühlen und an abwechslungsreichen Kunststationen vorbei. Zwischen Wiesen, an Feldern vorbei und durch lauschige Waldpassagen leitet die Route zu einer der ältesten Volkswallfahrtstätten des vorderen Hunsrücks.

Der Rundwanderweg ist durch seine Gestaltung sehr abwechslungsreich.

4

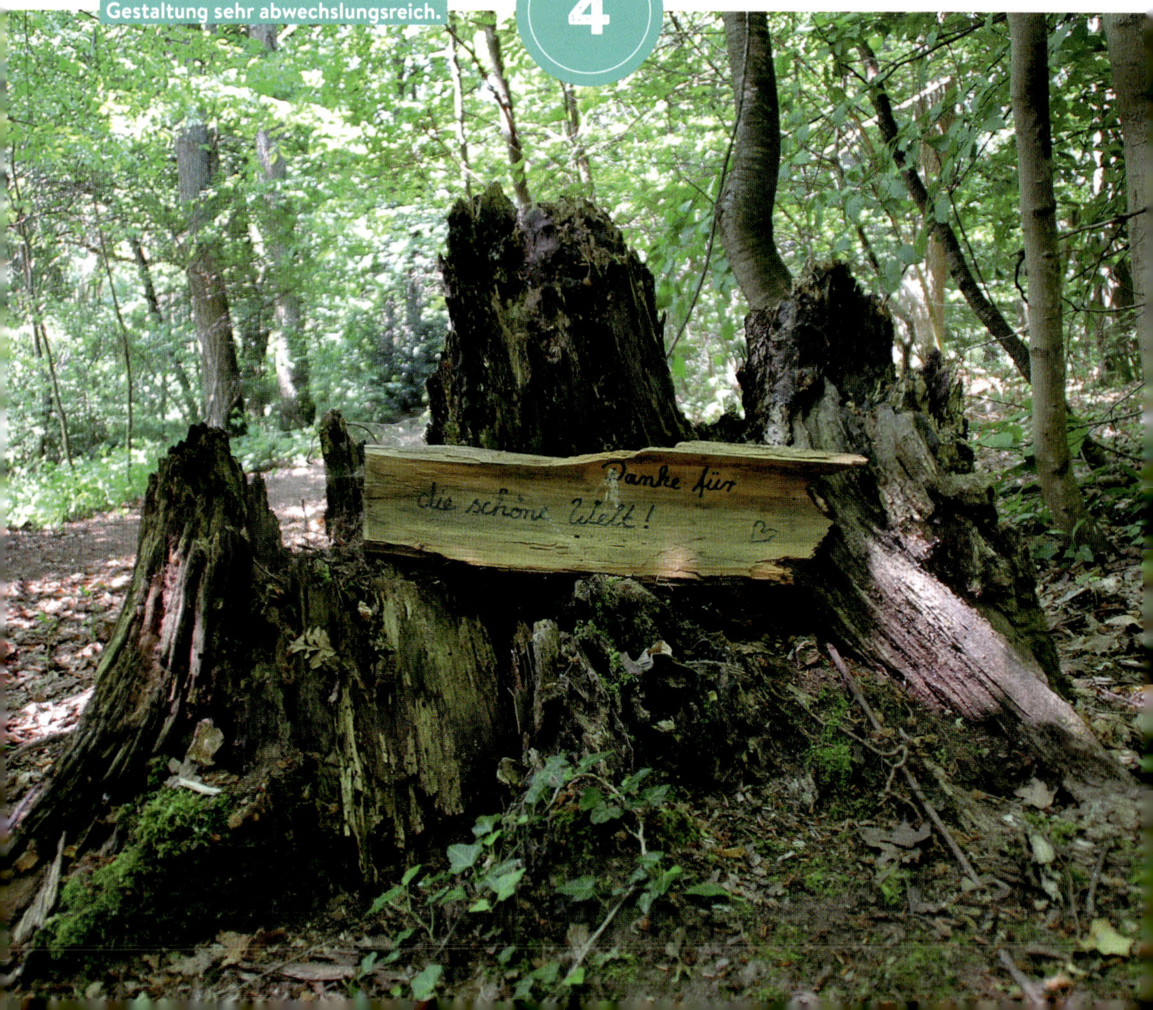

AUF DEN GEH-DENKE-WEG Vom **A Parkplatz Oberes Baybachtal** gehen wir ein kurzes Stück parallel an der Hunsrückhöhenstraße entlang, um danach links auf dem Geh-Denke-Weg verschiedenen Kunstinstallationen zu begegnen. Bevor wir die erste Installation betrachten können, kreuzt die bekannte Niederter Mühle unseren Weg. Diese war eine »Pfalzgräfliche Bannmühle«. Der Pfalzgraf verpachtete sie einst an den Müller, der dafür einen Jahreszins bezahlte. Dafür war der Müller berechtigt, das Korn von Bauern ausgewählter Dörfer zu mahlen.

ZUR LAYENMÜHLE Nach wenigen Metern erreichen wir die erste Kunstinstallation in Form einer Bank, die uns einlädt, unsere Last abzuwerfen. Gerne nehmen wir das Angebot an, bevor wir weitergehen und schon bald die **1 Layenmühle** erreichen. Diese wurde durch den Grafen von der Layen im Jahre 1689 errichtet und ebenfalls verpachtet.

ABWECHSLUNGSREICHE KUNSTINSTALLATIONEN Bald danach ist es der »Spiegelbaum«, ein Totbaum mit 66 Spiegeln, der uns zum Innehalten einlädt. Weiter auf unserem Weg an Feldern vorbei, ist die nächste Installation mit dem Namen »Umleitung« nicht weit. Sie erinnert uns daran, auch einmal andere Wege im Leben einzuschlagen und neue Sichtweisen zu erfahren. Nach insgesamt knapp drei Kilometern erreichen wir die »Säulen des Lebens in Verbundenheit«. Die Skulptur zeichnet sich durch Bäume mit verbundenen Gliedmaßen aus. Das Zusammenwachsen des Menschen mit der Natur wird an dieser Stelle besonders deutlich.

ZUM HEILBRÜNNCHEN Bevor wir das Heilbrünnchen erreichen, kommen wir an einer weiteren Installation, »Der Weg ist das Ziel«, vorbei. Ein kurzes Innehalten und ein

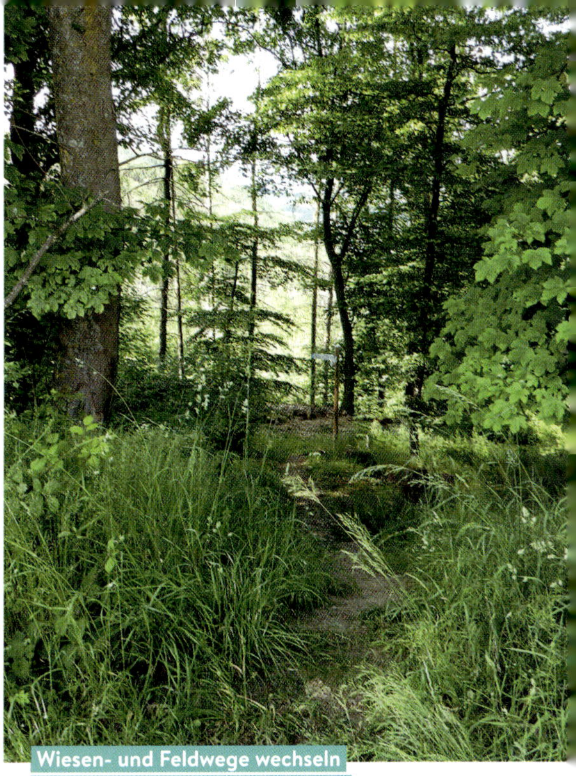

Wiesen- und Feldwege wechseln mit Passagen durch den Wald ab.

Tipp

LEGENDE ZUR MARIENKAPELLE

Einst kam der schottische Königssohn Wendelinus mit seiner großen Herde in den Hunsrück. Abends passierte er das Tal und fand für seine Schafe leider kein Wasser mehr vor. Mit seinem Stock stieß er mehrfach in die Erde, worauf diese aufbrach und eine Quelle sich eröffnete. Genau an dieser Stelle wurde daraufhin ein Bildstock mit dem Bild des Heiligen Wendelinus errichtet.
Kranke suchten anschließend diese Quelle auf, denn das Wasser sollte heilend auf Augenleiden wirken. Später wurde der Bildstock durch eine kleine Kapelle ersetzt. Nun kamen immer mehr Pilger. Im ersten Weltkrieg wurde zudem von einem der Hilfesuchenden eine Marienstatue für die Kapelle gestiftet.

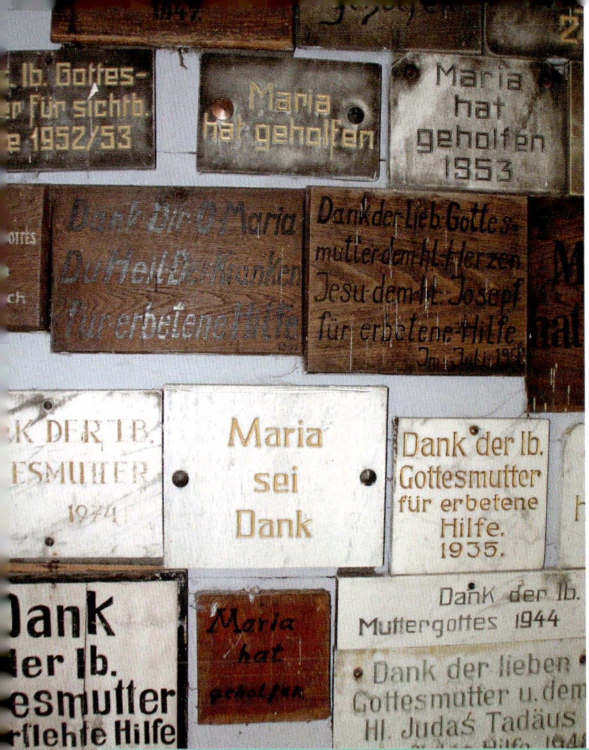

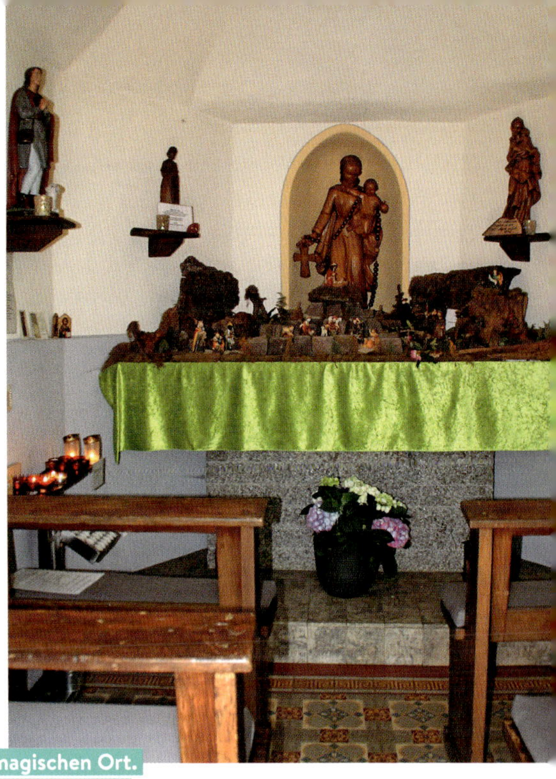

↑ Viele Hilfesuchende besuchen noch heute diesen magischen Ort.
↗ Die kleine historische Kapelle ist eine Ruheoase mitten im Wald.

paar wenige Meter weiter ist die eisenhaltige Quelle des Heilbrünnchens zu sehen. In direkter Nähe dazu steht die kleine historische **2 Marienkapelle**, eine der ältesten Volkswallfahrtsstätten des vorderen Hunsrücks. Ihr Schutzpatron ist der Heilige Wendelinus.

EINE MÜHLE FOLGT DER ANDEREN Weiter durch das Baybachtal erreichen wir als Nächstes die Strieders Mühle. Hier hat die erste offizielle Brauerei des Rhein-Hunsrück-Kreises ihren Sitz, in der seit dem Jahr 2022 Hunsrückbier gebraut wird. Weiter durch das Baybachtal wandernd, ist die Basselscheider Bauernmühle bald erreicht. Über einen schmalen Pfad umrunden wir das Anwesen, welches auch unter dem Namen Sohnsmühle bekannt ist.

GEMÜTLICHER RASTPLATZ Nach wenigen Gehminuten lädt ein lauschiger Rastplatz mit **3 Schutzhütte** zu einer Pause ein. Hier mündet der Eichelsbach in den Baybach und bietet ein tolles Spielareal für die Jüngsten. Als Nächstes passieren wir die Peterchesmühle und erreichen schließlich nach einer kurzen Steigung die Überreste der Schultheisermühle, welche im 18. Jahrhundert errichtet wurde.

In direkter Nähe befindet sich eine Kapelle mit einem Holzkreuz vor der Türe. Neben der Jahreszahl 1774 wurden Symbole eingeschnitzt, die von den früheren Lebensumständen und derArbeit als Müller erzählen. Im Innenraum der Kapelle befindet sich die Madonna mit dem Jesuskind. Die Madonna soll einst von einer Müllerin aus Lourdes mitgebracht worden sein, nachdem ihr Kinderwunsch unerfüllt blieb. Als sie die Heiligenfigur in der Kapelle aufgestellt hatte und ihre Bitte an sie herangetragen hatte, wurde ihr Wunsch nach einem Kind erfüllt.

ZUR SCHULTHEISERMÜHLE Die Schultheisermühle ist von der Sonntagsmühle bzw. Strödersmühle nicht weit entfernt. Mehrere Fachwerkgebäude stehen verstreut inmitten von Wiesen. Die Mühle wurde im Jahr 1575 urkundlich erwähnt. Später wurde sie im Jahre 1768 von Nikolaus Sonntag und dann im Jahr 1826 von Jakob Ströder übernommen. Daher ist die Mühle unter beiden Namen bekannt.
Kurz nach einer Schutzhütte queren wir den Baybach und erreichen den Ackersberg mit seinem Aussichtsplatz. Weiter auf unserer Route erreichen wir den »Waldgeist«, bevor wir zum Ort **4 Bickenbach** gelangen. Nach dem Verlassen des Ortes erreichen wir noch mehrere Aussichtspunkte und letztendlich auch wieder den **E Parkplatz Oberes Baybachtal**.

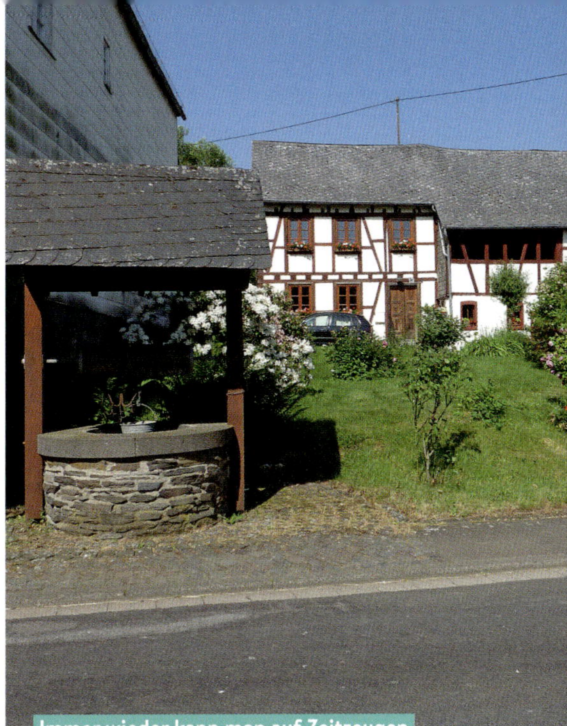

Immer wieder kann man auf Zeitzeugen aus der Vergangenheit treffen.

INFO

TOURENCHARAKTER
Konditionsfordernde Rundwanderung mit teils steilen Abschnitten

ORIENTIERUNG
Gute Wegmarkierung

HÖCHSTER/TIEFSTER PUNKT
440 m/280 m

AUSGANGS-/ENDPUNKT
Wanderparkplatz an der B 327/K102 bei 56291 Reifenthal
GPS 50.133423, 7.553870

ANFAHRT
Auto: Auf der B 327 (Hunsrückhöhenstraße) bis Reifenthal
ÖPNV: Mit dem Bus Linie 620 von Sommern bis Reifenthal. Dann weiter zu Fuß zum Wanderparkplatz

EINKEHR
Weinscheune, Hauptstraße 13, 56291 Bickenbach, Tel. 06746/80 09 30, www.partyservice-memmesheimer.de

Mittel | 15,3 km | 417 Hm | 4.00 Std.

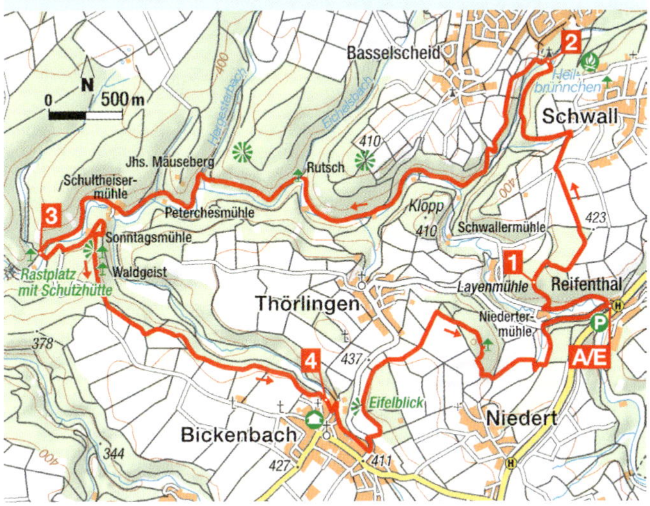

BESTE JAHRESZEIT
März–November

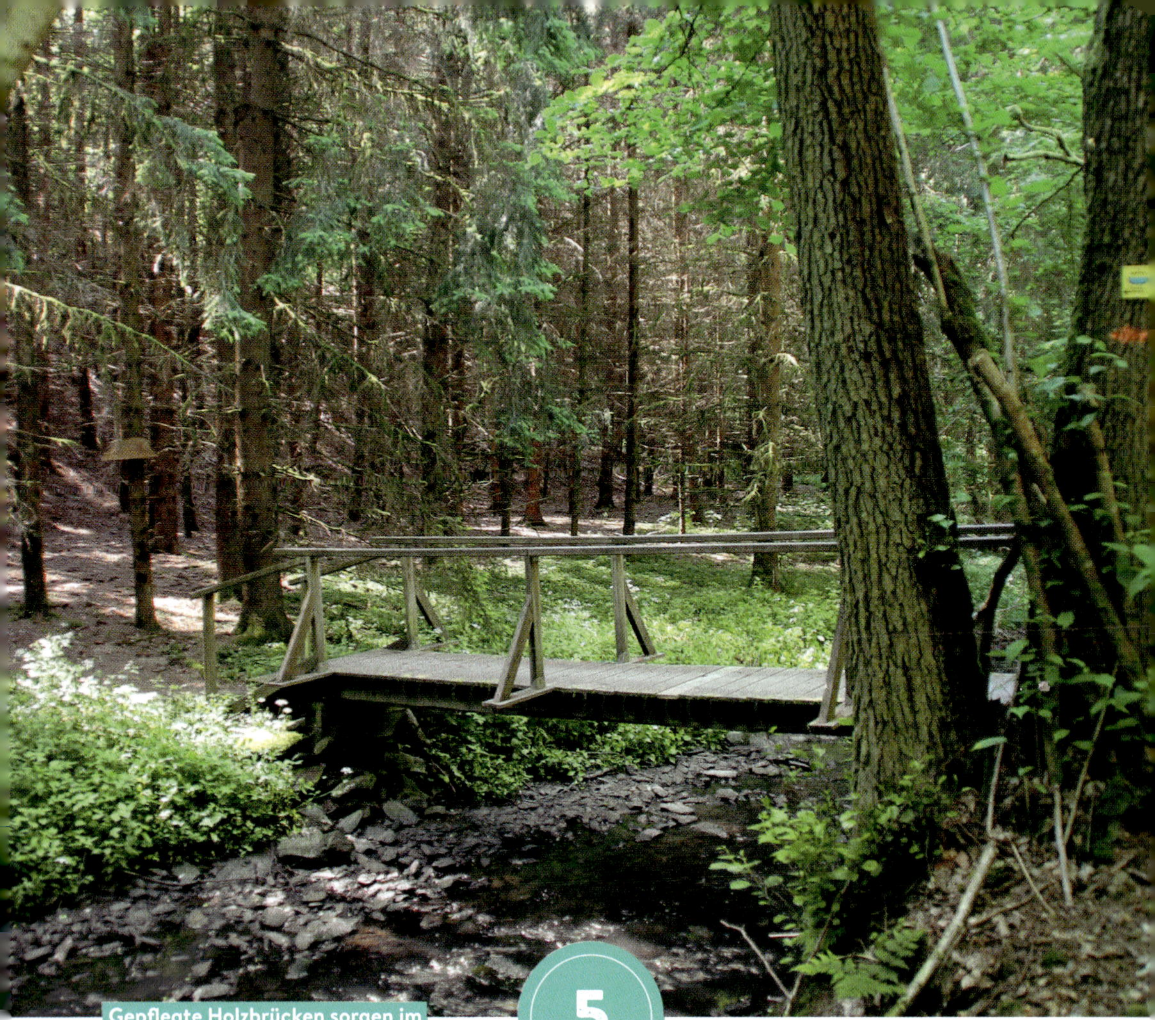

Gepflegte Holzbrücken sorgen im Baybachtal für eine sichere Überquerung.

5

SCHESSELS BEERSCHE

Das Brünnchen im Wald

Die entspannte kleine Rundtour führt von Thörlingen zur Striedersmühle im Baybachtal. Anschließend geht es auf weichen Pfaden durch das lauschige Tal weiter zu einem alten Brünnchen namens Schessels Beersche. Nun folgt ein kleiner Anstieg, der zur Hoch-Ley führt. Hier kann man einen wunderbaren Ausblick genießen, bevor die Wanderung weiter über gemütliche Feldwege zum Eifelblick führt, wo sich dem Betrachter ein faszinierender Blick eröffnet.

KAPELLE ST. PETER UND PAUL Die kleine gepflegte **A Patronatskapelle** inmitten von Thörlingen ist unser Ausgangspunkt. Ein Stück links an der Kirche der Straße entlang, befindet sich ein Wanderparkplatz. Im Jahre 1267 wurde die Kapelle von Thörlingen erstmals erwähnt und verfügte über 12 Kniepätze. Nach ihrem Abriss im Jahr 1963 wurde die Kapelle des Dorfes neu errichtet. Die zwei Glocken, die nach St. Peter und Paul benannt wurden, rufen die Bewohner fortan regelmäßig zum Gottesdienst. Zudem gibt es im Juni das Patronatsfest, welches an der Kapelle stattfindet. Thörlingen selbst ist ein sehr kleiner Ort am Rande des Baybachtales, ganz in der Nähe von Emmelshausen. In einer Mulde gelegen, beherbergt der Ort um die 150 Einwohner und mehrere schöne Fachwerkhäuser. Die ersten Bewohner wurden urkundlich im Jahre 1241 erwähnt. In Thörlingen lebt auch der Heimatschriftsteller Rudi Alexius, dessen kreative und handgeschriebene Gedichte uns während der Wanderung an markanten Orten begleiten und uns seine Heimat- wie auch Naturverbundenheit zeigen.

ZU DEN MÜHLEN Nach der Überquerung des Talweges folgen wir unserer Route und ihrer Markierung. Auf gemütlichen Pfaden tauchen wir schon bald abwärts in den Wald ein und erreichen die **1 Striedersmühle**, die sich direkt am Bach befindet. Von hier aus sind es nur noch wenige Hundert Meter bis zur Sohnsmühle. Durch den Wald weiter wandernd, erreichen wir den wunderschönen Rastplatz Rutsch und verweilen an dieser Stelle. Ganz urwüchsig und fast geheimnisvoll neigen sich die Äste der Bäume in Richtung des Baches, der an mancher Stelle sehr ruhig fließt und an anderer leise vor sich hinplätschert. Eine überdachte Hütte bietet bei einem plötzlich auftretenden Regenguss Schutz.

Ein wenig Mühe muss man sich schon geben, um die Hoch-Ley zu erreichen.

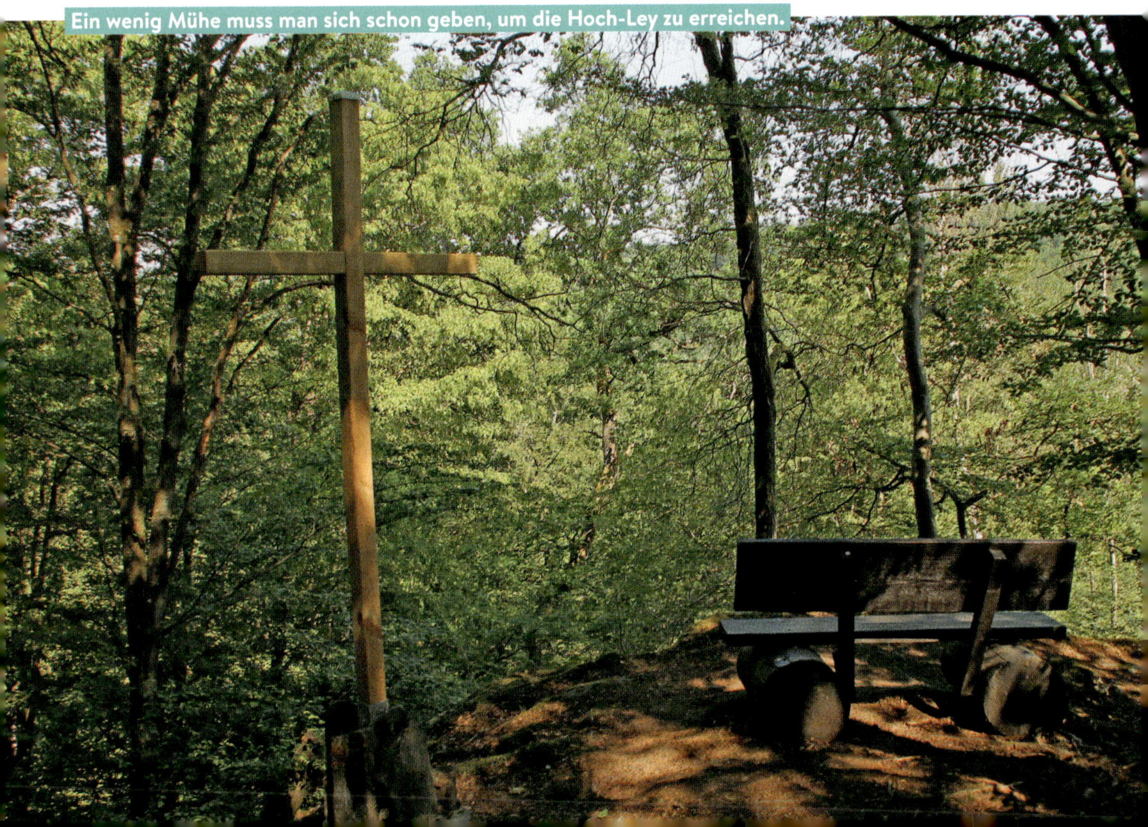

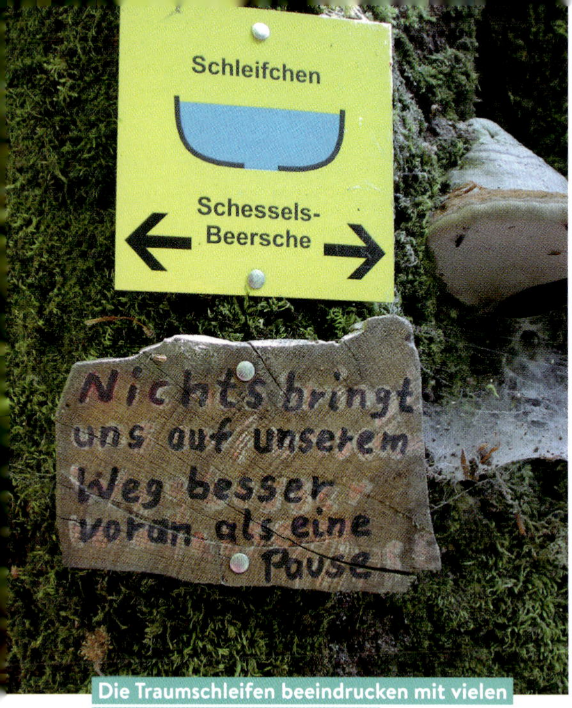

Die Traumschleifen beeindrucken mit vielen Highlights auf kurzer Distanz.

SCHESSELS BEERSCHE Unsere Markierung führt uns weiter auf entspannten Waldwegen entlang. In Begleitung des Baches erreichen wir eine Brücke, auf der wir den Bach überqueren. Nun geht es wieder etwas aufwärts. Nach knapp 2,5 Kilometern sind wir an dem alten Brünnchen angekommen. Das **2 Schüssel-Brünnchen** hat die Form einer Schüssel, der sie ihren Namen verdankt. Nach einer Legende von einstigen Bewohnern gab es in Thörlingen um die Jahrhundertwende jedes Jahr einen Viehmarkt. Das Schüssel-Brünnchen befindet sich nicht weit von der damaligen Wiese, die für diese Veranstaltung und als Trinkstelle für Mensch und Tier genutzt wurde. Eine kleine Bank und ein Tisch laden an dieser Stelle zum Verweilen ein.

Tipp

THÖRLINGER HEIMATLIED VON TOMI SCHICKE:

1. Erbauet mit göttlichem Segen und
fleissiger Vorfahren Hand,
romantisch im Tale gelegen, wirst Thörlingen heute genannt,
wirst Thörlingen heute genannt.
2. Fand hier man die schützende Stelle,
die sprudelndes Wasser geschwind,
schuf hier auch die kleine Kapelle, das
Herzstück des Dörfchens, ich find,
das Herzstück des Dörfchens, ich find.
3. Wir nunmehr der Urväter Erben,
erfüllen getreu uns're Pflicht,
hier wollen wir lieben und sterben,
woll'n pflegen dein schmuckes Gesicht,
woll'n pflegen dein schmuckes Gesicht.

ZUR HOCH-LEY Weiter auf unserem schönen Wanderweg erreichen wir ca. 700 Meter aufwärtsgehend als Nächstes einen steilen Felsen mit Ruhebank und Gipfelkreuz, den **3 Hoch-Ley**. Viel Aussicht gibt es leider nicht, dafür eine wohltuende Stille. Auch hier gibt es eine Möglichkeit, zu pausieren und sich mit einem kleinen mitgebrachten Imbiss zu stärken. Nun folgen wir der Markierung über den Feldweg weiter, bis wir links abbiegend bald wieder in den Wald eintauchen. Bevor wir den Pfad durch den Wald nehmen, genießen wir den »Eifelblick«. Nachdem das Wäldchen durchstreift wurde, geht es noch ein Stück am Waldrand entlang, bis wir zur K 102 kommen und dieser folgen.

ZUM BILDSTOCK Wenige Meter links haltend, erreichen wir einen **4 Bildstock**, der von Thörlinger Bürgern errichtet wurde. Zudem steht hier eine Ruhebank, die uns zu einer Rast, aber auch zum Genießen der Landschaft einlädt. Rechts führt nun der Wanderweg weiter. Das letzte Stück geht am Waldrand vorbei, bis wir bald auf der Oberstraße zur Hauptstraße gelangen, die uns dann wieder rechter Hand zurück zur **E Kapelle St. Peter und Paul** führt.

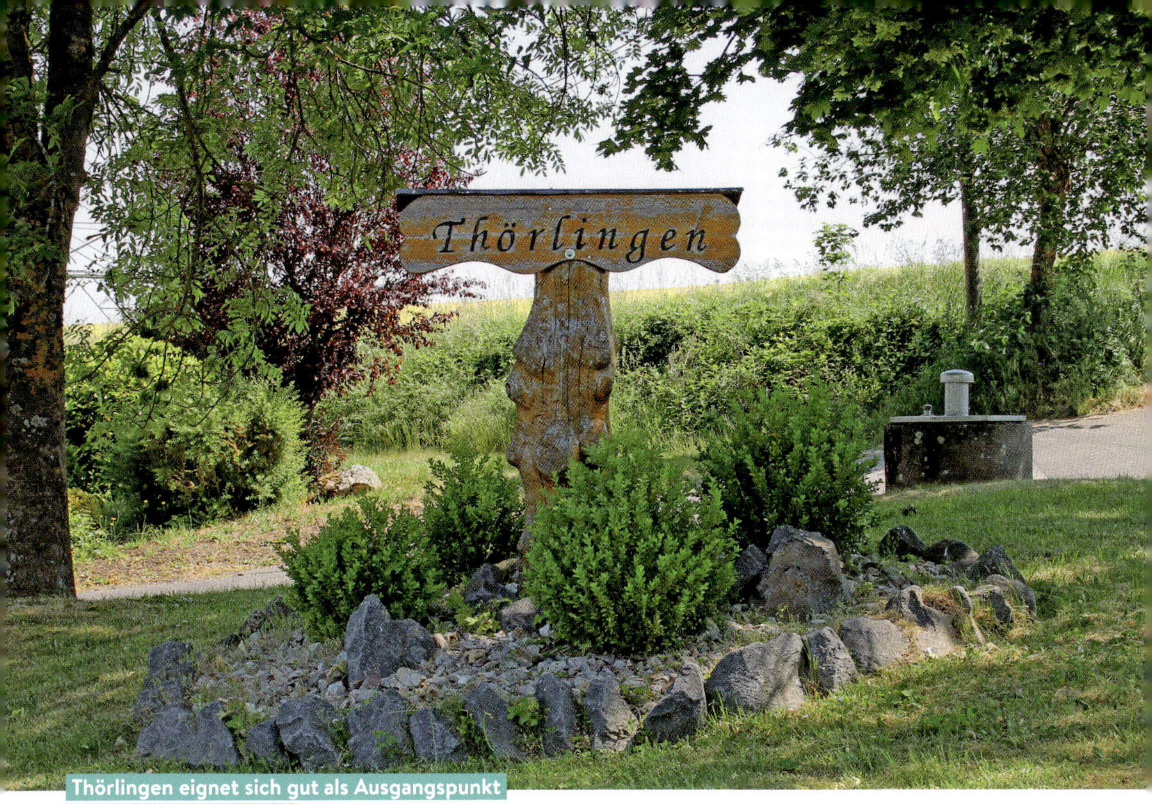

Thörlingen eignet sich gut als Ausgangspunkt für viele Wanderungen.

INFO

TOURENCHARAKTER
Idyllische und landschaftlich schöne Rundwanderung mit mehreren Highlights

ORIENTIERUNG
Gute Wegmarkierung

HÖCHSTER/TIEFSTER PUNKT
444 m/310 m

AUSGANGS-/ENDPUNKT
Kapelle St. Peter und Paul,
In der Hohl 3, 56291 Thörlingen
GPS 50.135066, 7.531119

ANFAHRT
Auto: Über die A 61 bis Anschlussstellen Pfalzfeld oder Dörth
ÖPNV: Von Simmern mit dem Bus Linie 620 zum Gemeindehaus Thörlingen. Von dort wenige Minuten zu Fuß

EINKEHR/ÜBERNACHTUNG
Hotel & Restaurant Klinkner,
Rhein-Mosel-Straße 71–73, 56281 Emmelshausen,

Mittel	5,5 km	134 Hm	1.30 Std.

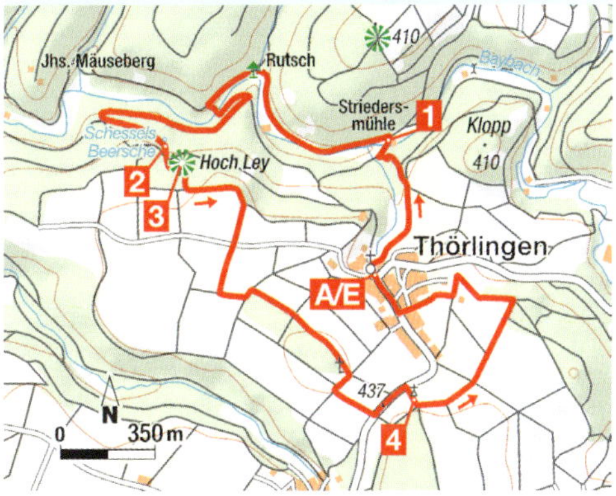

Tel. 06747/15 67,
www.hotel-klinkner.de

BESTE JAHRESZEIT
März–November

GEHAICHNISWEG BICKENBACH

Ausgiebiges Waldbaden

Die schöne Tour führt hauptsächlich durch waldige Passagen rund um die Gemeinde Bickenbach. Vorbei an früheren Mühlen und am Bach entlang, eignet sie sich hervorragend für wärmere Tage. Schöne, landschaftlich reizvolle Aussichten sind bei dieser Wanderung inklusive.

6

Die Pfarrkirche St. Stephanus wurde schon um 1330 urkundlich erwähnt.

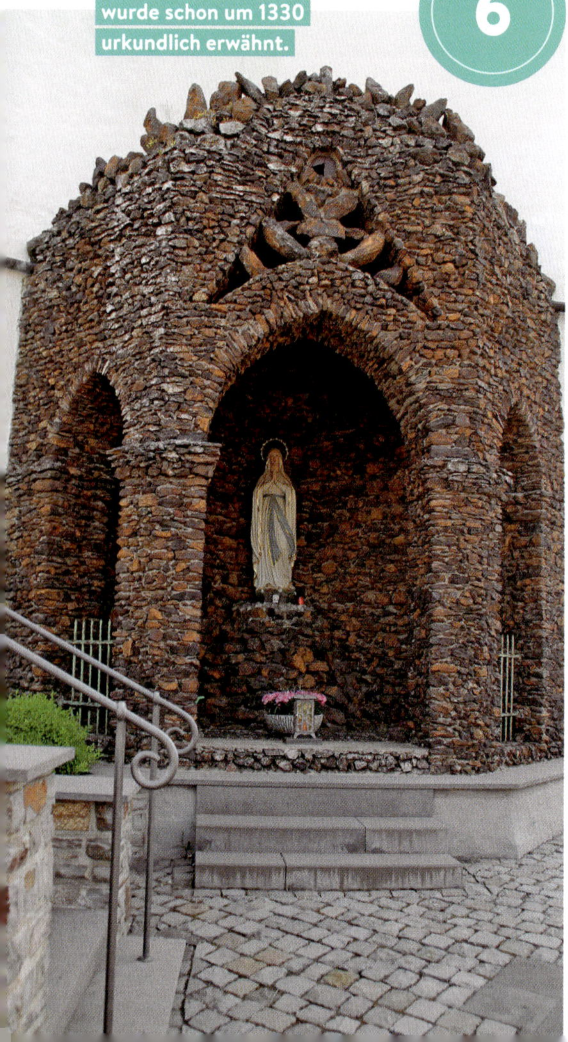

ZUM WALDGEIST Unser Weg startet am **A Friedhof in Bickenbach**. Damit erobern wir einen Teil der Traumschleife Oberes Baybachtal. Als ersten Höhepunkt erreichen wir eine Sehenswürdigkeit, den »Waldgeist«. Nun haben wir schon fast 1,5 Kilometer zurückgelegt. Wir folgen weiter unserer Markierung mit dem Traumpfadzeichen und erreichen schließlich einen Aussichtspunkt, wo wir eine Weile verweilen.

ZUR HISTORISCHEN MÜHLE Nun geht es wieder abwärts und wir erreichen schließlich die Strödersmühle, die auch **1 Sonntagsmühle** genannt wird. Die historische Mühle liegt idyllisch in einem Tal und ist von Wäldern und Hügeln umgeben. Erbaut wurde sie im 18. Jahrhundert und diente ursprünglich als Getreidemühle. Mit ihren Erzeugnissen wurden die umliegenden Dörfer versorgt. Heute wird die Mühle nicht mehr betrieben, sie ist aber ein gerne besuchter Anziehungspunkt für Wanderer.
Weiter abwärts erreichen wir schließlich eine Schutzhütte. Nach weiteren knapp 300 Metern ist die **2 Sevenicher Mühle** schon zu se-

hen. Von hier aus folgen wir weiter unserer Route, wobei es wieder aufwärtsgeht. Schließlich befinden wir uns in der Nähe von Schnellbach. Weiter auf unserer Route erreichen wir schließlich Bickenbach. Schöne Ausblicke werden uns dann auf der **3 XXL-Bank** präsentiert. Nun geht es wieder in das Zentrum von Bickenbach. Wir kreuzen den Grabenweg, gehen weiter geradeaus, bis wir die Hauptstraße L 215 überqueren. Links in die K 102 abbiegend, folgen wir dem Bach und erreichen schließlich wieder den **E Parkplatz am Friedhof**.

PFARRKIRCHE ST. STEFANUS Wer noch einen kleinen Abstecher zu der Kirche im Ortskern machen möchte, hält sich auf der Hauptstraße links. Schon nach wenigen Minuten ist die Pfarrkirche St. Stefanus in Bickenbach erreicht. Um 1330 wurde die Kirche erstmals erwähnt. 1771/1772 wurde sie unter dem Baumeister Johann Neurohr als barocker Saalbau neu errichtet. Der Westturm im neuromanischen Stil stammt aus dem Jahr 1855, während die Grotte mit der Marienskulptur erst im 19. Jahrhundert entstand. Die Orgel der Kirche wurde 1869 von den Gebrüdern Friedrich und Ernst Stumm erbaut und 1983 restauriert.
Die Pfarrkirche St. Stefanus in Bickenbach ist ein zentraler Ort für religiöse und gemeindliche Aktivitäten. Sie wird für Gottesdienste, Hochzeiten, Taufen und andere kirchliche Feierlichkeiten genutzt.

INFO

TOURENCHARAKTER
Gemütliche Wanderung durch waldige Passagen

ORIENTIERUNG
Sehr gute Wegmarkierung

HÖCHSTER/TIEFSTER PUNKT
452 m/274 m

AUSGANGS-/ENDPUNKT
Parkplatz am Friedhof in 56291 Bickenbach (387 m)
GPS 50.129770, 7.523968

ANFAHRT
Auto: Auf der A 61 bis Ausfahrt Pfalzfeld, L 215 bis Bickenbach
ÖPNV: Mit dem Bus Linie 620 von Simmern nach Bickenbach

EINKEHR/ÜBERNACHTUNG
Weinscheune, Hauptstraße 13
56291 Bickenbach, Tel. 06746/ 80 09 30, www. partyservice-memmesheimer.de

BESTE JAHRESZEIT
Ganzjährig

Mittel	10,8 km	182 Hm	3.00 Std.

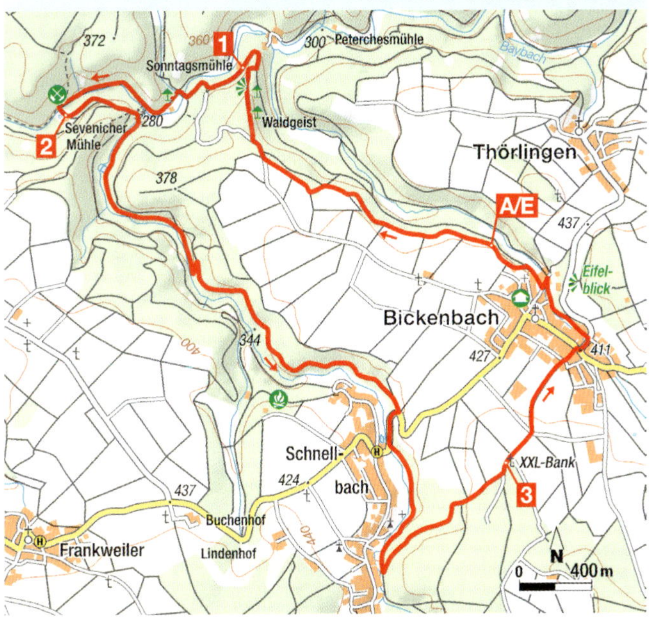

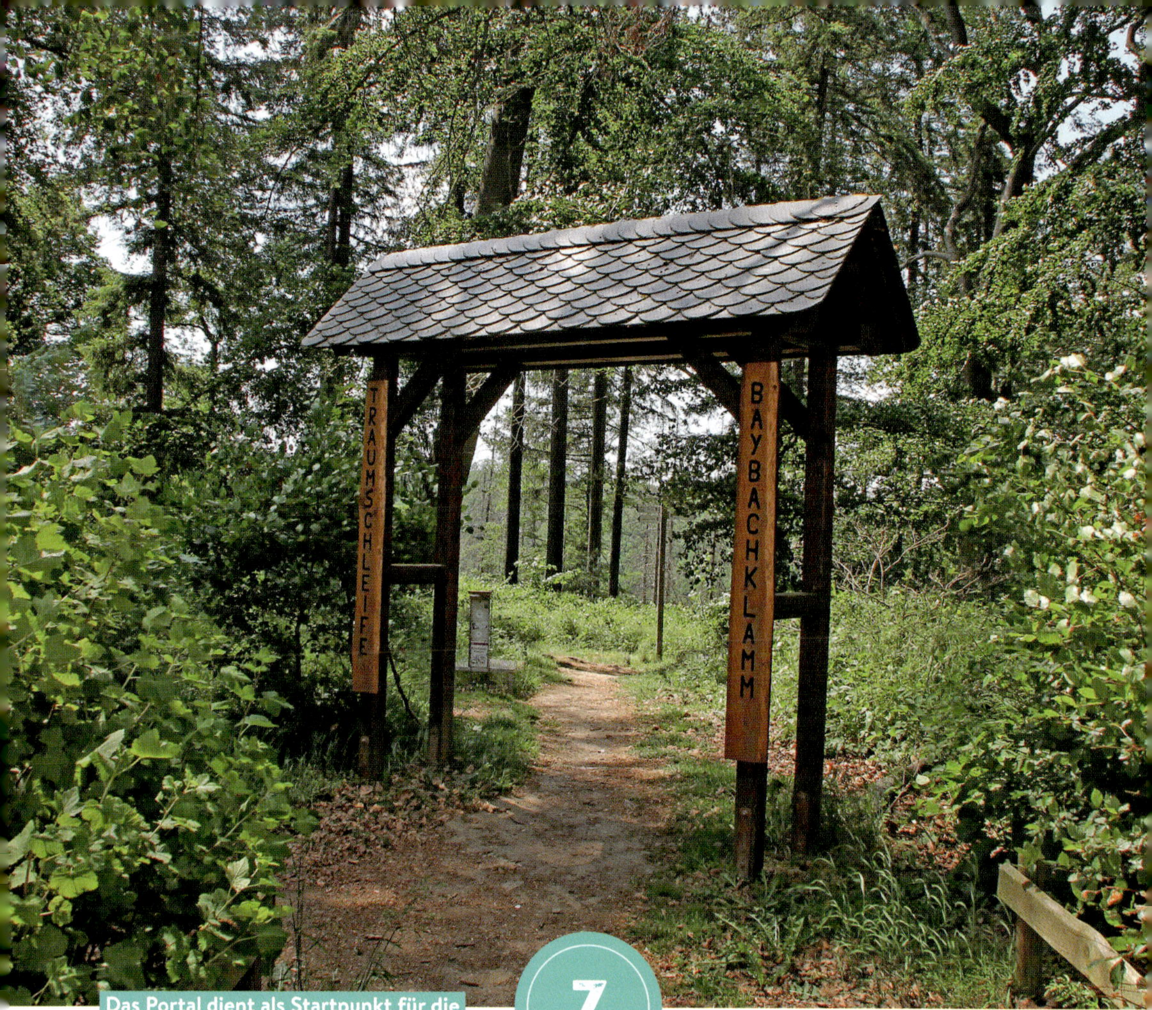

Das Portal dient als Startpunkt für die Wanderung durch die Baybachklamm.

7

TRAUMSCHLEIFE BAYBACHKLAMM

»De Wannawääsch«

Die Durchquerung der Baybachklamm ist eine sehr anspruchsvolle Wanderung. Seile bieten den Wanderern bei schwierigen Passagen eine wertvolle Hilfe, um die herausfordernden Stellen zu überwinden. Neben schönen Aussichten bietet diese Tour auch geologisch spannende Einblicke.

TRAUMHAFTER START Wir starten unsere Wanderung der Traumschleife Baybachklamm am Portal am **A Wanderparkplatz bei Heyweiler**. Das Dorf Heyweiler liegt nahe Beltheim und Sevenich und ist ganz idyllisch von Wald umgeben. Sobald wir das Portal durchschritten haben, eröffnet sich vor uns eine Waldinsel mit der ersten Sinnesbank. Hier können wir kurz innehalten und durchatmen, bevor wir zu unserem Abenteuer aufbrechen.

UNBERÜHRTE NATUR Vorerst folgen wir dem Weg abwärts in das reizvolle Buchbachtal. An schwierigen Stellen greifen wir zu den Seilen, die uns Stabilität verleihen. Kaum erreichen wir das Tal, geht es nun auch wieder aufwärts. Hier ist Durchhaltevermögen angesagt, bevor wir den Stockschlagwald erreichen. Oben erwartet uns bald das Ende des Waldes und wir können die herrlichen Aussichten auf die Umgebung genießen. An einem schönen Rastplatz begeistert uns eine weitere Sinnesbank.

ZUM ALTEN STOLLEN Nun geht es weiter Richtung Steffenshof. Eine Informationstafel erzählt über die Entwicklung des kleinen Ortes ab 1832, der zunächst lediglich aus einem Fachwerkhaus mit Stall und Scheune bestand. In direkter Nähe befindet sich eine Schutzhütte, die sehr schön hergerichtet wurde. Von hier aus können wir einen Abstecher zu einer kleinen Kapelle unternehmen. Zurück auf unserem Weg mit der bekannten Markierung lassen wir die Aussichten auf uns wirken. Nun folgen wir unserem Weg in den Wald. Bald geht es abwärts Richtung Prinzbachtal und anschließend sehr steil zum **1 Klöckners Kaul**, einem alten Stollen im Schiefergestein. Im Anschluss passieren wir auch weitere abgesperrte Stolleneingänge und Höhlen. Hinter den Gittern der **2 Fledermaushöhlen** übernachten die nachtaktiven Flattertiere, was dem Betrachter ein mulmiges Gefühl bescheren kann. Wir folgen dem Prinzbach und tauchen nach vier Kilometern in das Baybachtal ein.
An den Felsen führt nun unsere Route weiter entlang. Dank der Seilsicherungen schieben wir uns Stück für Stück weiter voran. Dabei können wir kaum den Blick von den bizarren Felsformationen abwenden.

VON MÜHLE ZU MÜHLE Nach knapp sechs Kilometern lädt die **3 Schmausemühle** zur Einkehr ein. Im Gartenrestaurant oder bei kühlerem Wetter im urigen Kaminzimmer werden heimische Spezialitäten und saiso-

Tipp

HEYWEILER BAUERNMÜHLE

Die Heyweiler Bauernmühle ist heute in einem guten Zustand. Nichts lässt vermuten, dass sich hier ein Unglück zugetragen hat. Im Jahr 1933 gab es in der Mühle einen schweren Unfall. Die Bopparder Zeitung berichtete davon am 11. Juli 1933 wie folgt: »In der im Baybachtal gelegenen Genossenschaftsmühle ereignete sich am Sonntag ein schwerer Unglücksfall, dem der Landwirt Friedrich Wetzlar aus Heyweiler zum Opfer fiel. Beim Umwechseln der Treibriemen wurde er von den Kammrädern erfasst, welche ihm den Brustkorb eindrückten, sodass der Tod sofort eintrat.«
Wir treffen das ehemalige Mühlengebäude in einem gut erhaltenen Zustand an, aber den geschlossenen Fensterläden nach ist zu vermuten, dass es nicht ständig bewohnt ist. Die offene Feuerstelle vor dem Haus und die großen Mengen sauber aufgestapelten Brandholzes verraten die freizeitliche Nutzung des Anwesens.

nale Köstlichkeiten mit Kräutern aus dem Mühlengarten serviert. Besonders beliebt sind die fangfrischen Forellen aus den eigenen Teichen.

Danach wandern wir weiter durch das Tal. Nach mehreren Kletterstellen erreichen wir schließlich die **4 Heyweiler Mühle**. Die etwas versteckte Mühle wurde in den Jahren 1893 bis 1894 erbaut. Ab 1945 diente sie als Getreidemühle. Später verfiel sie und wurde wieder restauriert. Heute befindet sie sich in Privatbesitz.

Kurze Zeit später erreichen wir einen Rastplatz in unmittelbarer Bachnähe. Nun folgt wieder eine Kletterpartie, bevor uns ein entspannter Streckenabschnitt an einem Bach erwartet. In einer Kurve verlassen wir den Baybach und halten uns rechts Richtung Frankweiler Bachtal. Jetzt wird es nochmals ganz wildromantisch. Felsen, Bach und ein Wasserfall versetzen uns in Hochstimmung.

REIZVOLLE AUSSICHTEN Nun kommt wieder ein Aufstieg über einen Pfad. Etwas Kondition wird hier schon benötigt. Oben angekommen werden wir allerdings mit schönen Aussichten auf das Baybachtal belohnt. Bald stehen die Bäume lichter und wir verlassen auf unserem Weg den Wald. Wir sind in einer offenen Landschaft angelangt, von der aus wir die Aussichten genießen können.

FELSKLIPPE BARRETERLEY Als weiteren Höhepunkt besuchen wir die Klippe der **5 Barreterley**, von der wir ebenfalls nochmals schöne Blicke auf das Umland erhaschen. Kurvig windet sich unser Pfad nun zu einer Schutzhütte, an der wir nochmals kurz verschnaufen. Von hier aus ist die Schmausemühle zu sehen. Auf weichen Waldpfaden geht es nun wieder zurück zum **E Wanderparkplatz bei Heyweiler**.

Die Schuhputzstation sorgt nach der Durchquerung für sauberes Schuhwerk.

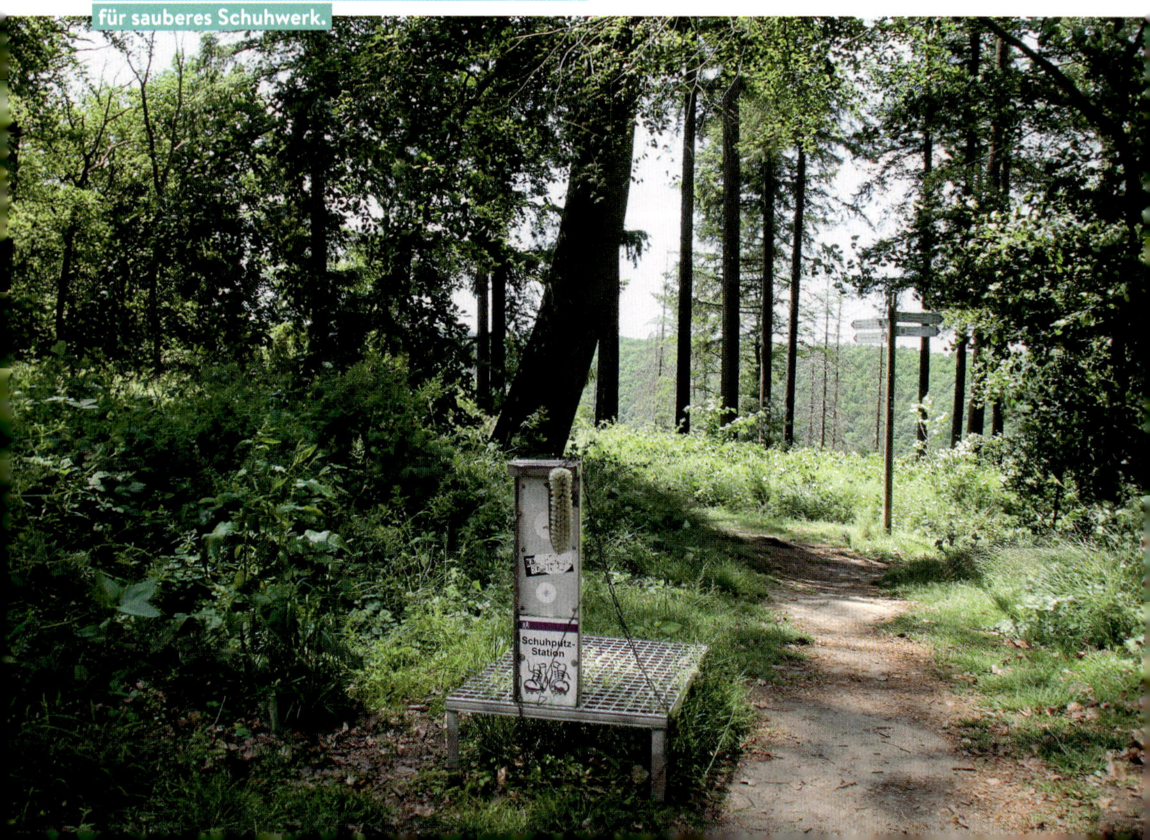

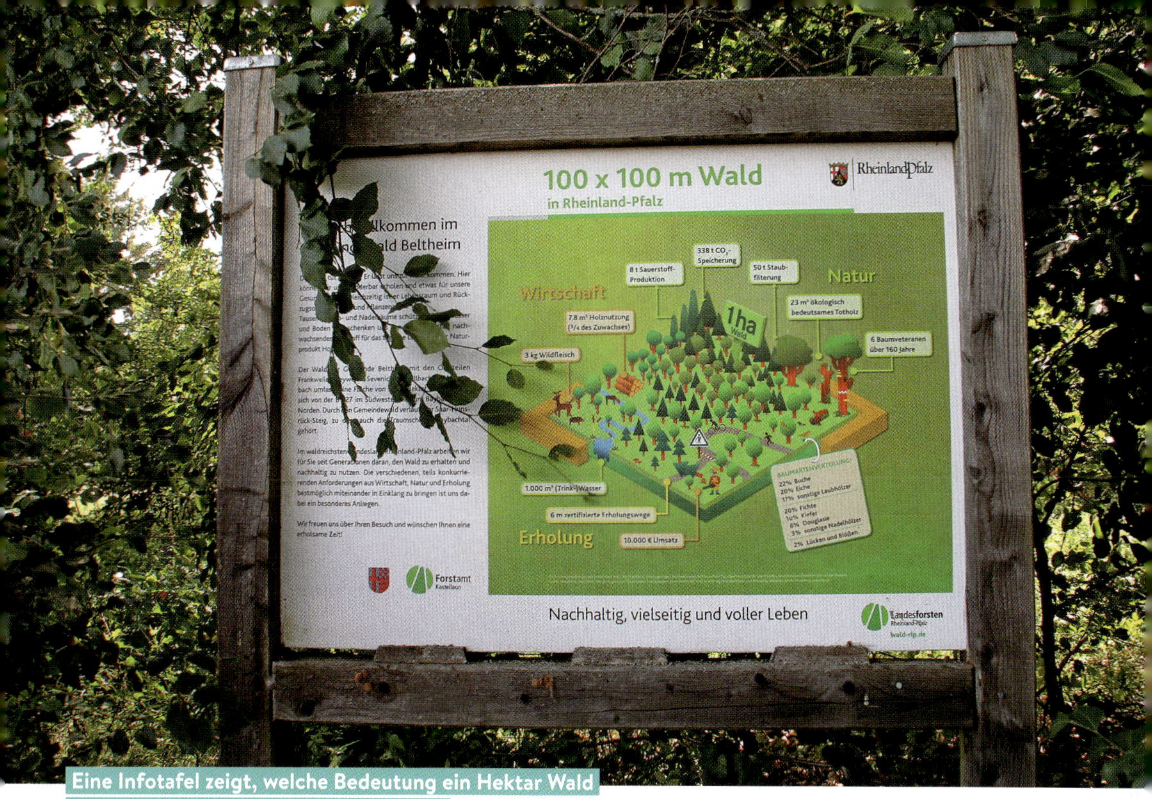

Eine Infotafel zeigt, welche Bedeutung ein Hektar Wald für Natur, Wirtschaft und Erholung hat.

INFO

TOURENCHARAKTER

Schwere, aber spannende Wanderung mit viel Abwechslung

ORIENTIERUNG

Sehr gute Markierung mit dem Traumpfad

HÖCHSTER/TIEFSTER PUNKT

354 m/189 m

AUSGANGS-/ENDPUNKT

Wanderparkplatz, 56290 Heyweiler
GPS 50.132816, 7.452786

ANFAHRT

Auto: Auf der K 31 nach Heyweiler, der Hauptstraße oder Dorfstraße und dem Wegweiser zum Wanderparkplatz folgen
ÖPNV: Mit den Bussen Linien 615 oder 638 (Umstieg in Emmelshausen)

EINKEHR/ÜBERNACHTUNG

Hotel Restaurant Schmausemühle, 56283 Gondershausen, Tel. 06745/270, www.schmausemuehle.de

Schwer | 10,5 km | 413 Hm | 4.00 Std.

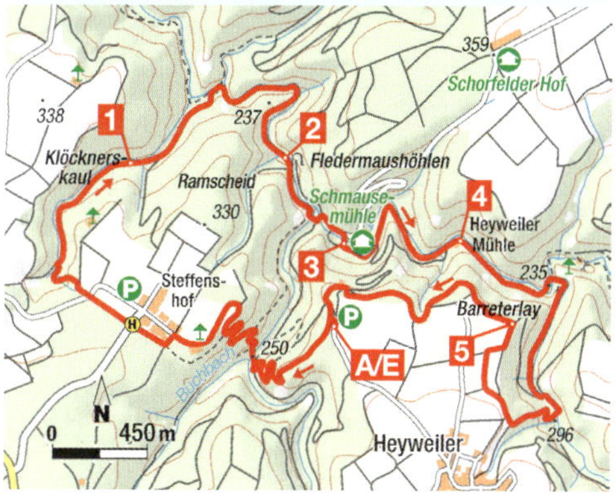

BESTE JAHRESZEIT

März–November

TRAUMSCHLEIFE DÜNNBACH-PFAD

Unberührte Pfade

Die aussichtsreiche Wanderung führt in das traumhafte Dünnbachtal. Inmitten der artenreichen Natur kann man sich hier herrlich entspannen. Anschließend gibt es herrliche Ausblicke auf die Umgebung zu genießen. In Zilshausen lohnt es sich, sich mit der Geschichte des Ortes auseinanderzusetzen. Die Herzlichkeit der Einwohner und die Dorfatmosphäre machen den Ort zu einem versteckten Juwel im Hunsrück.

8

Der Pfad zum Dünnbachtal führt durch weitläufige Waldabschnitte.

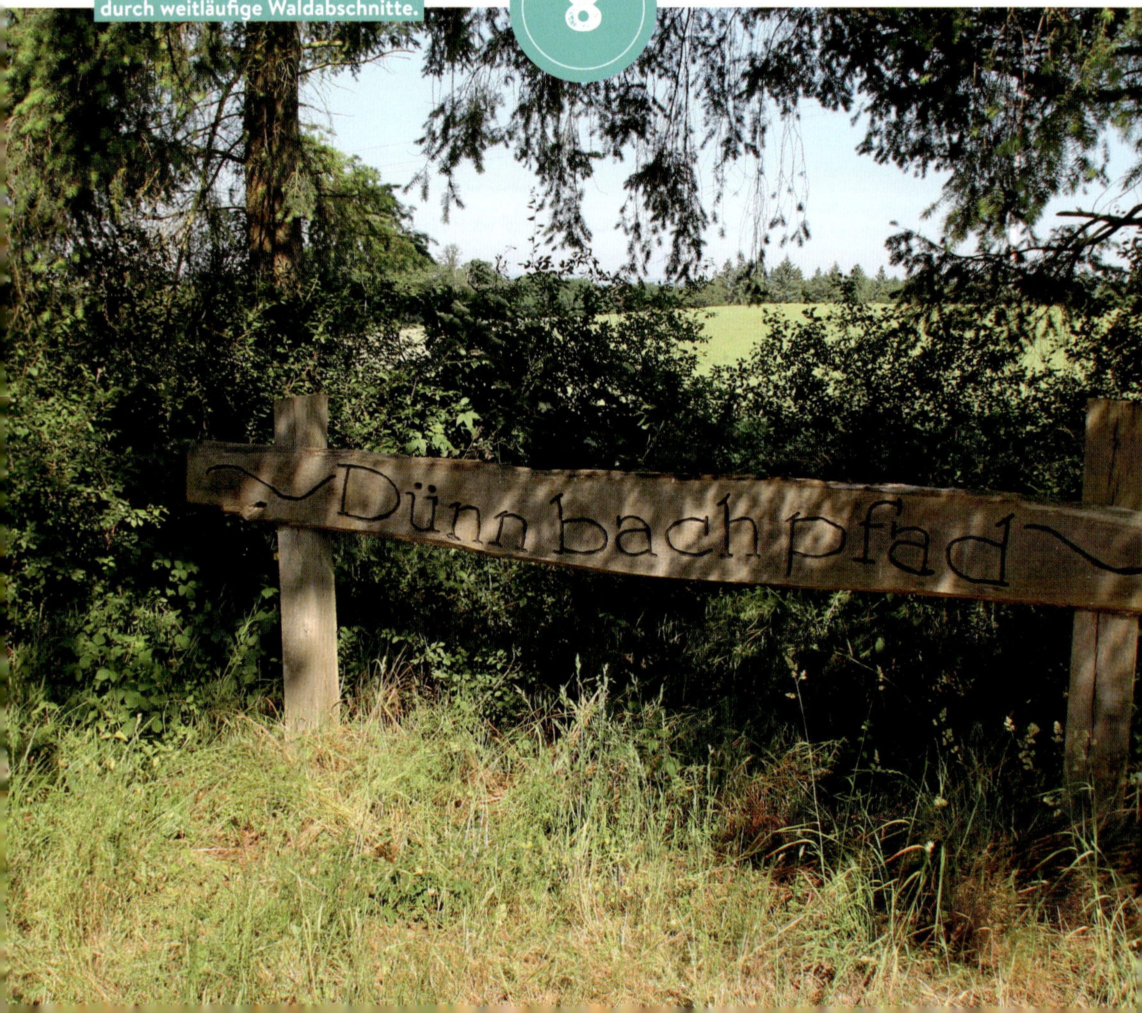

SPIELERISCHER EINSTIEG An der **A Grillhütte in Zilshausen** beginnt unsere Wanderung. Diese befindet sich etwas außerhalb des Ortes. Gleich zum Traumpfadeinstieg entdecken wir eine Kugelbahn, die zum Spielen einlädt. Mit ihrer Länge von etwa 400 Metern ermöglicht sie ein ganzjähriges Spielerlebnis und soll so noch mehr Wanderer anlocken. Über 40 Baumstämme und 4500 Schrauben wurden für ihren Bau verwendet. Nach rund 10 000 Arbeitsstunden wurde die Kugelbahn im Jahr 2017 eröffnet. Nun geht es auf dem Dünnbachpfad in den Wald. Bald kommen wir an einen ersten Aussichtspunkt, wo wir den schönen Rundumblick genießen. Später erreichen wir einen alten Steinbruch.

ERSTE AUSSICHTEN Nach einer Rechtskurve erreichen wir den Aussichtspunkt **1 »Heierts Stück«** und können von dem Felsen aus den Rundumblick genießen. Ein kleiner Pfad führt zu einer Bank, wo wir entspannen und träumen können.
Nun geht es weiter durch ein Waldstück, das sehr naturbelassen wirkt. An einem weiteren Aussichtspunkt können wir einen Einblick in die Geologie erhalten. Etwas weiter aufwärts und später im Wald geht es linker Hand wieder in das Dünnbachtal.

AUF WALDWEGEN Wir setzen unseren Weg fort und erreichen nach etwa 2,5 Kilometern einen Forstweg und später die K 38, die wir queren. Durch den Wald folgen wir unserer Markierung bis zum Dünnbach. Auf einem Pfad folgen wir dem Bachlauf. Nach etwa 4,5 Kilometern lassen wir das Tal hinter uns. Nun erwartet uns ein Aufstieg und Kondition ist nötig. Nach dem Verlassen des Waldes bieten sich schöne Ausblicke auf Lahr und die umgebende Landschaft. Bald haben wir **2 Lahr** erreicht und können in dem Ort einkehren.

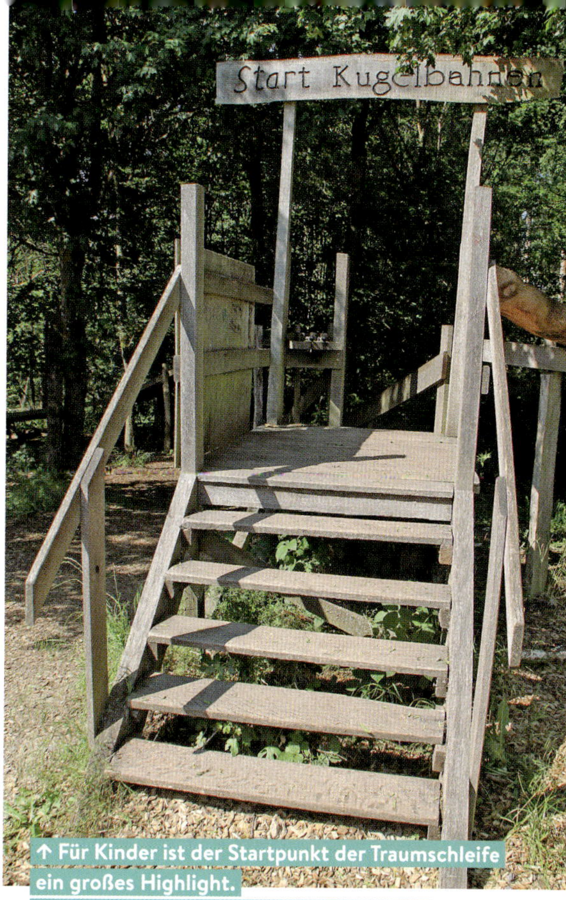

↑ Für Kinder ist der Startpunkt der Traumschleife ein großes Highlight.

↓ Die katholische Oranna-Kapelle in Lahr ist ein Saalbau aus dem Jahr 1784.

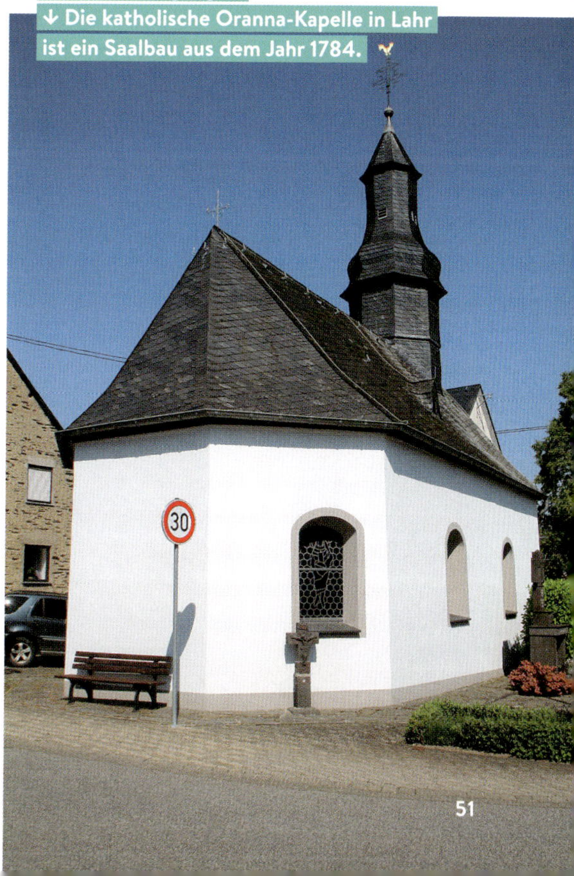

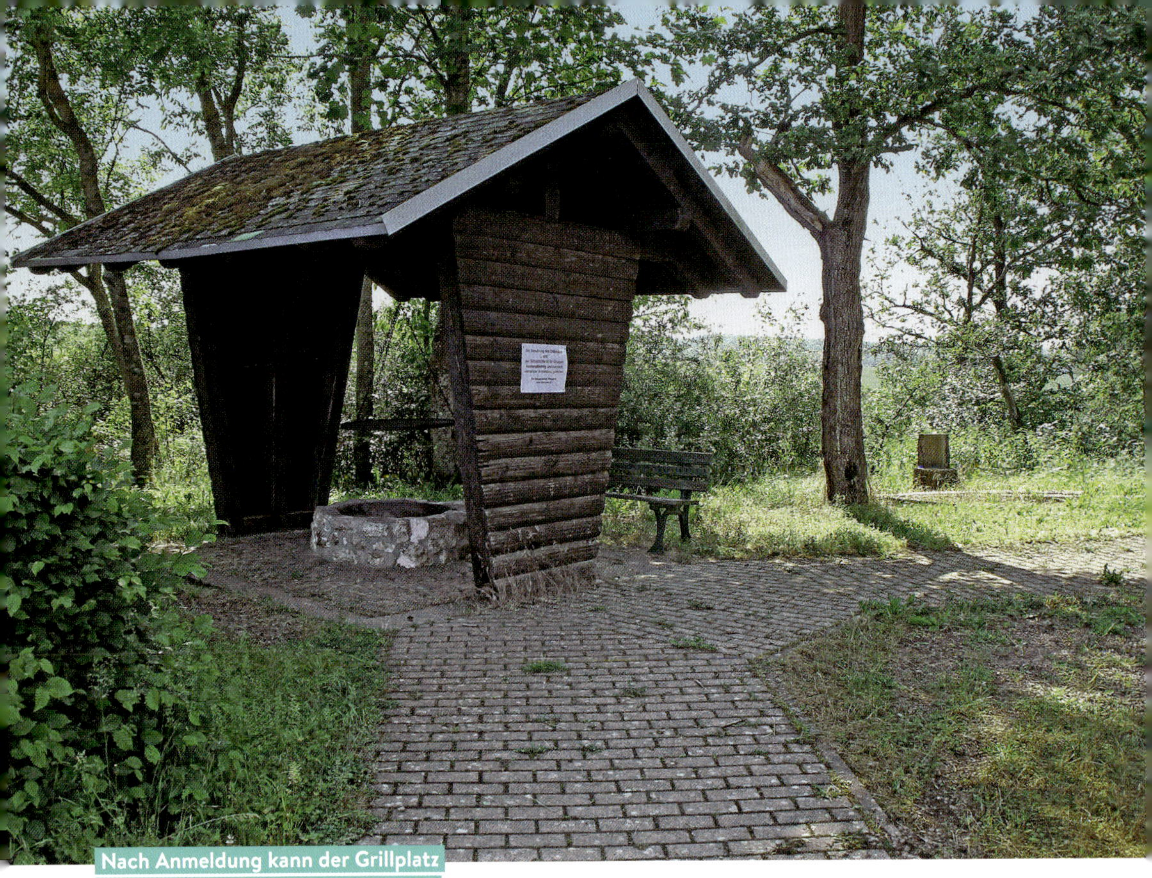

Nach Anmeldung kann der Grillplatz am Ausgangspunkt genutzt werden.

Tipp

ALTE TRADITION

Der »Fette Donnerstag», der Donnerstag vor Fastnacht und vor dem Beginn der Fastenzeit, war einst ein Fest für die Frauen. Durch den Verkauf der Backhausasche oder auch andere Einnahmen kauften sie sich Wein oder Schnaps. Zeitweise wurden auch Musikanten angeheuert, zu deren Musik gern getanzt wurde. Dabei kam es auch zu Rangeleien und sie rissen sich gegenseitig ihre Haubenmützen, die auch »Blätter« genannt wurden, vom Kopf. Zudem sorgte der Alkohol dafür, dass Frieden unter lang andauernden Feindschaften geschlossen wurde. Der letzte fette Donnerstag wurde 1886 begangen.

SEHENSWERTES IN LAHR Der Ort, malerisch zwischen dem Lützbach- und Dünnbachtal gelegen, bietet einige Attraktionen. Zum einen zieht die Oranna-Kapelle im Zentrum die Blicke auf sich. Diese wurde im Jahr 1784 erbaut und fasziniert durch den Holzaltar aus dem Mittelalter und mit den vielen Holz- und Sandsteinfiguren. Eine weitere Sehenswürdigkeit in Lahr ist der Bleichbrunnen. In längst vergangenen Zeiten wurde hier die Wäsche gewaschen und anschließend auf der Wiese zum Bleichen ausgelegt.
Wenig später erreichen wir den Baumlehrpfad, der uns in Richtung L 108 bringt. Über einen kleinen Feldweg gelangen wir zum Petershauser Graben in den Wald. Jetzt geht es auf dem Weg abwärts und wir passieren den **3 Zwergenplatz**. Unserer Markierung folgend, wandern wir auf dem

Dünnbachpfad leicht aufwärts. Wir bleiben auf dem breiten Weg bis zum Waldrand.

ENTSPANNTER RÜCKWEG Über den Feldweg geht es nun wieder zurück nach **4 Zilshausen**. Urspünglich entstand Zilshausen aus einem Gutshof. Als Zullinshausen wurde er 1346 urkundlich erwähnt. Zilshausen unterstand drei Landesherren, darunter dem Kurfürsten von Trier und den Herren von Braunshorn-Metternich-Beilstein, bis 1794/96 die Besetzung durch die französische Revolutionsarmee stattfand. Später im Jahr 1815 gehörte der Ort zum Königreich Preußen und seit 1946 zu Rheinland-Pfalz. Bevor wir auf der Hauptstraße rechts abbiegen, kann man einen kleinen Abstecher in den Ort Petershäuserhof machen, um die Kirche Maria Magdalena zu besichtigen.

SAGE DER KIRCHE Schon bald sind wir an der Kirche Maria Magdalena, die 1847 erbaut wurde, und umrunden sie. In einer Sage soll ein Ritter auf seinem Pferd über die Berge der Mosel geritten sein. Da das Pferd an seinen Vorderbeinen Fesseln trug, konnte es sich nicht ungehindert bewegen. Nachdem es die Mosel erreicht und sie durchschwommen hatte, sprang das Pferd auf der anderen Seite den steilen Felsen hoch. Dort stand die Zilleskapelle bei Treis. Aus lauter Angst schwor er dort einen Eid, dass er an der Stelle, wo das Pferd die Fessel verlieren und stehen bleiben würde, eine Kapelle errichten würde. Spontan öffnete sich die Fessel und das Pferd blieb stehen.
Anschließend verlassen wir den Ort wieder und kommen zum Wegkreuz. Wir gehen links weiter und erreichen kurze Zeit später wieder den **E Parkplatz an der Grillhütte**.

INFO

TOURENCHARAKTER
Aussichtsreiche Rundtour mit Einkehrmöglichkeit

ORIENTIERUNG
Sehr gute Markierung mit dem Traumpfad

HÖCHSTER/TIEFSTER PUNKT
361 m/209 m

AUSGANGS-/ENDPUNKT
Parkplatz Grillhütte, 56288 Zilshausen
GPS 50.109932, 7.374032

ANFAHRT
Auto: Von der Hunsrückhöhenstraße (B 327) auf Höhe Kastellaun über die L 108 nach Zilshausen
ÖPNV: Mit dem Bus Linie 637 von Kastellaun nach Zilshausen

EINKEHR/ÜBERNACHTUNG
Landgasthof Zur Post, Hauptstraße 25, 56288 Zilshausen, Tel. 06762/932 80, www.landgasthof-zurpost.com

BESTE JAHRESZEIT
März–November

Mittel	10,8 km	303 Hm	4.00 Std.

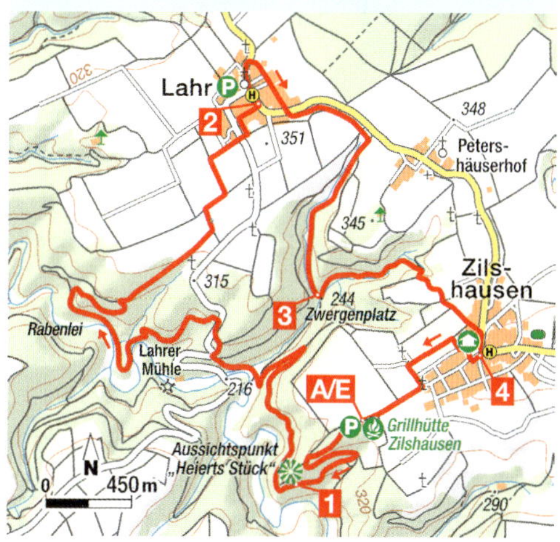

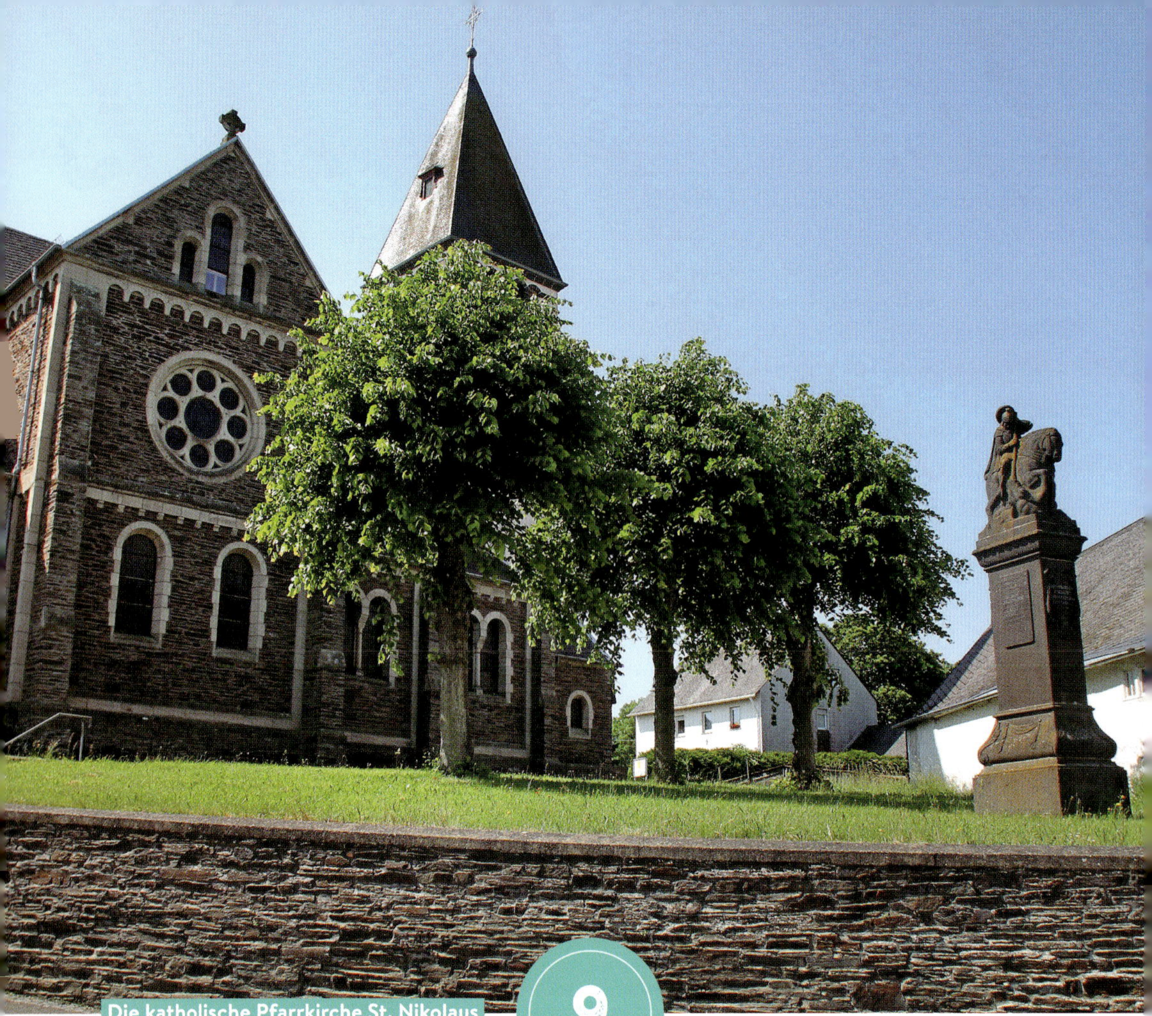

Die katholische Pfarrkirche St. Nikolaus mit ihrem weiß verputzten Turm

9

MIRZA ALPE

Verträumtes Wassergeflüster

Der sanfte Wanderweg Mirza Alpe beginnt in Mörz und führt uns durch die zauberhafte Landschaft rund um den Ort. Neben der malerischen Hauslay ist der beeindruckende Mörzer Wasserfall ein absolutes Highlight dieser Runde. Der Weg ist gut geeignet für weniger erfahrene Wanderer, aber festes Schuhwerk ist unbedingt erforderlich, um die Strecke sicher zu bewältigen.

Mitten zwischen Rhein und Mosel liegt der beschauliche 150-Seelen-Ort Mörz im Hunsrück. Die umgebende waldreiche Landschaft macht ihn zum idealen Ziel für Wanderer. Der Saar-Hunsrück-Steig und ein Radweg zur Mosel führen direkt durch das Dorf. Zusätzlich ist die beliebte Hängeseilbrücke Geierlay nur 3,5 Kilometer Luftlinie entfernt und lädt zu einem unvergesslichen Ausflug ein. Urkundlich wurde Mörz im Jahr 1318 in einer Stiftungsurkunde von Simon II Graf von Sponheim und seiner Ehefrau Elisabeth von Valkenburg erstmals erwähnt. Bis zum 17. März 1974 war Mörz eine unabhängige Gemeinde. Seit diesem Datum ist es nun ein Ortsteil der Ortsgemeinde Buch im Rhein-Hunsrück-Kreis in Rheinland-Pfalz. An diesem Tag wurde die Gemeinde Buch neu gebildet, und Mörz wurde ein integraler Teil dieser neuen Gemeinde.

ENTSPANNTER START ZUR SULZMÜHLE
In **A** **Mörz** an der Kirche queren wir die Straße Im Dorf und den Gartenweg und erreichen so die Hauptstraße, der wir kurz folgen, dann biegen wir rechts am Steinacker nach rechts ab. Anschließend biegen wir links in den Mühlenweg ab. Bald erreichen wir eine kleine Brücke, die wir überqueren. Unser Weiterweg erfolgt auf schönen gemütlichen Wegen. Später geht es immer am Ourbach entlang, der uns zur **1** **Sulzmühle** bringt. An diesem malerischen Ort treffen wir auf den Dünnbach, der auch als Deimerbach bekannt ist. Die Sulzmühle, einst ein beliebtes Ausflugslokal, liegt zauberhaft idyllisch im Tal der beiden Bäche. Die Umgebung versprüht einen wundervollen Charme und lädt zu einer entspannten Wanderung ein.

ZUM WASSERFALL Auf unserem Weiterweg gelangen wir von der Sulzmühle zu einem Wasserfall. Der **2** **Wasserfall Mörz** unterscheidet sich von herkömmlichen Wasserfällen. Eine undichte Staumauer sorgt hier dafür, dass das Wasser an einigen Stellen hindurchfließt und wie ein Wasserfall einige Meter herabfällt.

GESCHICHTE ZUR SABELSMÜHLE Nur wenige Minuten weiter haben wir die **3** **Sabelsmühle** erreicht. Der dreigeschossige Mühlenbau besteht aus einer Kombination von Bruchstein und verschiefertem Fachwerk. Er umfasst zudem einen Stall und eine Scheune und wurde im Jahr 1848 errichtet. Die gesamte Anlage ist durch eine Brücke verbunden.
Nach dem Krieg führten die ungleichmäßige Wasserführung des Baches und die beschwerlichen Wege ins und aus dem Tal dazu, dass der Sabelsmüller im Jahr 1950 seine idyllische Mühle aufgab. Stattdessen errichtete er einen großen Neubau am Rande von Zilshausen. Dieser Neubau wurde zur Hälfte als Wohnhaus und zur anderen Hälfte als elektrisch betriebene Mühle genutzt.

ROMANTISCHE REIFENMÜHLE Nur wenige Meter weiter, ebenfalls am Bach, steht die **4** **Reifenmühle** mit dem schönen Bauerngarten. Die Reifenmühle ist eine Wassermühle, die Strom produziert. Eingebettet in

Im »Backes« befindet sich ein kleiner Gemeindesaal mit einem Steinofen.

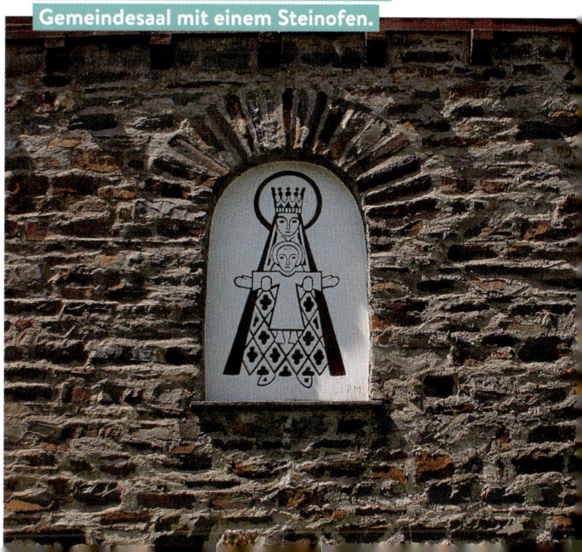

Tipp

OASE DER RUHE

Die Wallfahrtskapelle in Mörz ist ein wahrhaftiges Kleinod der Vorderhunsrücker Frömmigkeit. Für jene, die nach Einsamkeit und Andacht suchen, ist dies der perfekte Ort, um in stiller Einkehr zu verweilen. Hier, fernab vom Lärm der Stadt und abseits des Verkehrs der den Hunsrück durchziehenden Straßen, findet man eine Oase der Ruhe. Das kleine Gotteshaus wurde im Jahr 1735 errichtet und 1783 umgebaut. Es präsentiert sich als dreiseitig geschlossener Saalbau mit anmutigen Strebepfeilern und einer an der Nordseite angebauten Gnadenkapelle. Im Inneren erwartet die Besucher ein beeindruckender Anblick: Der prunkvolle Hochaltar, der den gesamten Chor einnimmt, sowie der Gnadenaltar mit seinem wundervollen Gnadenbild sind besondere Sehenswürdigkeiten.
Die Wallfahrtskapelle ist ein Ort von spiritueller Bedeutung und lädt die Gläubigen wie auch die Kunstliebhaber ein, ihre Schönheit und religiöse Atmosphäre zu entdecken. Ein Besuch in diesem kleinen historischen Gotteshaus verspricht eine außergewöhnliche Erfahrung der Ruhe und Ehrfurcht inmitten der malerischen Landschaft des Hunsrücks.

eine wunderschöne Waldlandschaft befindet sich das nächste Dorf in drei Kilometern Entfernung und eine kleine Stadt in zehn Kilometern Entfernung.
Die Mühle ist ein autarker Ort, der sich selbst mit allem Notwendigen versorgt. Das Wasser stammt aus einer Quelle im Berg, und der erzeugte Strom wird ausschließlich durch das Wasserrad produziert. Die Lebensmittel kommen direkt aus dem eigenen Garten, und es gibt Hühner, Kaninchen, Bienen, einen Fischteich und andere Tiere, die die Selbstversorgung unterstützen.
Die Pflege und Erhaltung der Reifenmühle liegt in privater Hand. Die Besitzer erforschen nachhaltige Techniken und wenden diese auch an. Ihr Ziel ist es, eine ganzheitliche Lebensweise zu führen und einen Permakultur-Garten zu entwickeln. Dabei legen sie besonderen Wert darauf, das Wasserkraftsystem zu erhalten, sich liebevoll um die Kleintiere zu kümmern und die Wald- und Wiesenlandschaft im Sinne des Landschaftsschutzes zu bewahren. Ein Wegweiser weist uns hernach den richtigen Weg und nach etwa drei Stunden haben wir den Ausgangspunkt, die **E Kirche in Mörz**, wieder erreicht.

MÖRZER DIEBSTAHL In einer Überlieferung wird berichtet, wie in dem einst zerstörten Dorf Mörz etwas Wundersames vorging. Es waren nur noch Ruinen übrig geblieben, bis auf das Bild der schmerzhaften Gottesmutter in der zerfallenen Kirche. In ihm sahen die Menschen ein Zeichen der Hoffnung. Kastellauner Männer wollten die Statue allerdings heimlich entwenden und in der Kreuzeskapelle aufstellen. Sie glaubten, wenn Kastellaun ein Wallfahrtsort werden würde, würde es viele Touristen anlocken. In einer Nacht kamen zwei Männer nach Mörz, stahlen die Statue und nahmen dann den kürzesten Weg nach Kastellaun. Als sie in Schlaubrich am Bach eine Rast einlegen wollten, konnten sie die Statue nicht mehr bewegen. Sie wurde immer schwerer. Die Diebe versuchten, die Marienstatue mit den Pferden zu bewegen, brachten sie aber nicht von der Stelle. Schließlich gaben die Männer auf und flohen. Die Mörzer Bewohner fanden aber das Gnadenbild und brachten es wieder zurück an die Stelle, an der es gestohlen worden war. Dort, wo die Statue nicht von der Stelle zu bewegen war, wurde ein Kreuz gesetzt.

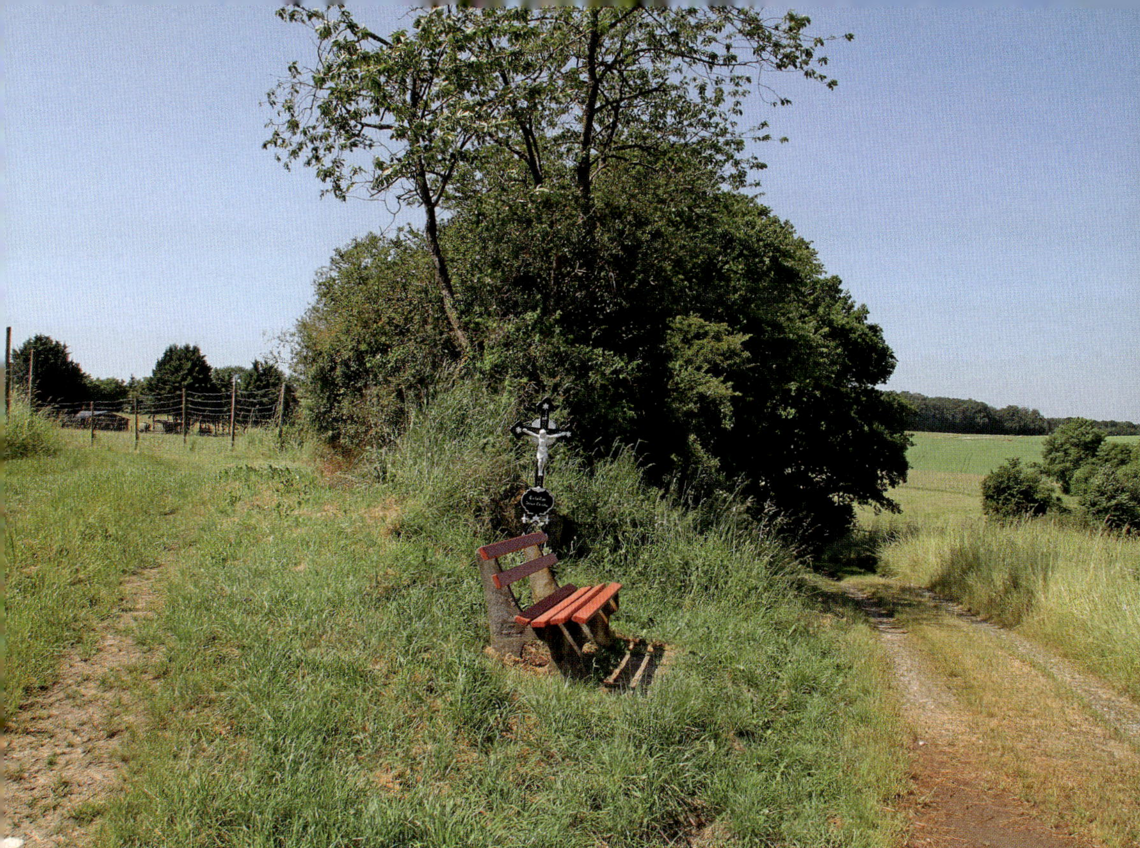

Lauschige Plätzchen mit Aussicht entlang des Weges laden zum Entspannen ein.

INFO

TOURENCHARAKTER
Wunderbare Wanderung zur Entschleunigung

ORIENTIERUNG
Gute Ausschilderung

HÖCHSTER/TIEFSTER PUNKT
380 m/260 m

AUSGANGS-/ENDPUNKT
Katholische Kirche, 56290 Mörz
GPS 50,091199, 7,387094

ANFAHRT
Auto: Von Kastellaun über die L 204 nach Mörz
ÖPNV: Mit dem Bus Linie 632 von Kastellaun nach Mörz (Buch)

EINKEHR/ÜBERNACHTUNG
Hotel & Restaurant Zum Mühlental, Mühlenweg 2a, 56290 Mörz (Buch), Tel. 06762/86 27,
www.hotel-zummuehlental.de

Mittel	11,5 km	190 Hm	3.00 Std.

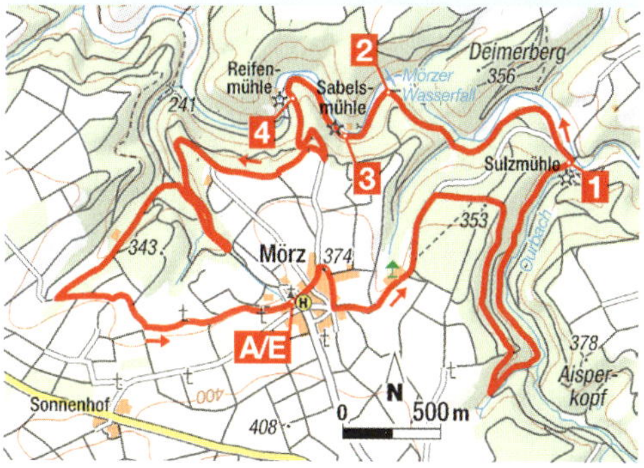

BESTE JAHRESZEIT
März–November

GEIERLAYSCHLEIFE

Schwindelerregende Höhe

Die Wanderung führt zu der wohl bezauberndsten Hängeseilbrücke innerhalb von Deutschland. Etwas Schwindelfreiheit sollte schon vorhanden sein, um sie zu überqueren. Mit ihrer Länge von 360 Metern und in einer Höhe von 100 Metern ist ein schnelles Verlassen unmöglich. Die Route führt weiterhin durch dichte Wälder, vorbei an idyllischen Wiesen und entlang steiler Felsformationen und verbindet Abenteuerlust mit der Schönheit der Natur.

Die Hängeseilbrücke Geierlay ist ein beeindruckendes Bauwerk.

10

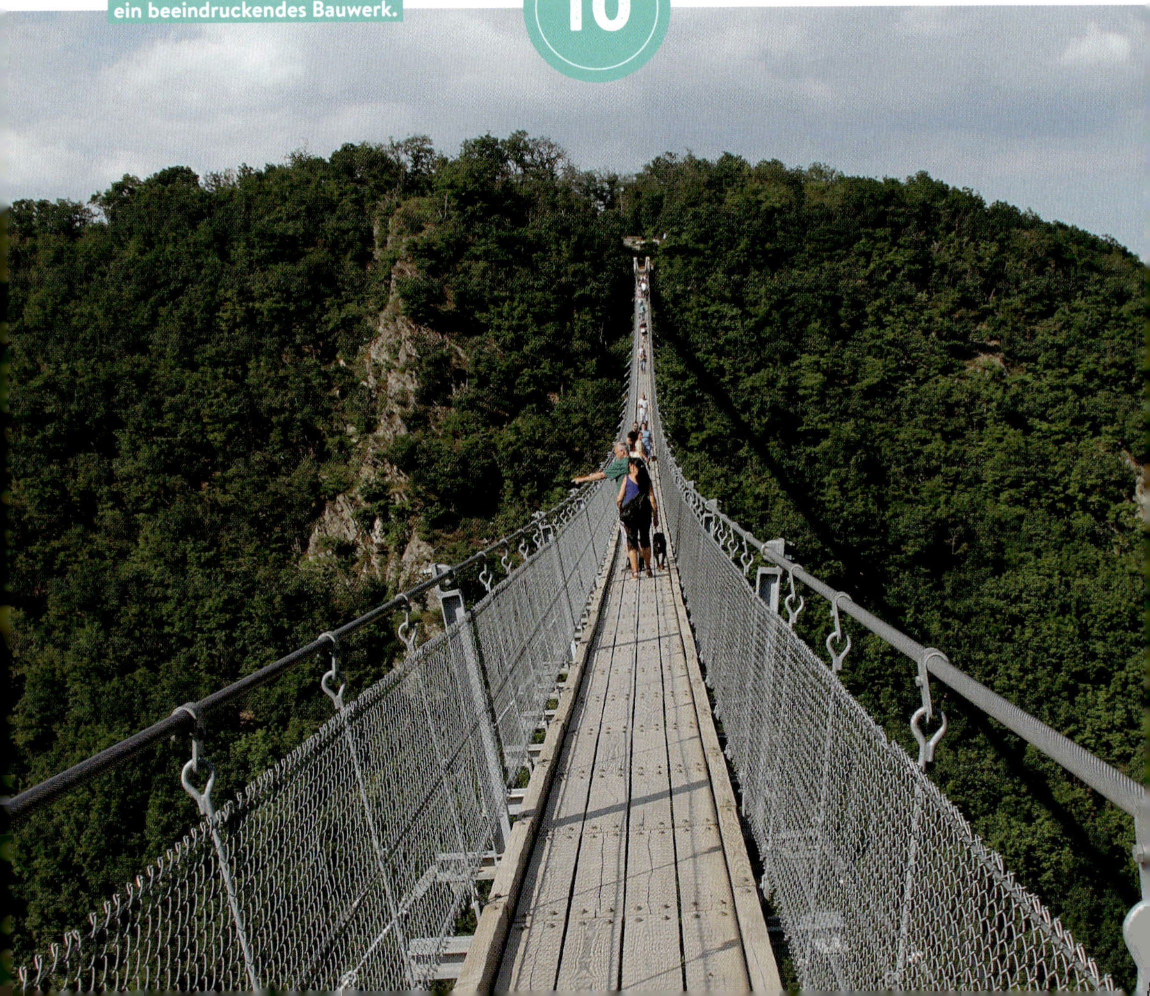

IN MÖRSDORF Im Jahr 1103 wurde Mörsdorf erstmals in historischen Urkunden erwähnt. Bis zum späten 18. Jahrhundert gehörte es zum dreiherrischen Beltheimer Gericht. Ab 1794 befand sich der Ort unter der Herrschaft Frankreichs, und im Jahr 1815 wurde er auf dem Wiener Kongress dem Königreich Preußen zugeordnet. Die kleine gefällige Gemeinde Mörsdorf bietet aber noch weitere Ziele, die die Geschichte des Ortes widerspiegelt. Die auffällige Pfarrkirche St. Kastor, erbaut im Jahr 1768, ist ein architektonisches Juwel und ein bedeutender religiöser Treffpunkt. Das alte Rathaus, das bereits 1645 errichtet wurde, ist ein weiteres markantes Gebäude. Es beherbergt heute das Heimatmuseum des Ortes, das Einblicke in die lokale Kultur und Traditionen gibt.
Zudem zeigen sich im Ortskern einige gut erhaltene Fachwerkhäuser, die unter Denkmalschutz stehen. Ihre aufsehenerregende Architektur verleiht Mörsdorf eine besondere Atmosphäre.
Mitten im Zentrum von Mörsdorf befindet sich das **A Besucherzentrum Geierlay**. Hier, wie auch etwas weiter entfernt, befinden sich weitere Parkplätze, die gerade an schönen Tagen auch sehr begehrt sind. Vom Besucherzentrum Geierlay führt unsere Wanderung entlang der Kastellauner Straße durch den Ort. Überall entdecken wir Einkehrmöglichkeiten und auch Möglichkeiten, den einen oder anderen Proviant einzukaufen. Links biegen wir anschließend in die Pohlstraße ab und später rechts in die Straße Auf der Lex. Das leise Gegacker von Hühnern begleitet uns durch diese Straßen.

ZUM MÖRSBACHER TAL Nun führt uns die Route weiter in das Tal. Neben einem »Wohnzimmer im Grünen« entdecken wir ein »Waldtelefon« und auch Infotafeln. Auf Höhe der Kläranlage verlassen wir den asphaltierten Weg. Nun geht es weiter auf einem kleinen Waldweg. Etwas bergauf führt uns der Weg in einen kleinen Wald, in Richtung der gigantischen Brücke, des Tageshöhepunktes unserer Wanderung.

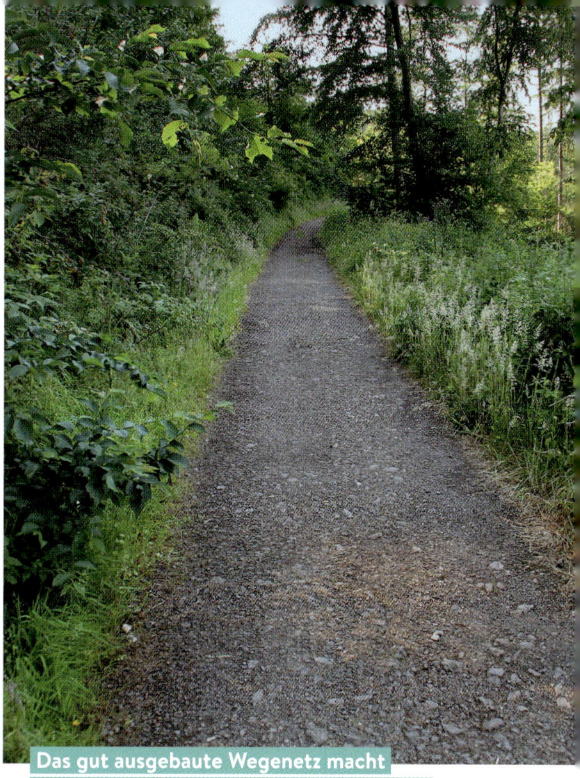
Das gut ausgebaute Wegenetz macht ein Verirren für den Wanderer unmöglich.

DIE GEIERLAY Das beeindruckende Bauwerk der **1 Hängeseilbrücke Geierlay** ist 360 Meter lang und spannt sich in einer Höhe von 100 Metern über das Bachtal von Mörsdorf. Nach einer Bauzeit von sechs Monaten konnte sie erstmals begangen werden. Seither verbindet sie die Ortschaften Mörsdorf und Sosberg. Etwas Mut wird schon benötigt, diese Brücke zu begehen. Immer wieder gibt es Besucher, die sich doch in letzter Minute umentscheiden und nicht über die Brücke gehen. Ein paar Bänke unter Bäumen bieten die Möglichkeit, eine Pause zu genießen oder auf die Mitwanderer zu warten. Wer die Hängeseilbrücke Geierlay begeht, wird ein leichtes Schwanken – je nach Wind-

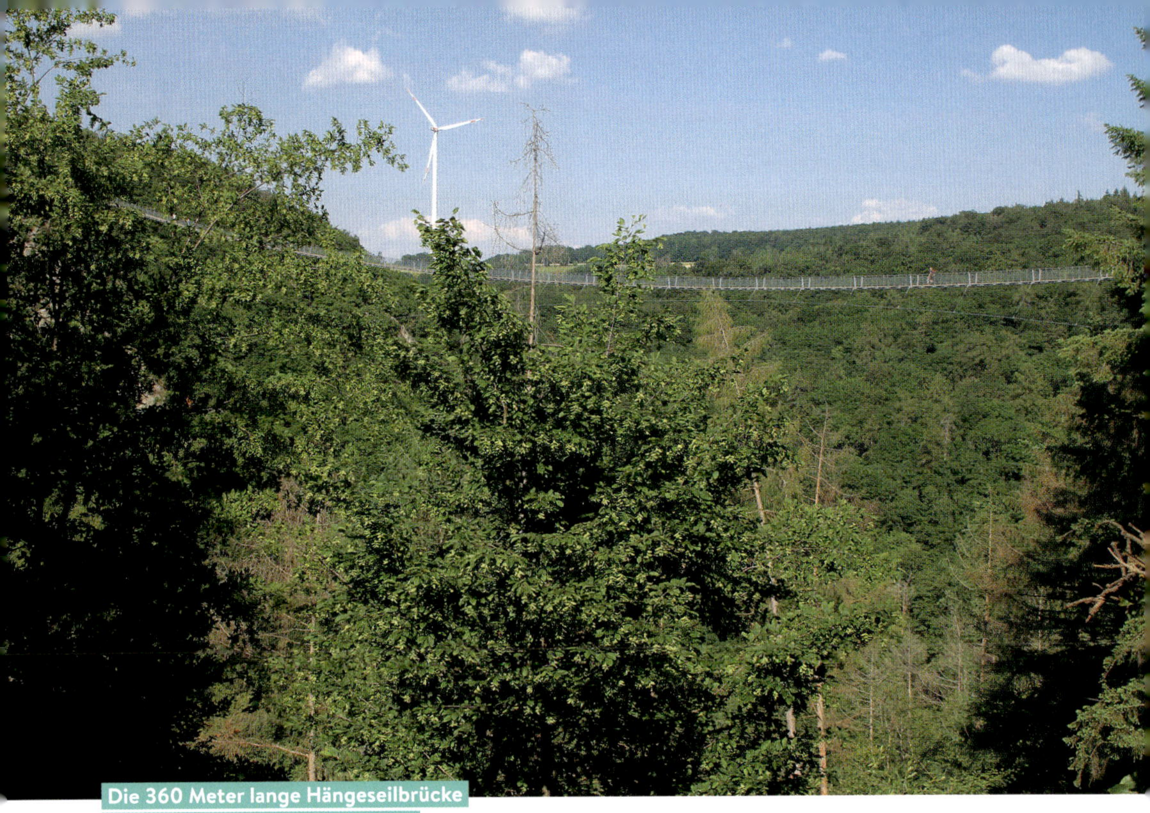

Die 360 Meter lange Hängeseilbrücke verbindet Mörsdorf mit Sosberg.

Tipp

HUNSRÜCKLIED

Grüne Täler dunkle Wälder angeschmiegt an weite Höh'n und die Luft, die Luft so herb und köstlich Hunsrück Heimat wie bist du schön.
Rings umgrenzt von stolzen Flüssen, Täler lieblich anzuschau'n, ragst du hoher, hoher Bergesrücken einsam, einsam über Rheinland's Gau'n.
Und so stolz die Wälder rauschen und so frisch die Winde weh'n. Hab dich lieb, dich lieb du meine Heimat, weil ich in dein, in dein Herz geseh'n.
Bist mir immer treu geblieben wenn mich auch die Welt verließ, traute Wälder, Wälder meiner Heimat meiner Seele, Seele Paradies.
Text: Josefine Moos, Koblenz
Melodie: Karl Kremer, Beulich

stärke – spüren können. Am Anfang ist die Brücke auch noch angenehm breit. Mit 1,40 Metern Breite bietet sie mehreren Personen nebeneinander Platz. In der Mitte der Brücke, ist diese Breite allerdings auf 85 cm geschrumpft. Nach dem zügigen Abwärtslauf auf der Brücke bis zu deren Mitte folgt dann bis zum Ende ein leichter Aufstieg.

ZUM BACHTAL Angekommen auf der Sosberger Seite verweilen wir noch ein paar Minuten, während wir noch einmal die Geierlay betrachten. Im Jahr 1330 wurde der Sosberg erstmals urkundlich erwähnt, damals noch unter dem Namen »Soysbergh«. Bis 1781 befand sich Sosberg im »Dreiherrischen Territorium«, wo sich die Landesherrschaft zwischen Kurtrier, Sponheim und Braunshorn aufteilte.
Ab 1794 geriet auch Sosberg unter die Herrschaft Frankreichs und gehörte von 1798 bis 1814 zum Kanton Zell im Rhein-Mosel-De-

partment. Im Jahr 1815 wurde die Gemeinde schließlich auf dem Wiener Kongress dem Königreich Preußen zugeordnet. Diese vielfältige Geschichte spiegelt sich in den geschichtlichen Spuren und der kulturellen Bedeutung von Sosberg wider.
Nun halten wir uns links und nutzen den Waldweg. Der Abschnitt ist vorwiegend eben. Nur einmal geht es etwas bergan. Nachdem wir das Bachtal erreicht haben, stoßen wir auf den Premiumfernwanderweg Saar-Hunsrück-Steig. Ein kleines Stück verläuft er identisch mit der Geierlayschleife.

PURE ENTSPANNUNG Im Tal geht es nun weiter am Mörsdorfer Bach entlang. Das leise Gurgeln entspannt, während wir die Schönheit des Tales auf uns wirken lassen. Auf unserem Weg gelangen wir schon bald wieder zur Geierlay. Diesmal können wir die Brückenarchitektur von unten betrachten und deren Besucher, die zögernd oder aber auch ganz forsch die Brücke überqueren.

ZURÜCK NACH MÖRSBACH Nun kommen wir zu der letzten Etappe der Geierlayschleife. Steil führt uns der Weg hinauf, sodass wir heftig ins Schnaufen kommen. Bald verlassen wir den Wald und sehen schon bald den Ortsrand von Mörsbach. Wieder am E **Besucherzentrum** angekommen, gönnen wir uns eine letzte Pause. Hier gibt es auch die Möglichkeit, ein Souvenir zu erwerben.

INFO

TOURENCHARAKTER
Leichte Tour mit schönen Aussichten

ORIENTIERUNG
Sehr gute Ausschilderung

HÖCHSTER/TIEFSTER PUNKT
339 m/210 m

AUSGANGS-/ENDPUNKT
Besucherzentrum Geierlay, Kastellauner Straße 23, 56290 Mörsdorf (338 m)
GPS 50.103527, 7.346864

ANFAHRT
Auto: Anfahrt vom Hahn kommend über die B 327 bis Kastellaun, Abfahrt Kastellaun im Hochkreisel dritte Abfahrt L 204 bis Mörsdorf, Parkplatz P1 am Besucherzentrum Geierlay (Kastellauner Straße 23)
ÖPNV: Mit den Bussen der Linien 630, 631 und 632 ab Kastellaun bis Haltestelle in Mörsdorf Besucherzentrum Geierlay

EINKEHR/ÜBERNACHTUNG
Restauration Geierlay, Kastellauner Straße 23, 56290 Mörsdorf, Tel. 06762/963 11 96, www.restaurationgeierlay.de

BESTE JAHRESZEIT
März–November

Leicht | 6,6 km | 252 Hm | 2.30 Std.

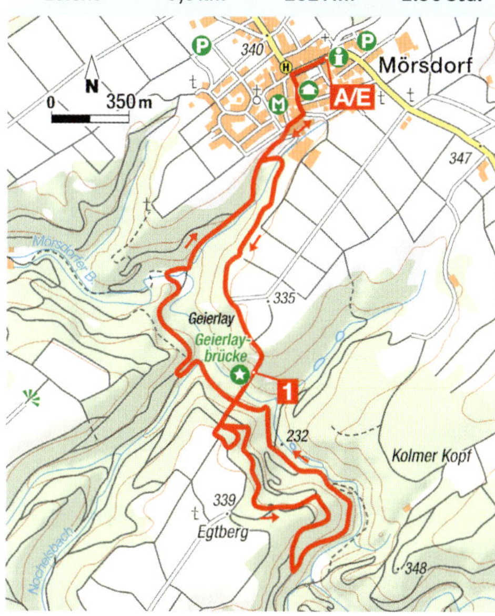

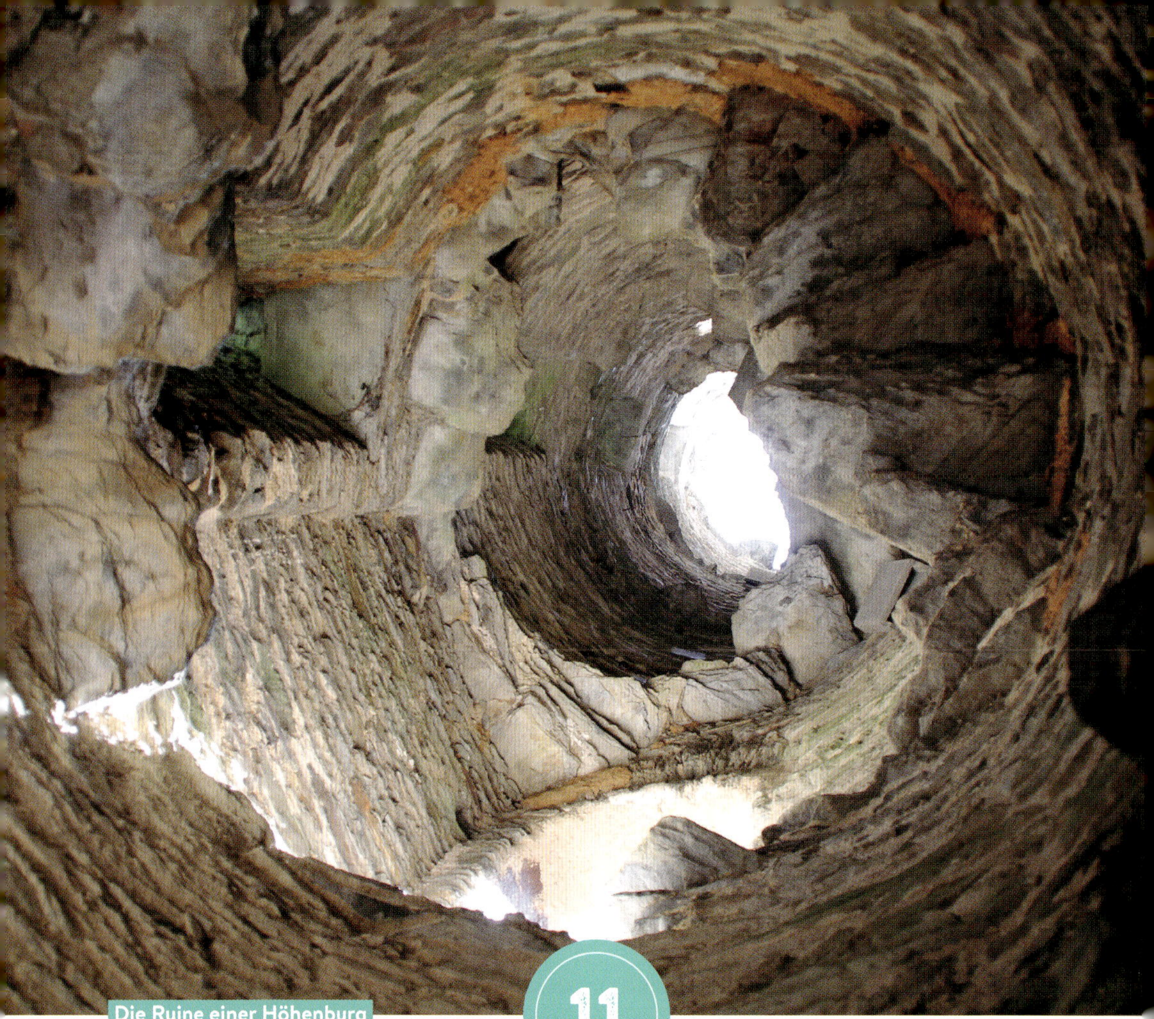

Die Ruine einer Höhenburg befindet sich auf einem Schieferkegel.

11

TRAUMSCHLEIFE MASDASCHER BURGHERRENWEG

Geheimnisvolle Ruine

Die traumhafte und auch aussichtsreiche Rundtour führt uns zu mehreren Höhepunkten. Neben einem alten Stolleneingang passieren wir mehrere alte Mühlen und erreichen schließlich die Ruine Balduinseck. Über den »Römischen Brunnen« geht es zurück nach Mastershausen.

GEMÜTLICHER BEGINN In Mastershausen, mit seinen knapp 1000 Einwohnern ein beschaulicher Ort, beginnt heute unsere Wanderung. Direkt im **A Zentrum** weist uns ein Schild die Richtung für den Zuweg. Wir folgen der orange-weißen Markierung bis zum Beginn der Traumschleife. Nun wandern wir gut geführt der Traumschleife nach. Vorbei an einer Grillhütte und der Freizeitanlage Hallgarten geht es dann erstmals aufwärts. Schon bald haben wir die ersten schönen Ausblicke auf die Umgebung. Weiter führt uns dann die Wanderung in den Nadelwald und wir kommen bald an den Rand eines Windwurfes, wo uns eine Infotafel 1 erwartet.

ZUM KATZENLOCH Jetzt führt die Route aussichtsreich weiter. Mit Blick auf das Tal geht es nun bergab bis zu einer Sinnesbank. Hier gönnen wir uns eine kleine Pause, bevor es weiter in das Tal geht und wir zwei Bäche überqueren. Nun haben wir **1 Am Katzenloch** erreicht, wo wir rasten. Ein alter Stolleneingang zeigt, dass hier der Schieferbergbau einst bedeutsam war.

ZU DEN MÜHLEN Von unserer Markierung weiter begleitet erreichen wir eine Kurve. Wir wechseln das Ufer und erreichen Reste alter Mühlen. Zunächst treffen wir auf die Bucher Mühle (Infotafel 2). Als Nächstes passieren wir die Ruine der Mohre Mühle, wo uns ebenfalls eine Infotafel erwartet.

RUINE BALDUINSECK Weiter unserem Pfad folgend erleben wir eine sehr naturnahe Etappe. Wald, Klippen und auch der Bach lassen uns entspannen, bis wir auf die Ruinen der **2 Burg Balduinseck** treffen. Ursprünglich wurde die Burg Balduinseck vom Trierer Erzbischof Balduin von Luxemburg errichtet. Erbaut wurde sie in der Zeit zwischen 1325 und 1330. Im Erdgeschoss gab es einen großen Brunnen. Die vier Stockwerke des Baues wurden durch eine Wendeltreppe erreicht. Alle Etagen hatten eine Kaminanlage. Um 1675 wurde die Burg verpachtet

Tipp

DIE SCHATZKISTE VON BALDUINSECK

Einer Sage nach machten sich drei junge Männer aus Buch auf, um den Schatz im Keller von Balduinseck zu bergen. Ein alter Schäfer erzählte ihnen davon, der selber in Kürze sehr reich geworden war. Er wies darauf hin, dass während des Abtransportes des Schatzes kein einziges Wort gesprochen werden darf. Aber neben dem Schatz wollten die Männer auch das Burgfräulein retten. Eines Morgens machten sie sich auf den Weg und fanden nach einigen Mühen eine verrostete Eisentür. Mit Brechstangen machten sie den Weg frei und kamen in einen Raum mit einer Kiste, auf der ein großer Hund wachte. Nachdem sie den mit den Zähnen fletschenden Hund vertrieben hatten, nahmen sie die Truhe und trugen sie nach draußen. Der letzte junge Mann konnte aber nicht mehr an sich halten – die Anspannung war zu groß. Nach seinem Ausruf »Ha, das haben wir geschafft« schlug die Eisentür zu und zerquetschte ihm den Fuß. Der Schatz aber war plötzlich verschwunden. Einige Zeit später wollten Männer aus Mastershausen in der Burg nach Schätzen graben. Sie legten eine Kiste frei. Die Uhr schlug Mitternacht und der Nachtwächter blies in sein Horn. Plötzlich sprang ein Hund mit malmenden Zähnen auf die Kiste. Ohne sich umzudrehen, flohen sie. Ein paar Tage später kamen sie nochmals zu dem Ort. Sie sahen ihr ausgeschaufeltes Loch, aber von der Schatzkiste war nichts mehr zu sehen.

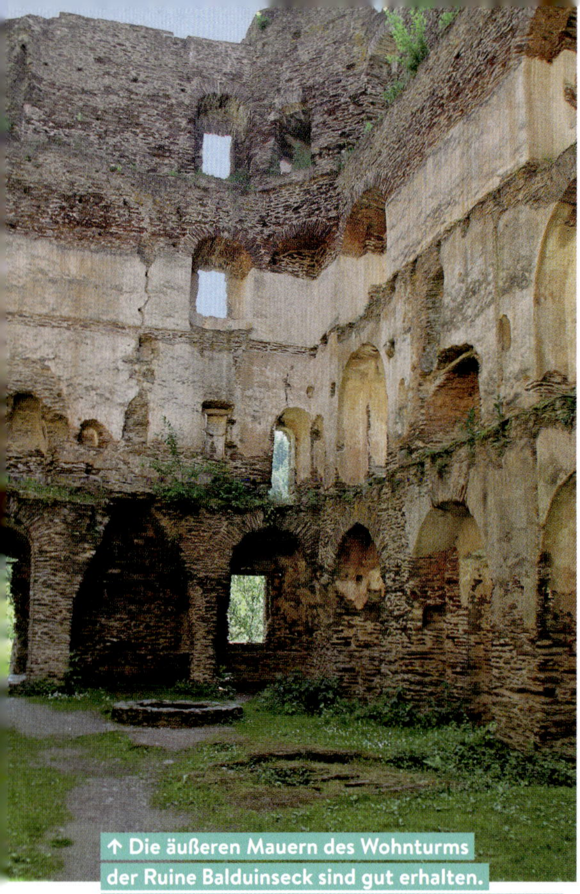

↑ Die äußeren Mauern des Wohnturms der Ruine Balduinseck sind gut erhalten.
↓ Der Trierer Erzbischof Balduin von Luxemburg begann 1325 mit dem Bau.

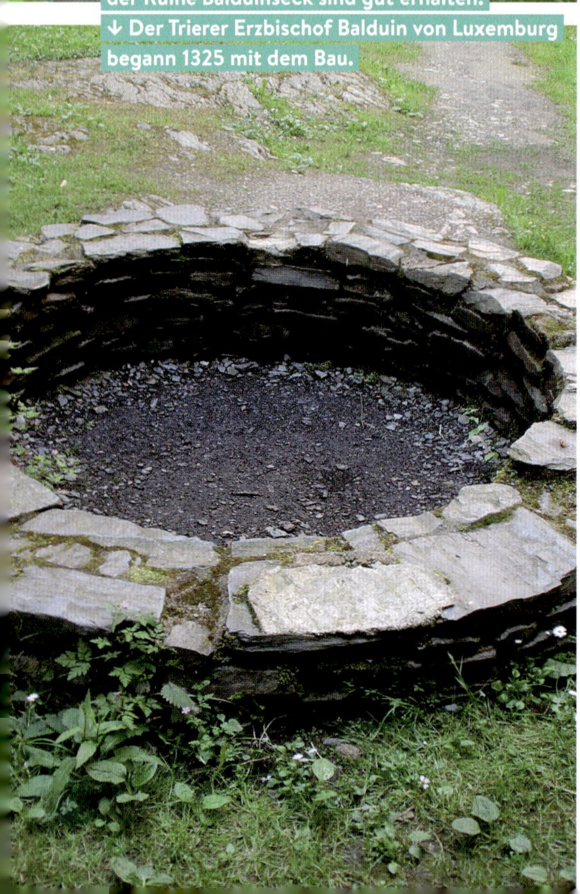

und verfiel zusehends. Ab 2007 wurde die Burg restauriert und ist heute ein beeindruckendes Ausflugsziel. Über ein paar Stufen erreichen wir den Berg und können uns von der Größe der Anlage überzeugen. Auch hier gibt es eine Infotafel (Infotafel 3), die uns über den ursprünglichen Zustand der Burg informiert.
Nach unserem Abstecher auf die Burg wandern wir mit der Markierung weiter. Wir folgen dem Bach, der uns unter der L 203 auf die andere Seite führt. Hier wandern wir weiter durch einen Auenwald und wechseln später die Bachseite. Nun wird es wieder etwas anstrengend. Gutes Schuhwerk ist nötig, um den Aufstieg durch die Felsen zu gewährleisten. Sobald dieser bezwungen wurde, können wir wieder rasten. Danach geht es zur Kaspers Mühle, wo uns auch wieder eine Infotafel (Infotafel 4) erwartet.

ZUM BURGBERG Weiter bergan gibt es immer wieder schöne Aussichten, bis wir den Burgberg (Infotafel 5) erreichen. Hier sehen wir quasi die Kelten vor unserem geistigen Auge, wie sie den beeindruckenden Felsen nutzten. Eine Schutzhütte bietet hier an der Stelle auch die nötige Überdachung bei plötzlich eintretendem schlechtem Wetter.

SPUREN DES BERGBAUES Von jetzt an geht es viel abwärts. Wir erreichen den **3 Römischen Brunnen** mit dazugehöriger Infotafel (Infotafel 6) und gehen weiter abwärts über schmale Pfade. Unten angekommen, sehen wir weitere Spuren des Bergbaues. Wir gehen weiter und erreichen schließlich den Rastplatz Herzenauer Hannes (Infotafel 7). Von hier aus geht es nun wieder bergan, bis wir die Grube Apollo (Infotafel 8) erreicht haben. Hier wurde nicht Schiefer, sondern in längst vergangenen Zeiten Erz abgebaut. Auch im Folgenden wird es anstrengend. Ein sehr kurviger Pfad führt

uns hoch zum Plateau. Dort haben wir dann das Glück, bei guten Wetterbedingungen einen sehr schönen Blick vom Turm auf den Galgenberg zu haben. Nach nur wenigen Minuten erreichen wir eine Stelle, wo früher Menschen am Galgen hingerichtet wurden. Aber an der **4 »Eich«** (Infotafel 9) hat die Zeit alle Spuren verwischt.
Von nun an führt unsere Wanderung abwärts und als Nächstes erreichen wir die Grillhütte an der **5 Freizeitanlage**. Über unseren schon bekannten Zuweg erreichen wir wieder die **E Ortsmitte von Mastershausen**.

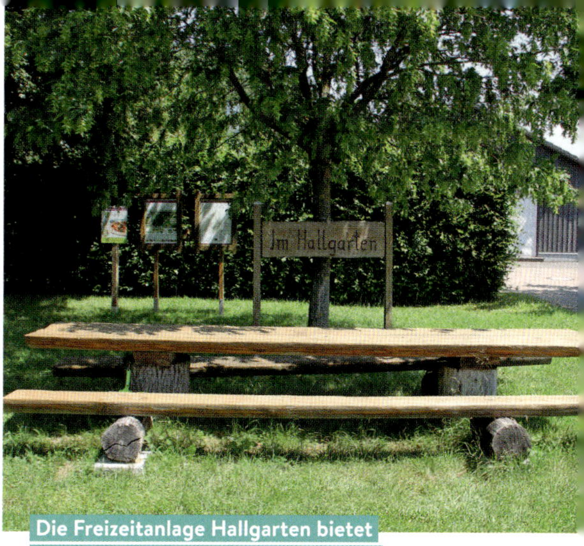

Die Freizeitanlage Hallgarten bietet viele Aktivitäten für Groß und Klein.

INFO

TOURENCHARAKTER
Historisch und aussichtsreiche Wanderung

ORIENTIERUNG
Gute Wegmarkierung auf dem Rundweg

HÖCHSTER/TIEFSTER PUNKT
461 m/257 m

AUSGANGS-/ENDPUNKT
Bushaltestelle in der Ortsmitte (391 m), 56869 Mastershausen
GPS 50.065277, 7.356031

ANFAHRT
Auto: L 203, K 69 oder K 64 nach Mastershausen
ÖPNV: Von Kastellaun nach Mastershausen (Burgruine Balduinseck), Bus Linie 630, Mo–Fr mehrmals täglich, Sa–So Busse Linien 615 und 630 (Umstieg Kastellaun), mehrmals täglich (www.vrminfo.de)

EINKEHR
Mastershausen Hof, Kirchstraße 1, 56869 Mastershausen, Tel. 06545/18 56, www.mastershausenhof.com

BESTE JAHRESZEIT
März–November

Mittel | 13,9 km | 306 Hm | 5.00 Std.

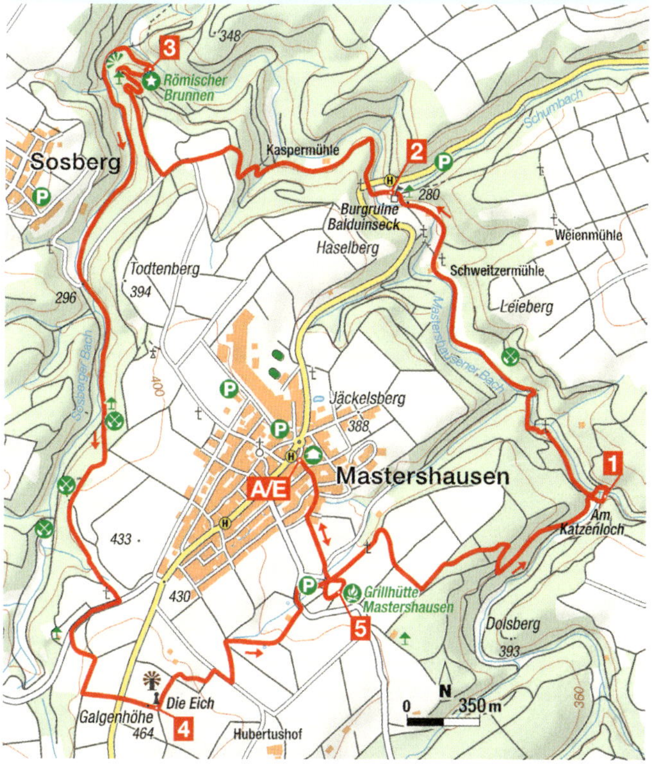

TRAUMSCHLEIFE KLINGELFLOSS

Auf den Spuren eines ehemaligen Klosters

Die familientaugliche und vielfältige Rundtour führt uns auf abwechslungsreichen Pfaden durch den Wald von Klosterkumbd an der Waldarbeiterschutzhütte Klingelfloss vorbei zu einer Teichanlage, die als Relikt eines Klosters gilt. Diese Teiche wurden in ihrer ursprünglichen Form erhalten und sind die Heimat zahlreicher Tierarten.

Der Klostergarten dient als Erinnerung an das ehemalige Kloster Chumbd.

12

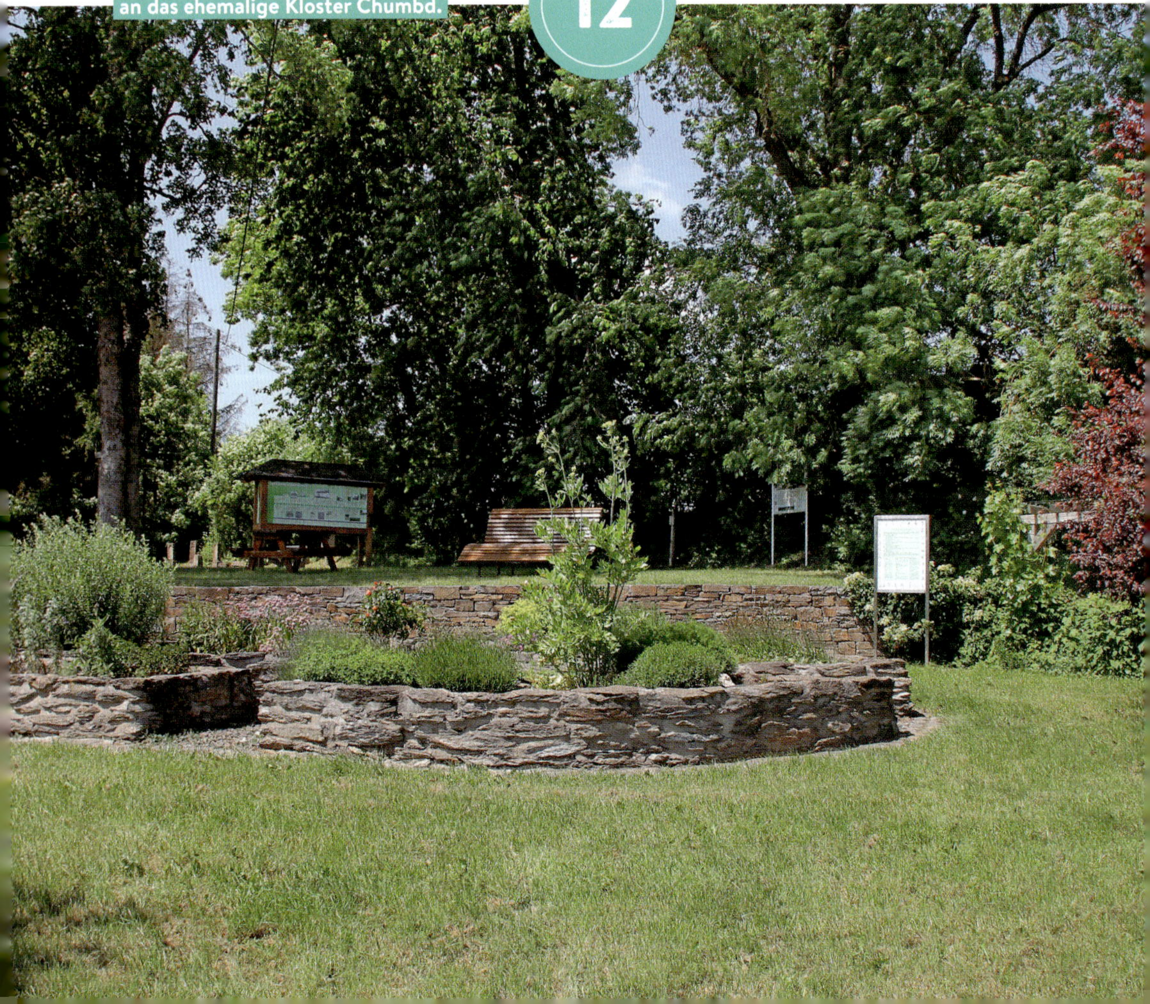

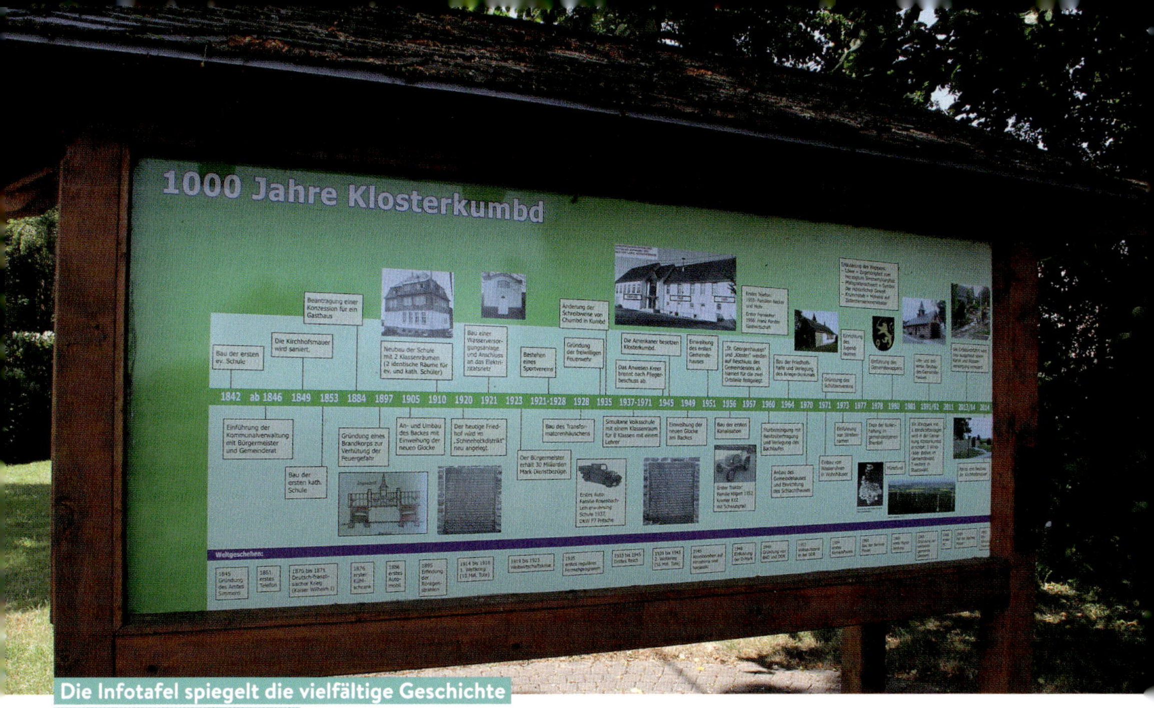

Die Infotafel spiegelt die vielfältige Geschichte von Klosterkumbd wider.

SCHÖNE AUSSICHTEN Startpunkt ist das **A Hotel-Restaurant Birkenhof** in einer reizvollen Landschaft. Über einen Wiesenweg geht es nun zum Klosterkumbder Wald. Ein auffälliger Wegweiser zeigt uns den richtigen Weg. Kurz bevor wird in den Wald eintauchen, genießen wir den schönen Blick auf den Soonwald. Eine Relaxliege lädt an dieser Stelle zum längeren Verweilen ein, während eine Infotafel über die nachhaltige Waldwirtschaft und die Traumschleife informiert.

Auf weichen Wegen führt die Strecke durch den Klosterkumbder Wald. Bei warmen Temperaturen gibt es hier durch den Schatten der Bäume eine angenehme Abkühlung. In einer Schonung wachsen junge Buchen und Birken. An manch älteren Bäumen können an einigen Stellen Nistkästen entdeckt werden.

EIN ALTER STOLLEN Nach wenigen Kilometern erreichen wir den Rastplatz an der **1 5-Stamm-Buche**. Erhaben und fast majestätisch steht sie am Weg. Nach kurzer Zeit treffen wir auf einen Erzstollen mit einem sehr niedrigen vergitterten Stolleneingang, der mit einem Vorhängeschloss verschlossen ist. Nun wird es etwas unwegsamer, und ein kleines Brückchen gilt es zu überqueren, bevor ein kleiner Weiher erreicht wird.

ZUR WALDARBEITER-SCHUTZHÜTTE Nun führt unsere Strecke über einen kurzen steilen Weg am Bach entlang zur **2 Schutzhütte Klingelfloß**. Sie entstand im Jahr 1935 und wurde nach dem Vorbild einer Hütte in den Karpaten erbaut. Ganz zauberhaft sieht die kleine rote Hütte am See aus. Mit Bank und Tisch lädt sie zu einem ausgedehnten Picknick ein. Von der Waldarbeiterschutzhütte geht es nun weiter zu einem alten Steinbruch. Auffällig sind die sichtbaren gefalteten tektonischen Schichten des Schiefergesteines. Weiter auf unserem ausgeschilderten Weg kommen wir zu den Napoleonstannen. Das dortige Landschaftsfenster bietet den perfekten Blick auf die über 200 Jahre alten Tannen, die im Jahr 1970 zu Naturdenkmälern ernannt wurden. Einer Sage zufolge soll

Tipp

DIE JUNGFRAU VON CHUMBD

In einer Nacht, nachdem das Kloster Chumbd schon länger verfallen war, kam ein junger Bursche hier vorbei und sah, dass sich in der alte Klosterruine etwas bewegte. Ein feenartiges Mädchen trat ihm entgegen. Sie bat ihn, sie zu erlösen – aufgrund einer alten Schuld musste sie ruhelos in den Nächten umherwandeln. Sie bat ihn, in der folgenden Nacht zu ihr zu kommen, und einen goldenen Schlüssel an sich zu nehmen, der ihm viel Reichtum bringen würde. Er bräuchte nur Mut, da sie vielleicht auch in einer anderen Gestalt erscheinen würde. In der nachfolgenden Nacht kam er an den gleichen Ort. Plötzlich sah er eine große Schlange mit einer goldenen Krone und einem Schlüssel im Maul, die auf ihn zukam. Der Bursche drehte sich um und wollte flüchten, doch plötzlich stand das feenartige Wesen vor ihm. Sie weinte und klagte, dass er sie nicht erlöst hätte, da er keinen Mut hatte. Sie berichtete ihm, dass sie jetzt weiterhin warten müsse, bis aus der Eichel ein Baum und aus dessen Holz eine Wiege angefertigt werde. Erst das Kind in der Wiege wäre wieder in der Lage, sie zu erlösen. Danach verschwand die Jungfrau von Chumbd.

das Heer von Napoleon hier während eines Gewitters Schutz gesucht haben. Andere Stimmen berichten, dass aus den jungen Weißtannen Lanzenschäfte für das Heer von Napoleon hergestellt wurden.

KLOSTERKUMBDER FISCHTEICHE Auf einem kleinen, mit Birken gesäumten Pfad führt die Tour weiter bis zu den **3 Klosterkumbder Fischteichen**. Ganz verwunschen sehen die dunklen und tiefen Weiher mit ihrem Totholz aus und laden zu ganz eigenen magischen Augenblicken ein. Einst wurden sie im Mittelalter zur Fischzucht angelegt. Eine Informationstafel berichtet, dass die sechs terrassenförmig im Oberlauf des Kondbaches angelegten Teiche einen wichtigen Lebensraum für allerhand Tiere seien. Hier können mehrere Amphibienarten sowie auch seltene Libellenarten gesehen werden. Neben der Geburtshelferkröte wurden auch Schwarzstörche, Eisvögel und Fledermäuse gesichtet. Außer den ehemaligen Fischteichen ist vom Kloster nichts mehr zu sehen. Einst gehörten zum Zisterzienserkloster, welches um 1183 von Eberhard von Commeda (1165–1191) auf dem Land des Adligen Heinrich von Dyck gegründet wurde, eine Klosterkirche, das Refektorium, ein Hospital, ein Friedhof, ein Brauhaus, ein Schaffnereihaus und verschiedene Wirtschaftsgebäude. Eberhard von Kumbd war ein seliger Subdiakon, der in seiner Region bald als Heiliger verehrt wurde.
Nun eröffnen sich uns schöne Ausblicke auf Simmern, bevor wir den **E Parkplatz** am Hotel Birkenhof nach knapp 1,5 Stunden wieder erreichen und den Tag entspannt bei einem leckeren Essen ausklingen lassen.

KLEINER ABSTECHER Der Kräutergarten in Klosterkumbd ist ein Kleinod, welches direkt an der Hauptstraße liegt und von daher nicht zu verfehlen ist. Zur Erinnerung an das ehemalige Kloster Chumbd lädt die Anlage ein, mit allen Sinnen zu genießen. Neben Thymian wachsen hier auch Dill und Johanniskraut. Bänke laden zum Verweilen ein, um die Blicke streifen zu lassen oder einfach nur in einer Lektüre zu schmökern. Eine Infotafel berichtet zudem über die Geschichte des Ortes und des Klosters. Ebenfalls im gleichen Ortsteil befindet sich ein Brunnen aus längst vergangenen Zeiten.

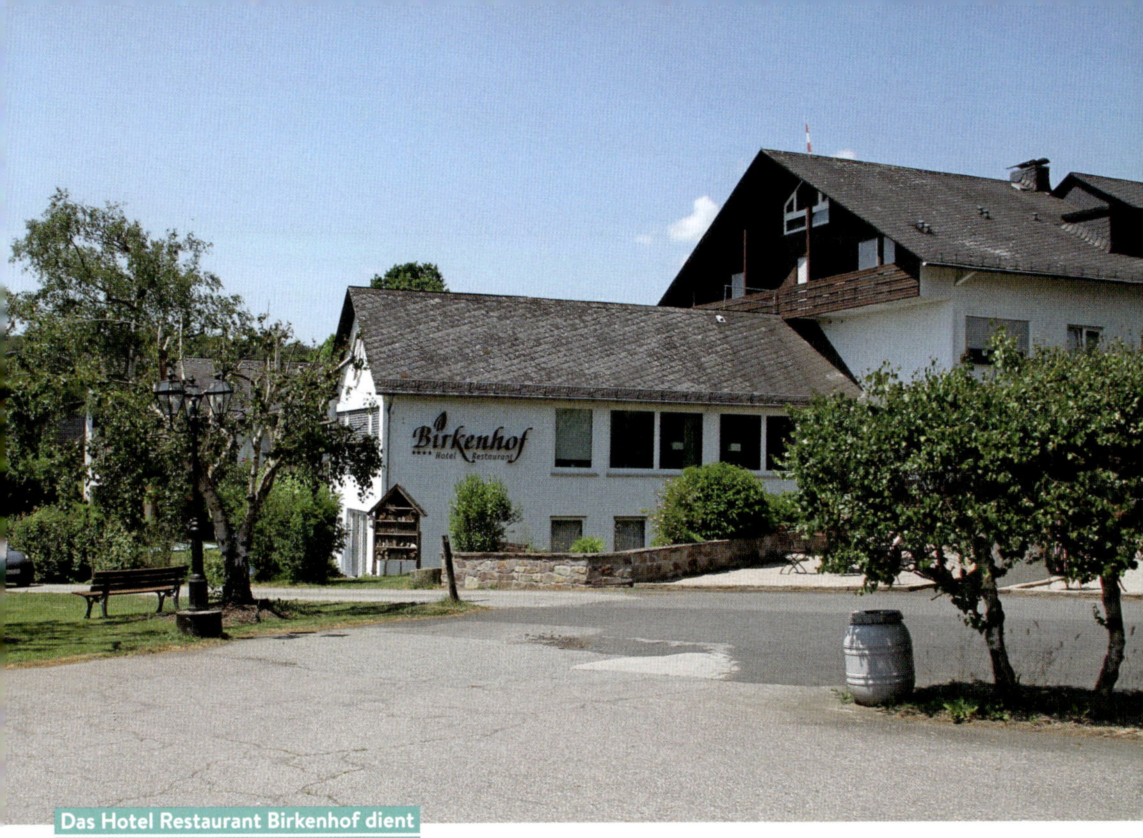

Das Hotel Restaurant Birkenhof dient als Ausgangs- und Endpunkt der Tour.

INFO

TOURENCHARAKTER
Leichte und erlebnisreiche Wanderung

ORIENTIERUNG
Gute Wegmarkierung auf dem Rundweg

HÖCHSTER/TIEFSTER PUNKT
283 m/117 m

AUSGANGS-/ENDPUNKT
Parkplatz Hotel Restaurant Birkenhof, Birkenweg 1, 55469 Klosterkumbd
GPS 50.0370052,7.5339789

ANFAHRT
Auto: Über die L 218 Abfahrt Hotel Birkenhof
ÖPNV: Mit dem Bus Linie 620 von Kastellaun zum Hotel Birkenhof

EINKEHR/ÜBERNACHTUNG
Hotel Birkenhof, Birkenweg 1, 55469 Klosterkumbd, Tel. 06761/954 00, www.landidyll-birkenhof.de

Leicht	8 km	125 Hm	3.00 Std.

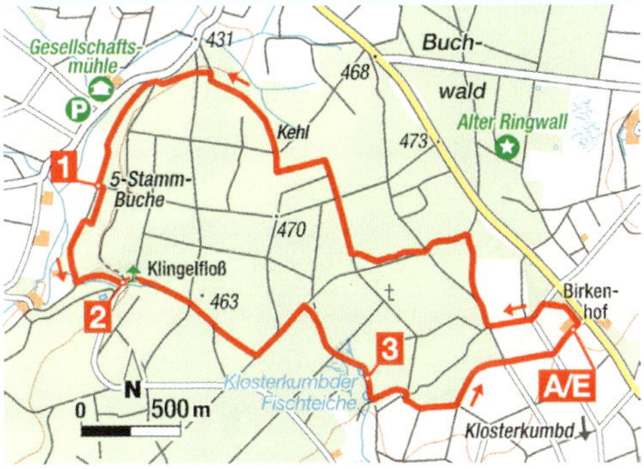

BESTE JAHRESZEIT
Ganzjährig

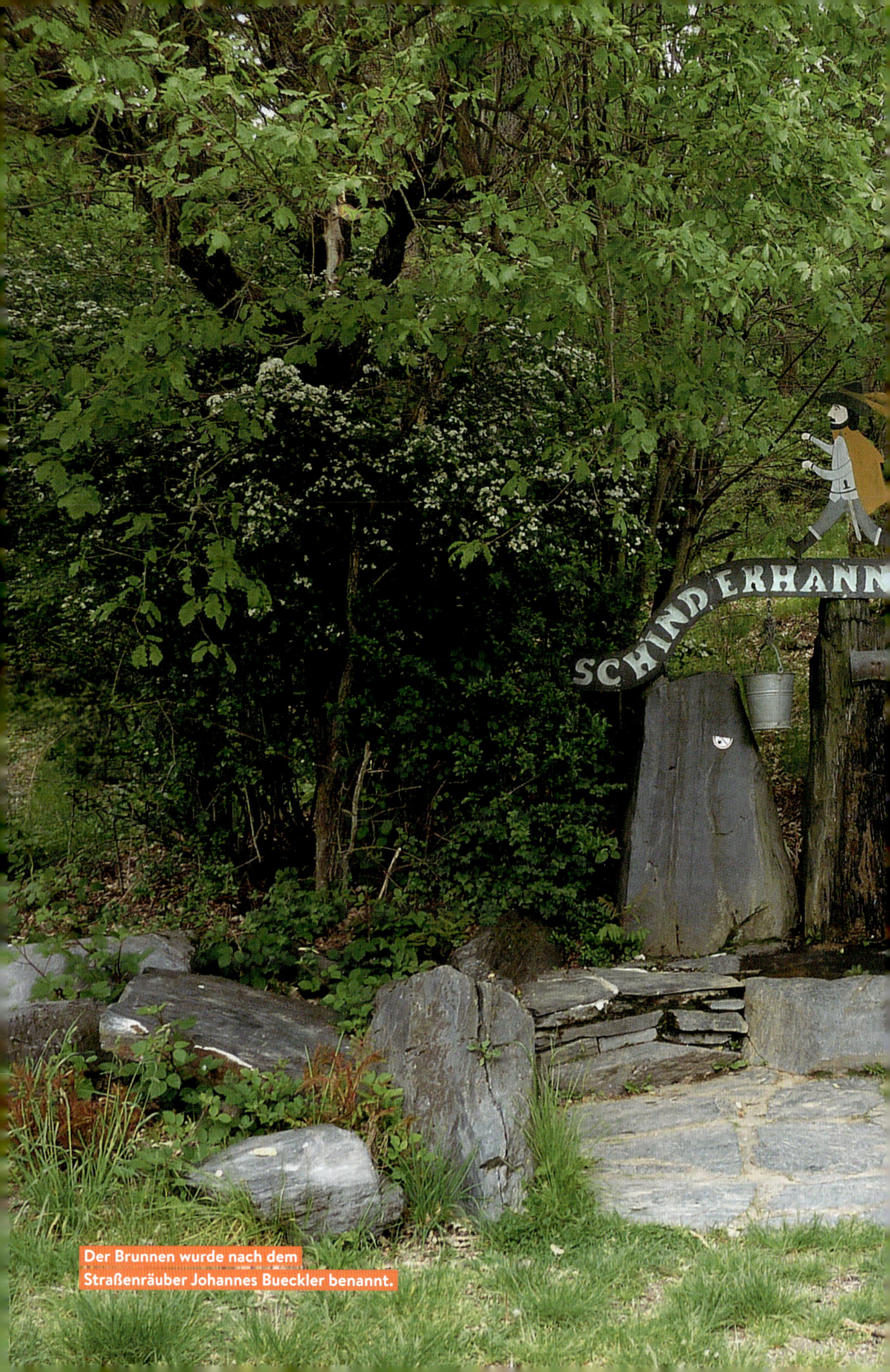

Der Brunnen wurde nach dem
Straßenräuber Johannes Bueckler benannt.

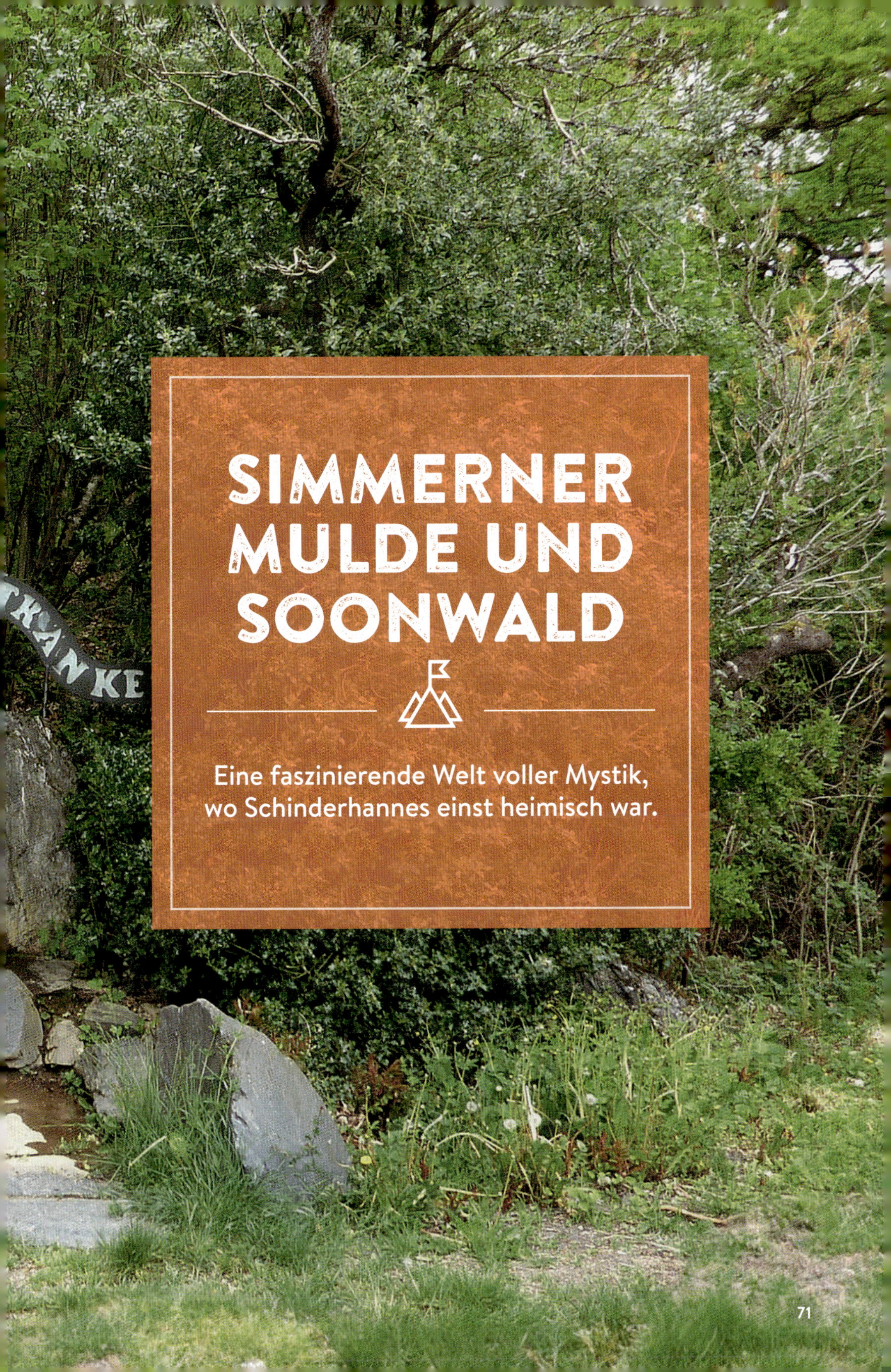

SIMMERNER MULDE UND SOONWALD

Eine faszinierende Welt voller Mystik, wo Schinderhannes einst heimisch war.

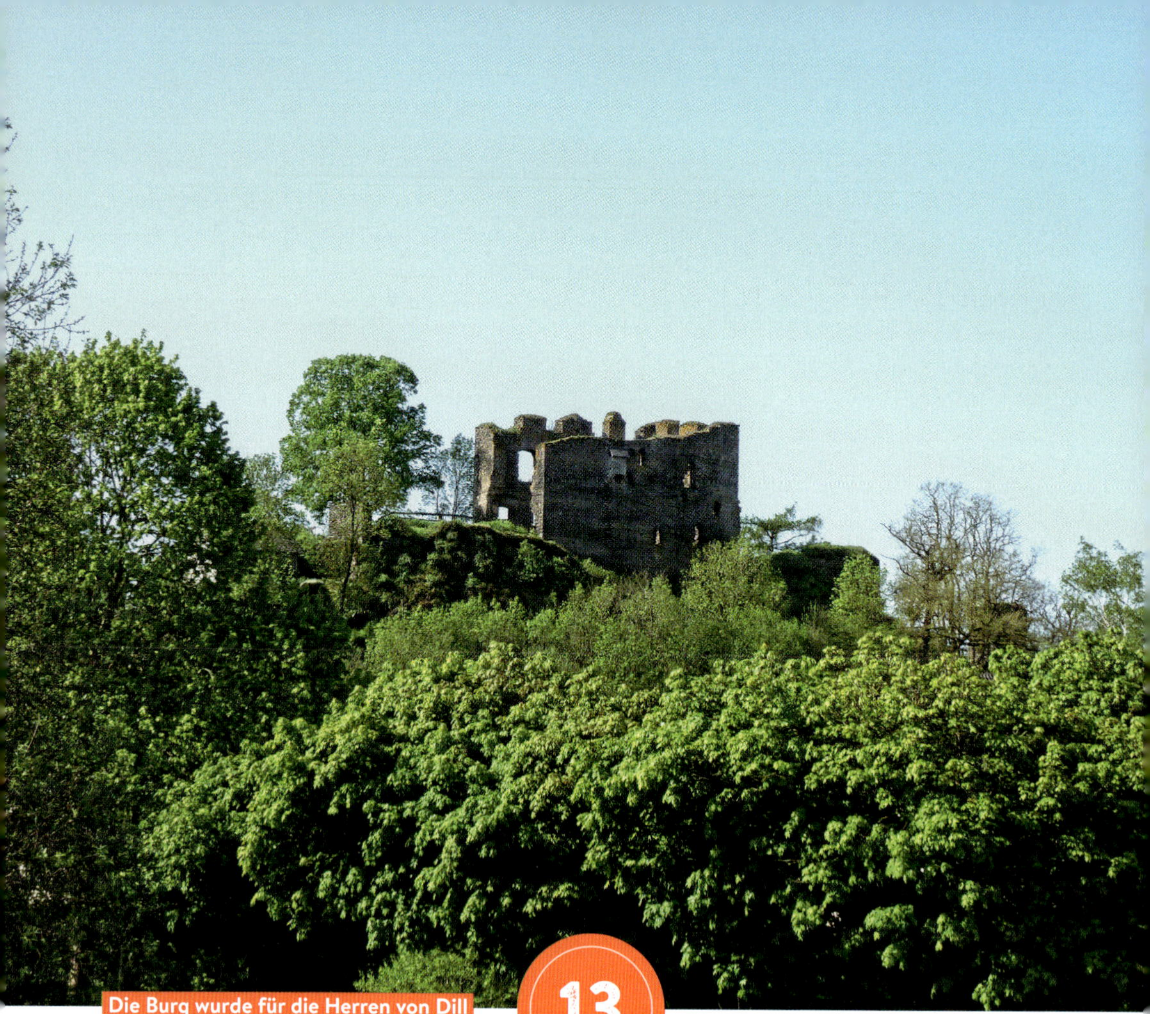

Die Burg wurde für die Herren von Dill im 11. Jahrhundert errichtet.

13

DILLER BURGPFAD

Adalbertud de Dille

Die landschaftlich reizvolle Wanderung ist gut für Familien geeignet. Neben vielen schönen Aussichten bildet der Besuch der Burg Dill den Höhepunkt der Wanderung. Die sehr abwechslungsreichen Wege- und Pfadabschnitte sowie Ruhebänke wurden meist im kühlenden Schatten angelegt. Die Wanderer erleben die Verbindung von Natur und Geschichte, während sie auf den Spuren vergangener Zeiten wandeln. Der Diller Burgpfad ist eine Zeitreise in die Vergangenheit.

Unsere Wanderung beginnt am Rande des Ortes Dill. Dill im Hunsrück blickt auf eine lange Geschichte zurück. Man kann sie bis in das Mittelalter zurückverfolgen. Die Region gehörte zum Herzogtum Pfalz-Zweibrücken und wurde vom Adel wie den Wildgrafen von Kyrburg und den Grafen von Veldenz geprägt. Die Geschichte ist in einigen historischen Gebäuden und Ruinen noch heute sichtbar.

ABWECHSLUNGSREICHE WEGE Vom **A Wanderparkplatz** führt die Wanderung links ein Stückchen an der K 2 entlang. Dann können wir einen linken Wiesenweg in Richtung Wald nehmen. Wir folgen der Route und wandern links bergauf.

Es geht nun längere Zeit am Waldrand entlang, bis wir links in den Wald hineingehen können. Auch hier im Wald folgen wir der bekannten Markierung. Gerade bei heißen Temperaturen im Sommer bietet dieser Abschnitt eine fantastische Abkühlung.

EIN SCHÖNER RASTPLATZ Nachdem wir den Wald verlassen haben, queren wir die K 1. Nach knapp 3,5 Kilometern haben wir den ersten Aussichtspunkt erreicht. Nachdem wir einen Blick auf den Soonwald geworfen haben, können wir einige Meter weiter die Burgruine und den Ort Dill erkennen. Nachdem wir links abgebogen sind, erblicken wir Felder.

Der nächste Ort für Entspannung ist nicht weit und somit wandern wir zum **1 Rastplatz Heckerwies**. Ein Tisch mit einer Tischplatte aus Schiefer sowie auch Holzbänke laden zum Verweilen ein. Für ein paar Minuten bleiben wir auf dem Hunsrückhöhenweg und biegen dann links ab. Nach insgesamt 4,87 Kilometern queren wir die K 2. Weiter auf unserer markierten Route geht es nun bergab. Nach dem Verlassen der waldigen Passage erreichen wir das Tal. Ein schmaler Weg führt uns am Sohrbach entlang. Über Trittsteine queren wir ihn und wandern weiter in seiner Begleitung. Ein Hinweis gibt an, wie wir an Tagen, an denen es zu Hochwasser kommt, die Bachüberquerung umgehen können. Nach etwa 6,5 Kilometern verlassen wir den Sohrbach und wandern auf weichen Waldwegen

↓ Zur warmen Jahreszeit kann man sich am Bach die Füße etwas abkühlen.
↘ Die abwechslungsreiche Wanderung führt über gepflegte Wiesen- und Feldwege.

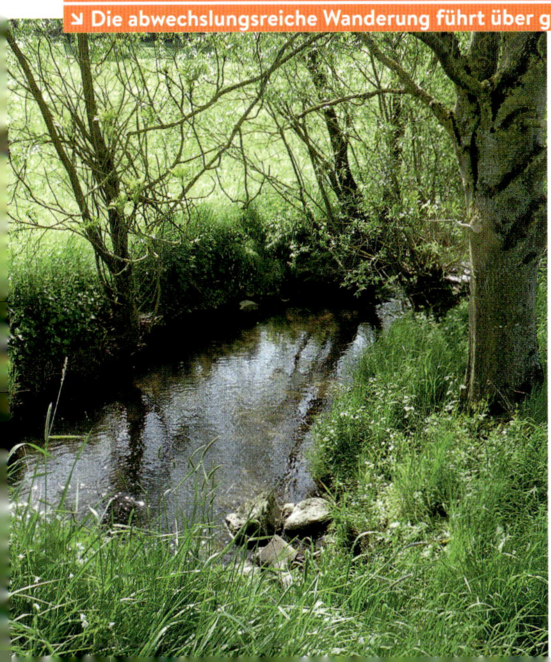

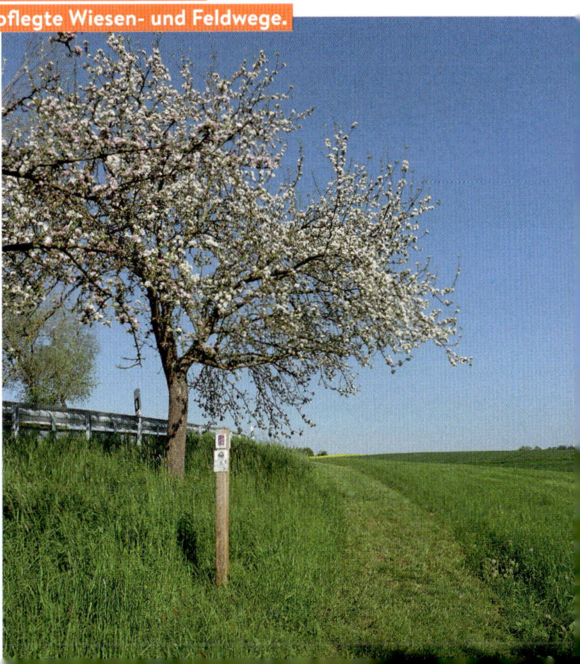

weiter. Bald erreichen wir einen Pfad, der uns weiter bergan führt. Ganz oben erwartet uns ein Aussichtspunkt, wo wir in Ruhe den Idarkopf betrachten können. Wer Lust hat, kann sich für eine Weile auf die Sinnesbank legen.

ZUR ALTEN RÖMERSTRASSE Anschließend verläuft der Weg wenige Meter am Waldrand entlang, bevor wir rechts in den Wald abbiegen. Über einen schmalen Pfad führt uns die Traumschleife auf einem früheren Waldweg durch einen schattigen Waldabschnitt, vorbei an einer ehemaligen Sandgrube. Nach einer weiteren Straßenüberquerung geht es wieder durch eine Waldpassage. Nach dem Verlassen führt uns die bekannte Markierung an Feldern und einer Streuobstwiese entlang.
Linker Hand geht es nun weiter auf der Alten Römerstraße. Hier erwartet uns ein neun Meter hoher **2 Römerturm**, eine Rekonstruktion eines römischen Wachturmes. Über Treppen können wir auf die Aufsichtsebene steigen und den Ausblick genießen. Vor dem Römerturm gibt es noch die Möglichkeit, ein römisches Spiel zu spielen oder einfach im Schatten der Bäume auf der Bank seine Füße auszustrecken.

ZUR BURGRUINE DILL Nach knapp 9,5 Kilometern biegen wir links ab und erreichen Dill. Über Johannisberg biegen wir bald rechts in die Dorfstraße ein. In Kürze haben wir dann den Höhepunkt der Rundtour, die **3 Burgruine Dill**, erreicht. Wenn man sie heute sieht, kann man erahnen, welche Größe sie einst hatte. Sie steht erhaben auf dem Berg. Einst wurde sie für die Herren von Dill im 11. Jahrhundert errichtet. 1107 wurde Adalbertud de Dille in der Gründungsurkunde des Klosters Springiersbach erwähnt. 1329 wurde die Burg während der Schmidtburger Fehde von Erzbischof Balduin angegriffen. Nach dem Bau und der Errichtung des Burgturmes wurde das Burgdach im Dreißigjährigen Krieg zerstört. 1697 kam die endgültige Zerstörung. Im 19. Jahrhundert diente der Wohnturm als Steinbruch, später wurde der südliche Rundturm aufgebaut und auch die Toranlage ergänzt. Wer heute die Stufen hochgeht, kann sich an dem schönen Rundumblick erfreuen. Nach dem Besuch der Burgruine gelangen wir schnell wieder zurück zum **E Wanderparkplatz**, an dem unsere Rundtour endet.

Tipp

ORGELKLÄNGE

Die kleine evangelische Kirche in Dill entstand im Jahr 1701 an derselben Stelle und unter Verwendung von Materialien der einstigen Burgkapelle. Im Inneren zieren Malereien des Kirchenmalers Johann Georg Engisch aus dem Jahr 1714 die Wände. Für mehr als ein Jahrhundert, von 1715 bis 1878, erklang in der Kirche eine Orgel, die aus der Werkstatt der angesehenen Orgelbauerfamilie Stumm stammte und von Moezenius erbaut wurde. Ihre Klänge begleiteten die Gläubigen während dieser Zeit in ihren Gottesdiensten.
Im Jahre 1878 wurde die alte Stumm-Orgel jedoch durch eine moderne und wohlklingende Oberlinger-Orgel ersetzt. Diese neue Orgel brachte einen frischen Klang in die Kirche und ergänzte die bereits vorhandenen Malereien von Johann Georg Engisch, um eine inspirierende und geistliche Atmosphäre zu schaffen. Die Oberlinger-Orgel wurde rasch zum Herz vieler musikalischer Vorstellungen und Gottesdienste und trägt seitdem dazu bei, die Gläubigen mit ihrer Klangfülle zu begleiten.

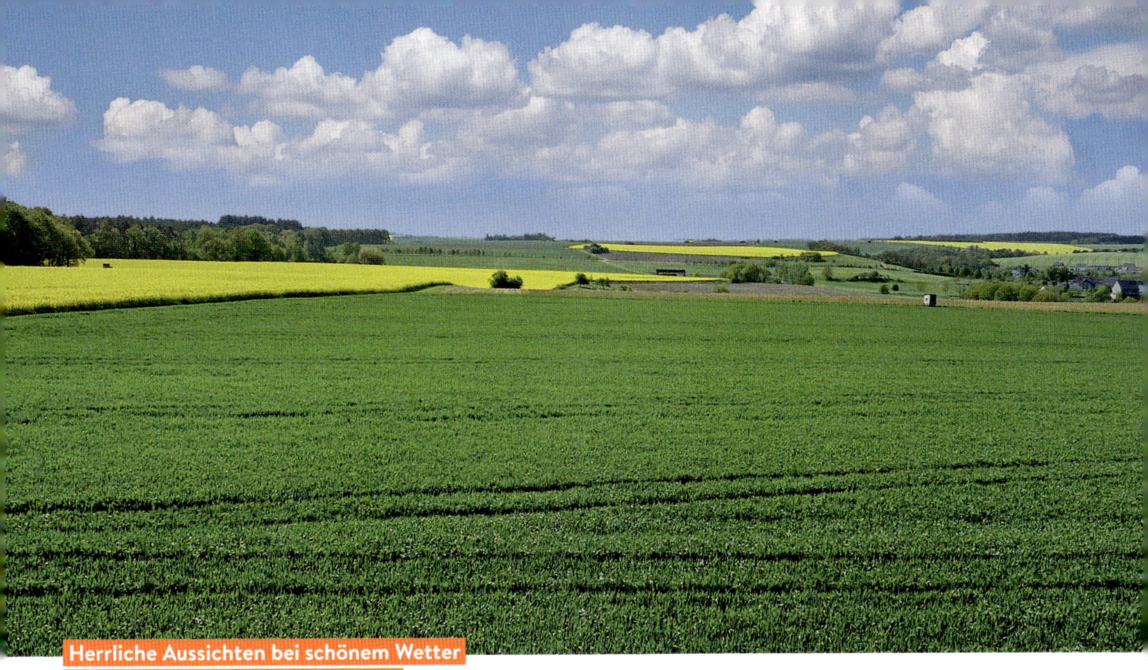

Herrliche Aussichten bei schönem Wetter sind bei der Wanderung garantiert.

INFO

Mittel | **11,5 km** | **166 Hm** | **3.00 Std.**

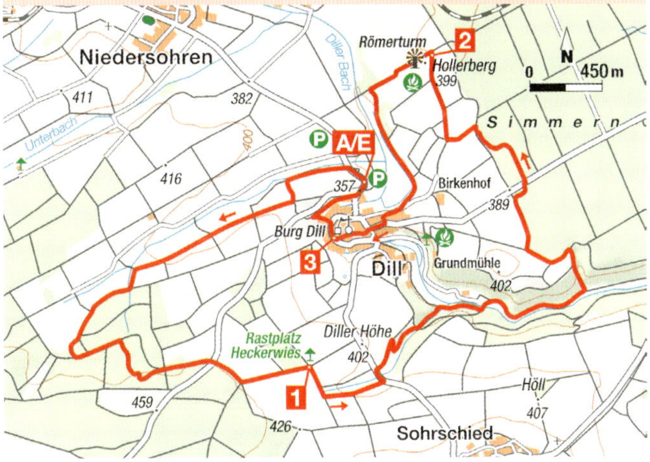

TOURENCHARAKTER

Abwechslungsreiche, historisch spannende Wanderung

ORIENTIERUNG

Sehr gute Ausschilderung mit der Traumpfad-Markierung

HÖCHSTER/TIEFSTER PUNKT

441 m/335 m

AUSGANGS-/ENDPUNKT

Wanderparkplatz K 2, 55487 Dill
GPS 49.918648, 7.347520

ANFAHRT

Auto: Auf der B 50 Ausfahrt Richtung Sohren und den Kreisverkehr an der ersten Ausfahrt auf die K 73 Richtung Sohren verlassen. Der K 73 folgen und der Beschilderung nach Niedersohren/Dill auf der K 2 folgen. Der Wanderparkplatz befindet sich auf der linken Seite am Ortseingang von Dill.
ÖPNV: Mit dem Bus Linie 668 von Kirchberg (Hunsrück) bis nach Dill. Von dort zu Fuß in wenigen Minuten bis zum Wanderparkplatz am Ortsausgang

EINKEHR

Hotel Birkenhof, Birkenweg 1, 55469 Klosterkumbd, Tel. 06761/954 00, www.landidyll-birkenhof.de

BESTE JAHRESZEIT

Ganzjährig

SCHINDERHANNES-HÖHLE

Des Teufels Rutschpartie

Die Wanderung zur Schinderhanneshöhle ist idyllisch und für Familien gut geeignet. Die Schinderhanneshöhle selbst macht ihrem Namen alle Ehre. Kaum zu sehen, befindet sich diese an einem steilen Hang. Wer sie besichtigen möchte, sollte keine Höhenangst haben und vor allem festes Schuhwerk tragen.

14

Um die Höhle zu erreichen, geht es über kleine Pfade und Gestein.

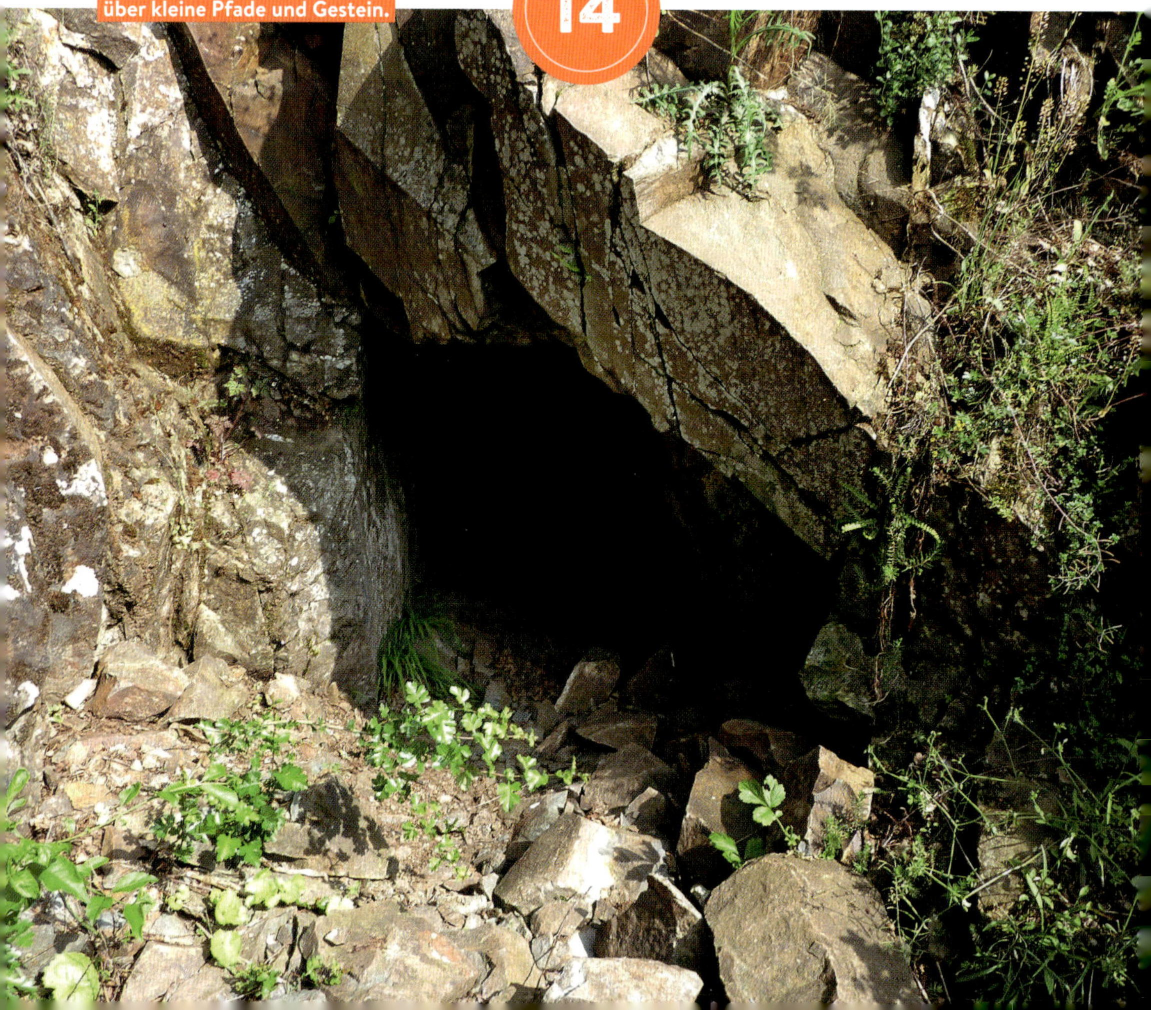

Die Weinbaugemeinde Wendelsheim liegt eingebettet in das malerische Weinanbaugebiet Rheinhessen und gehört zum größten Weinbau treibenden Landkreis Deutschlands. Die Flüsse Wiesbach und Finkenbach durchziehen diese reizvolle Region. Schon in grauer Vorzeit belegen keltische Funde die ehemalige Präsenz von Siedlungen in diesem Gebiet. Die charakteristische Namensendung »-heim« lässt vermuten, dass es sich bei Wendelsheim wie bei vielen Ortschaften in dieser Gegend um eine ursprünglich fränkische Siedlung handelt. Die älteste bekannte Erwähnung von Wendelsheim datiert aus dem Jahr 766 und findet sich im Lorscher Codex.

Es wird angenommen, dass Wendelsheim zu den ursprünglichen Besitztümern der Wildgrafen gehörte und möglicherweise Teil des Amtsgutes war, das den Emichonen als Untergrafen der Salier übertragen wurde. Historische Dokumente belegen seit 1370 die grundherrlichen Rechte des Pfalzgrafen Ruprecht I. über Wendelsheim. Zwischen 1380 und 1452 befand sich der Ort in den Händen verschiedener Pfalzgrafen, darunter Pfalzgraf Ruprecht der Junge und Pfalzgraf Ludwig IV, der ihn zeitweise verpfändete.

IN DER ORTSMITTE Von der **A Neugasse** in Wendelsheim gehen wir geradeaus und nehmen den ersten Abzweig auf der linken Seite Richtung K4. Nach knapp 500 Metern erreichen wir die Wanderrast am Mikroforum, dem privaten Hochtechnologiepark. Nachdem wir die K4 überquert haben und geradeaus weitergehen, gelangen wir an den Wiebach, den wir ebenfalls queren.

ZUR HASSELMÜHLE An der nächsten Gabelung halten wir uns rechts und wandern weiter, während der Mühlbach uns parallel begleitet. Bald nun können wir die **1 Hasselmühle** erkennen. Die geschlossene fränki-

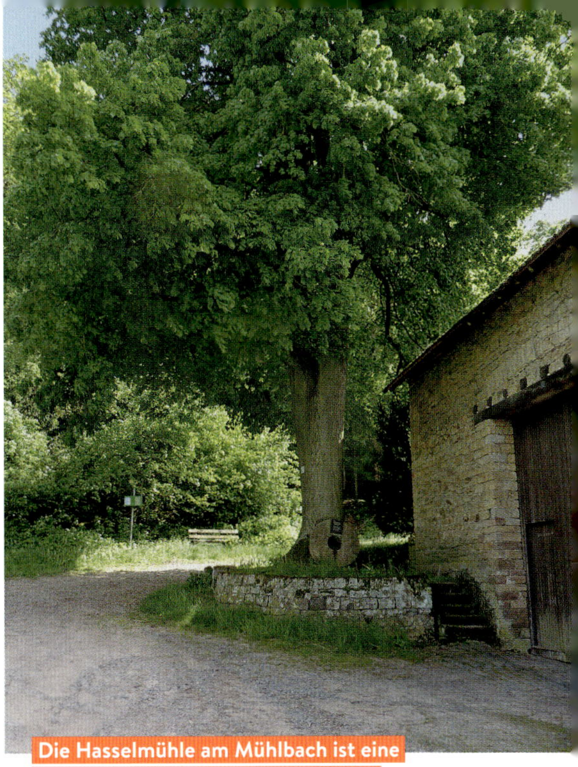

Die Hasselmühle am Mühlbach ist eine geschlossene fränkische Hofanlage.

Tipp

MÜHLENREICHTUM IN WENDELSHEIM

Aufgrund des Wasserreichtums rund um Wendelsheim siedelten sich schon frühzeitig viele Getreidemühlen an. Urkundlich erwähnt wurden im Wendelsheimer Weistum im Jahr 1515 die Bannmühle und die Rübenmühle, die auch kleine Mühle genannt wurde. 1596 wurde die Hasselmühle in einem Schenkungsakt als Haselmöl erwähnt. Neben der Finkenmühle und Riedermühle gibt es auch Nachweise zu der Mosbacher Mühle und Neuen Mühle. Am Ortsrand von Oberwendelsheim befindet sich eine Ölmühle und die Weißensteiner Mühle war einst im 14. Jahrhundert eine Bannmühle der Herren von Randeck. Leider wurde sie abgerissen und dort das Forsthaus Weißenstein erbaut.

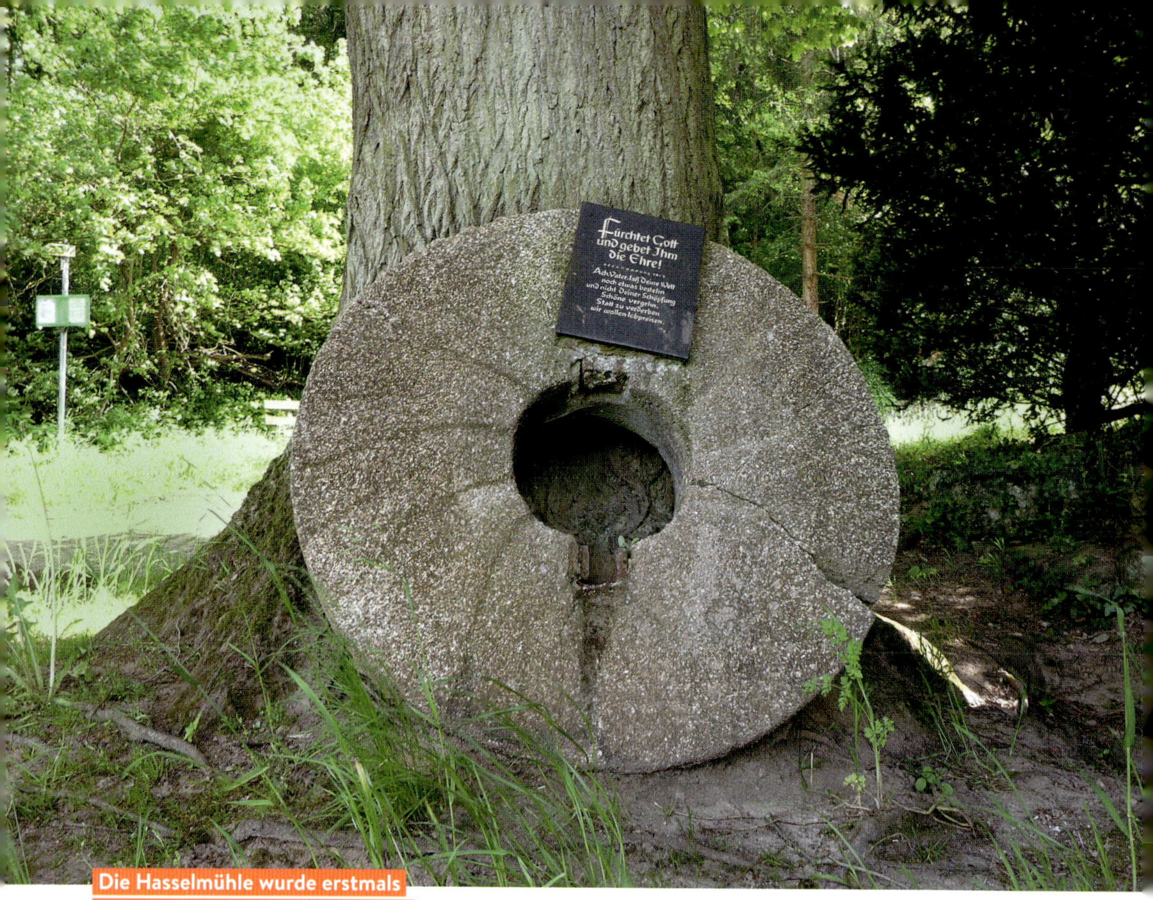

Die Hasselmühle wurde erstmals im Jahr 1686 urkundlich erwähnt.

sche Hofanlage beherbergte neben Mühle, Wirtschafts- und Wohnräumen auch einen Kuhstall mit Kreuzgewölbe. Urkundlich wurde die Mühle 1686 erstmals erwähnt. Angetrieben wurde sie mit einem Wasserrad, das im Jahr 1909 durch eine Turbine ersetzt wurde. Nach einem Brand im Jahr 1899 wurde die Hofanlage wiederaufgebaut.

DES TEUFELS BERGRUTSCH Von hier aus geht es nun zu dem nächsten Höhepunkt. Wir folgen dem Hinweisschild zur **2 Kneipp-anlage** Hasselmühle und nutzen die Gunst der Stunde, unsere Füße im Bach zu erfrischen. Anschließend geht es weiter, bis wir das Schweizer-Haus auf der Teufelsrutsch, einer bewaldeten Felskuppe, erreichen. Den Namen verdankt die Teufelsrutsch einer Legende, nach welcher der Teufel auf eine List der Bewohner hereingefallen ist und den steilen, von Dornen bedeckten Berghang auf dem Hintern hinunterrutschen musste. Anschließend wurde er nie wieder gesehen.

ZUR SCHINDERHANNESHÖHLE Das **3 Schweizer-Haus** als Sitz des Verschönerungsvereines Wendelsheim befindet sich direkt auf der Bergkuppe. Hier befinden sich auch einige Bänke, um vor dem Abstieg zur Höhle noch etwas zu verschnaufen. Etwa 20 Meter unterhalb des Schweizer-Hauses befindet sich die **4 Schinderhannes-höhle**. Ein kleiner Trampelpfad führt am Hang zu ihr hin. Die Schinderhanneshöhle ist ein über 60 Meter langer Stollen, der begehbar ist. Seine Bauart lässt vermuten, dass die Errichtungszeit im 14. Jahrhundert war. Hier wurde einst Quecksilber gewonnen.

Der Stollen erhielt seinen Namen in Anlehnung an den allbekannten Räuberhauptmann Schinderhannes, dem zugeschrieben wird, dass er den Stollen als Versteck genutzt hat. Allerdings ist dies nicht geschichtlich verbürgt.

ZUM WENDELSHEIMER SCHLOSS Vom Schweizer-Haus geht es nun wieder zurück. Dort, wo sich der Weg gabelt, nehmen wir jetzt den rechten Weg, bis wir auf die L 407 stoßen. Diese kreuzen wir und gehen links weiter. Die L 407 verlassen wir und kommen zur K 4. Über die Schlossgasse erreichen wir das Wendelsheimer Rathaus und das Wendelsheimer Schloss, welches im Jahr 1780 vom französischen Architekten Charles Mangin erbaut wurde und heute in Privatbesitz ist. In wenigen Minuten haben wir die **E Neugasse** wieder erreicht.

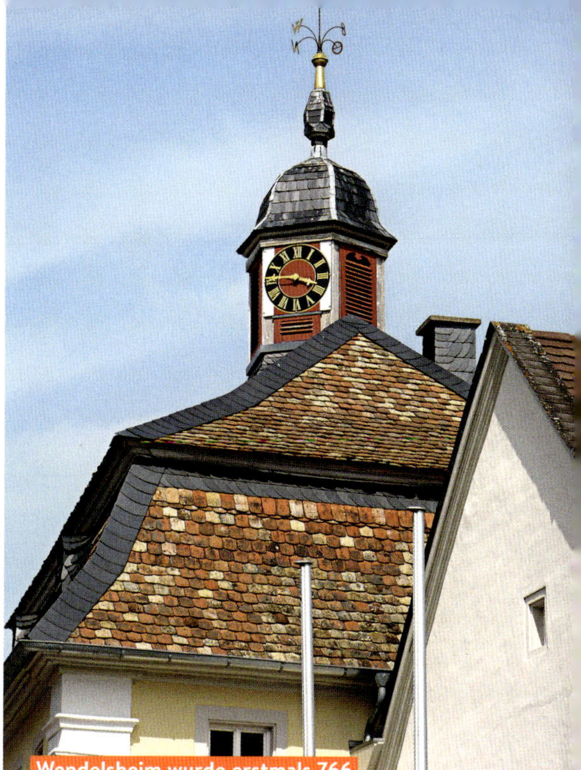

Wendelsheim wurde erstmals 766 im Lorscher Codex urkundlich erwähnt.

INFO

TOURENCHARAKTER
Geschichtlich spannende Wanderung

ORIENTIERUNG
Gute Ausschilderung

HÖCHSTER/TIEFSTER PUNKT
274 m/173 m

AUSGANGS-/ENDPUNKT
Neugasse, 55234 Wendelsheim
GPS 52.516181,13.376935

ANFAHRT
Auto: Von Wöllstein über die K 5 und L 409 bis Neugasse in Wendelsheim
ÖPNV: Mit dem Bus Linie 440 vom Bahnhof Alzey bis Wendelsheim. Von dort zu Fuß ca. 850 Meter

EINKEHR
Landhotel Espenhof,
Hauptstraße 76, 55237 Flonheim-Uffhofen,
Tel. 06734/96 27 30, www.espenhof.de

BESTE JAHRESZEIT
Ganzjährig

Mittel	8 km	130 Hm	2.00 Std.

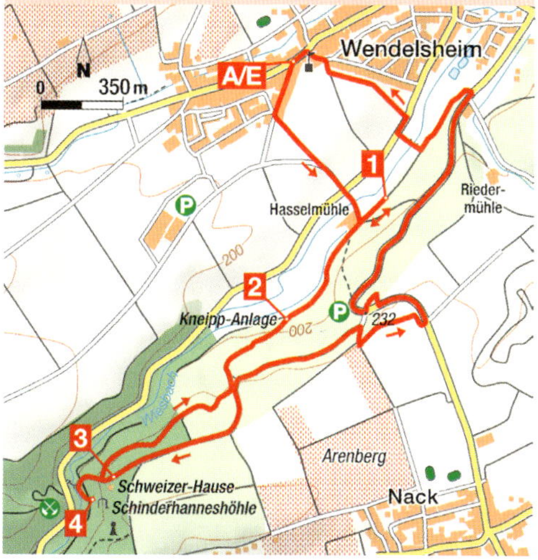

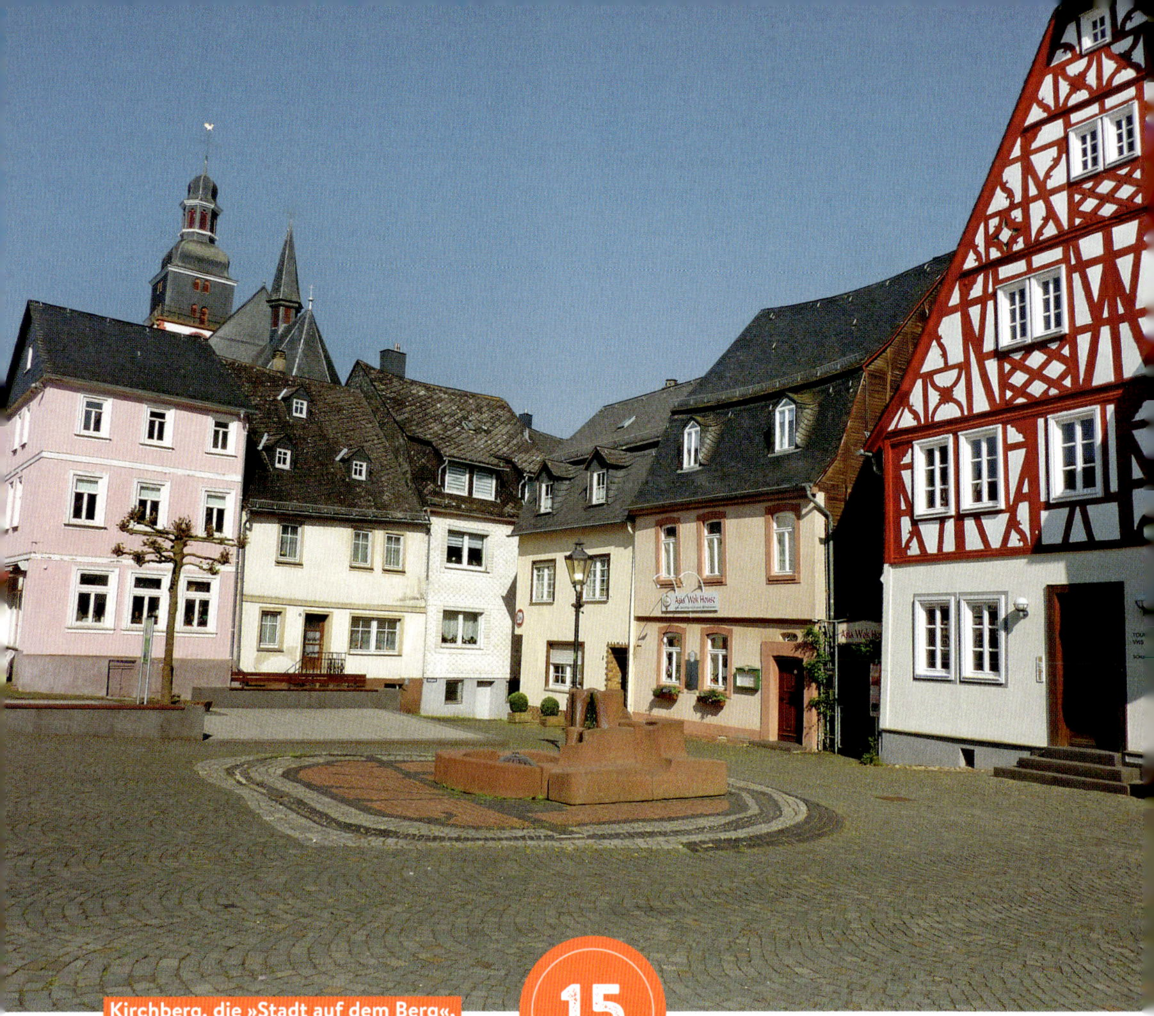

Kirchberg, die »Stadt auf dem Berg«, ist die älteste Stadt im Hunsrück.

15

AUSONIUSWEG

Auf den Spuren der Römer

Diese Etappenwanderung lässt uns auf den Spuren des römischen Gelehrten und Rhetorikers Ausonius wandeln, der im Jahr 368/69 n. Chr. hier entlangreiste. Seine Eindrücke von der Einsamkeit auf seiner Reise und der saftigen grünen Landschaft, die er einst erlebte, schrieb er in seiner Reisebeschreibung, dem Werk *Mosella*, nieder. Der Ausoniusweg bietet abwechslungsreiche Aussichten, von den sanften Hügeln bis zu den bewaldeten Höhen des Hunsrücks. Diese Wanderung verbindet Natur und Geschichte.

ÄLTESTE STADT IM HUNSRÜCK Kirchberg, die »Stadt auf dem Berg«, erhielt im Jahr 1259 die Stadtrechte. Damit ist sie die älteste Stadt im Hunsrück und wird in moselfränkischer Mundart »Kerbrich« genannt. Schon von Weitem kann man Kirchberg mit den drei Türmen identifizieren. Hoch hinaus recken sich der Wasserturm, der Turm der Michaelskirche und der Turm der Friedenskirche. Bereits der römische Dichter Ausonius erwähnte den Ort Dumnissus (= Dumno = Kirchberg) in seinem Gedicht *Mosella* im Jahr 368. Die vielen Eindrücke seiner Reise von Bingen über den Hunsrück nach Neumagen und Trier hielt er in seinen Zeilen fest.

ÜBER DIE ALTE RÖMERSTRASSE Am historischen **A Marktplatz** von Kirchberg mit seinen vielen schönen Fachwerkhäusern beginnt unsere Wanderung. Auf der Hauptstraße und später der Oberstraße gelangen wir zum Ortsausgang von Kirchberg. Bald wandern wir auf der Alten Römerstraße entlang, die ursprünglich von den Römern von Trier nach Bingen gebaut wurde.

RÖMERTURM DILL Auf ihr geht es durch den Staatsforst Simmern und wir erreichen nach fünf Kilometern den **1 Römerturm** bei Dill. Der neun Meter hohe Turm wurde 1985 an der alten Römerstraße nachgebildet. Von ihm bietet sich ein schöner Überblick auf die Umgebung. Einst wurde er als Wohn- und Signalturm genutzt. Auf der Alten Römerstraße geht es weiter und wir queren die L 182. Nun folgen wir der Markierung durch das Hirschbachtal nach Horbruch. Hier stehen viele schön restaurierte Bauernhäuser und nach Hunsrücker Art gestaltete und teils von Hecken umgebene Zier- und Nutzgärten.

IN HOCHSCHEID Nun erreichen wir in Kürze die Hockenmühle wie auch die **2 Marienmühle** und Hochscheid. In Hochscheid gibt es die Möglichkeit, in der Hauptstraße 20 in der Römerstube einzukehren. Neben verschiedenen Pizzen stehen auch Salate wie auch Schnitzelgerichte auf der Speisekarte. Der kleine Ort pflegt seine Bräuche. Zu Ostern gibt es das traditionelle »Eierschaukeln«, während zu Pfingsten eine von den Kindern und Jugendlichen aus Eierschalen gebastelte Pfingstkrone im Dorf aufgehängt wird.

ZUM ARCHÄOLOGIEPARK BELGINUM An einer weiteren Schutzhütte vorbei wandern wir parallel an Bahngleisen entlang. Nun queren wir die Hunsrückhöhenstraße und streifen durch ein Waldstück. Über Felder

Tipp

NATURDENKMAL KÖNIGSBUCHE

Direkt am Ortsausgang von Gonzerath in Richtung Bernkastel steht ein besonderes Naturdenkmal, die Königsbuche. Über den Wanderweg »Königsroute«, beginnend am Dorfplatz im Ortskern, ist der Grauwald zügig erreicht. Rechts weist ein Hinweisschild »Naturdenkmal Königsbuche« den weiteren Weg und schon nach wenigen Minuten wird die riesige Buche sichtbar. Mit ihrem Umfang von mehr als vier Metern und ihrer enormen Größe wirkt sie sehr beeindruckend. In der Nähe befindet sich eine Bank, von der aus man die riesigen Buchenarme eingehend betrachten kann. Gemütlich tanzen die Sonnenstrahlen durch die Blätter ihren eigenen Tanz. Die Rotbuche könnte einiges erzählen: von Paaren, die sich in ihrem Schatten ihre Liebe gestanden, von Eichhörnchen, Vögeln und Wildschweinen, die nach Futter suchen, oder wie in den Zeiten nach dem Krieg die Menschen nach Bucheckern suchten, um diese zu Öl zu verarbeiten.

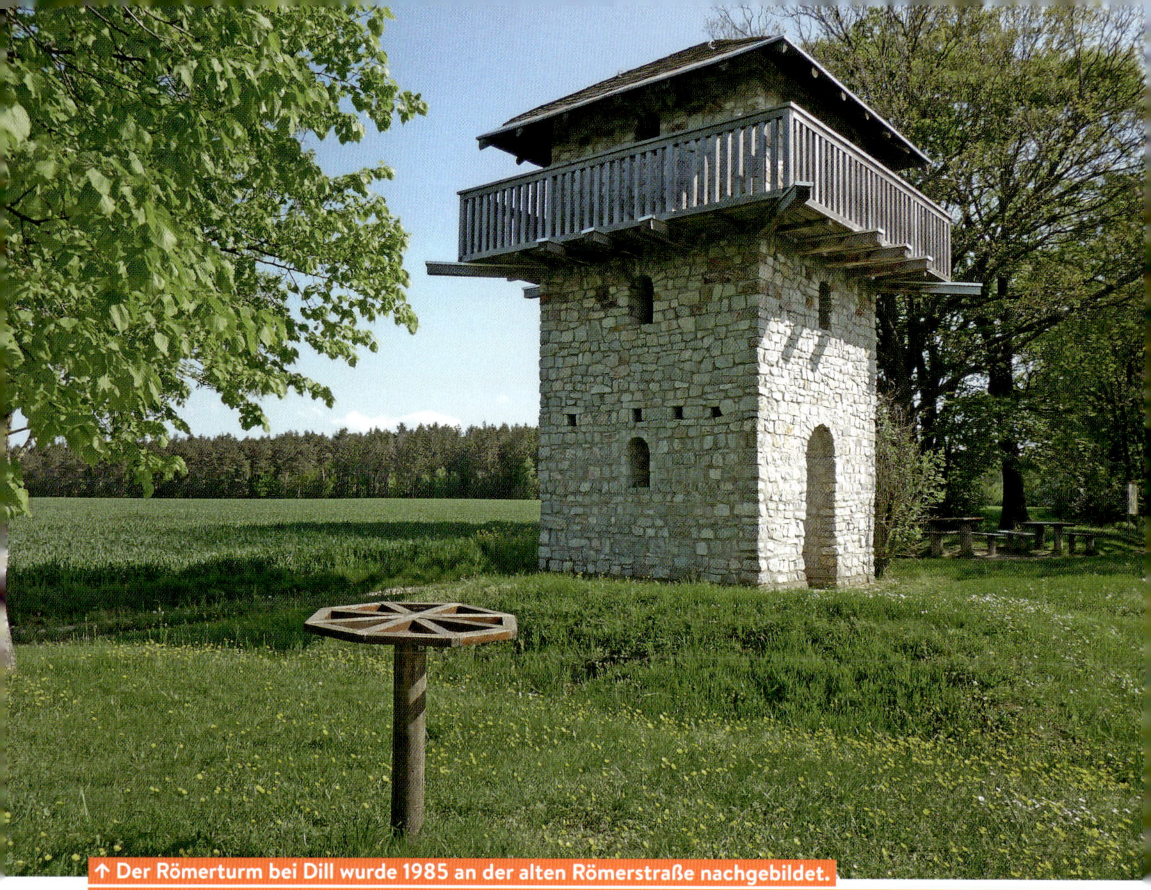

↑ Der Römerturm bei Dill wurde 1985 an der alten Römerstraße nachgebildet.
↓ Man kann sich vorstellen, wie die Römer mit ihren Wagen auf der alten Römerstraße unterwegs waren.

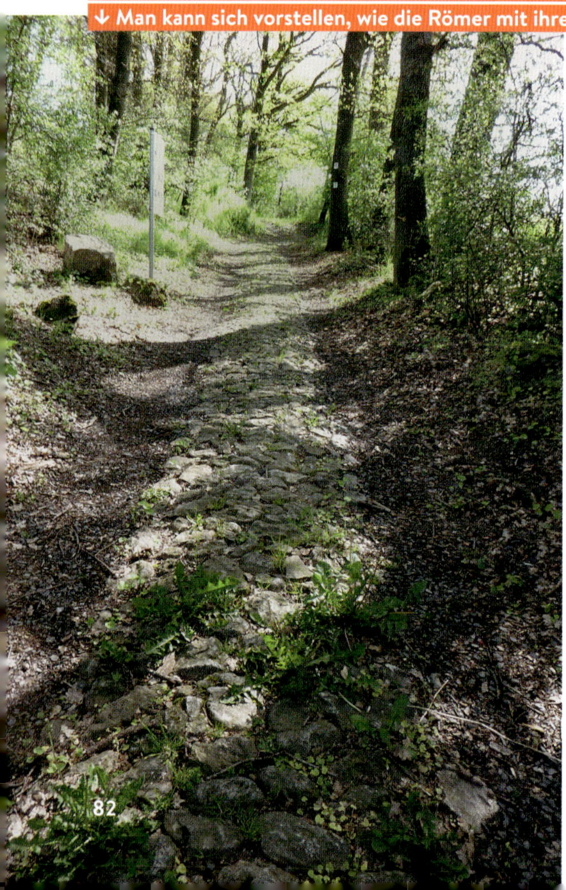

erreichen wir den **3 Archäologiepark Belginum**. Hier halten wir inne und sehen uns genauer um. Der Archäologiepark wurde an einer historischen Stätte auf dem Gelände der römischen Siedlung Belginum gebaut. Das Museum zeigt den Besuchern die Ergebnisse von jahrzehntelangen archäologischen Ausgrabungen. Dazu zählen Funde aus mehreren eisenzeitlichen Gräberfeldern, die das Leben der provinzialrömischen Bevölkerung im antiken Belginum näher erläutern. Zudem wird eindrücklich die Arbeit von Archäologen gezeigt. Im Außenbereich können ein wieder aufgemauerter, etwa 18 Meter tiefer Brunnen wie auch rekonstruierte Grabhügel und Grabgärten betrachtet werden. Die nötigen Hintergrundinformationen vermitteln entsprechende Hinweisschilder. Für die Kinder gibt es zudem einen Spielplatz, wo sie die Gelegenheit haben, römische Spiele auszuprobieren.

NACH GONZERATH Hinter dem Belginum folgen wir ein Stück der B 50, bevor wir auf die Alte Römerstraße bzw. auf einen Wald- und Feldweg links abbiegen. Geradeaus geht es nun weiter bis zur B 269 nach Morbach-Gonzerath. Hier haben wir die Möglichkeit, in Gonzerath nochmals einzukehren oder zur Marienkapelle zu pilgern. Letztere gehört seit 125 Jahren zur Tradition Gonzeraths. Einmal im Jahr suchen die Gonzerather die Mutter Gottes in Klausen auf. Zu Ehren der heiligen Mutter Gottes wurde dann auch in Gonzerath im Jahr 1990 eine Kapelle zu ihrem Gedenken geweiht. In **E Morbach-Gonzerath** endet unsere Wanderung.

INFO

Mittel | 26,8 km | 388 Hm | 7.00 Std.

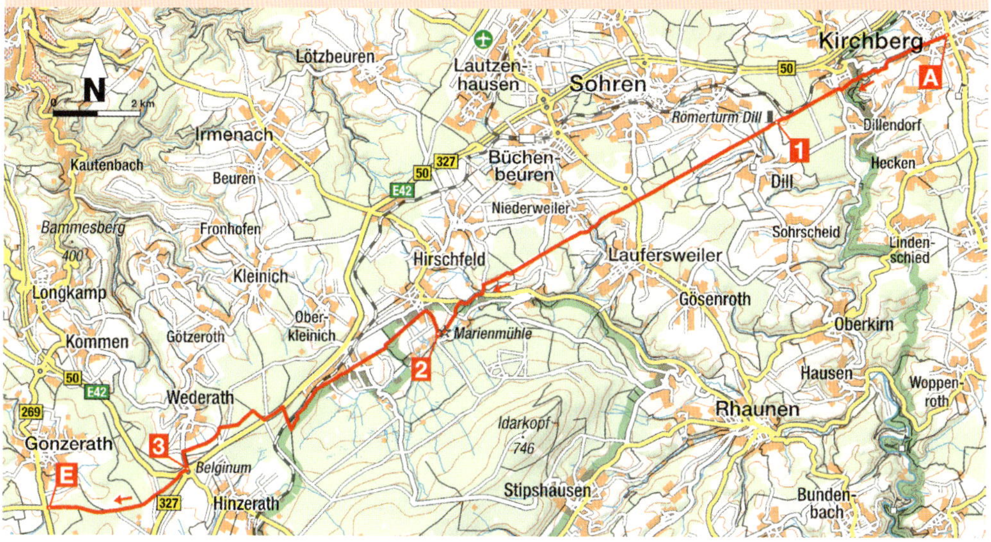

TOURENCHARAKTER
Aussichtsreiche und kulturell interessante Etappentour (3. Etappe des Ausoniusweges)

ORIENTIERUNG
Sehr gute Ausschilderung

HÖCHSTER/TIEFSTER PUNKT
590 m/342 m

AUSGANGSPUNKT
Marktplatz, 55481 Kirchberg
GPS 49.943203, 7.408144

ENDPUNKT
Morbach-Gonzerath oder Morbach-Heinzerath

ANFAHRT
Auto: Über die B 50 oder B 327 (Hunsrückhöhenstraße) nach Kirchberg oder über die B 269 nach Morbach und weiter bis Morbach-Gonzerath
ÖPNV: Mit dem Bus Linie 660 von Simmern nach Kirchberg

EINKEHR
Gasthaus-Restaurant Zur Post, Hauptstraße 32, 54497 Morbach, Tel. 06533/53 55, www.zur-post-morbach.de

BESTE JAHRESZEIT
Ganzjährig

VIA MOLARUM

Von Mühle zu Mühle

Die Wanderung bietet eine außerordentliche Vielfalt, die durch ausgewogene Anteile an offenen Feldern und dichten Wäldern erreicht wird. Weite Ausblicke, malerische Wiesentäler sowie idyllische Waldabschnitte prägen diesen Weg. Entlang der Route trifft man immer wieder auf Mühlen wie die Historische Schlossmühle oder die Emmerichsmühle. Die Via Molarum ermöglicht nicht nur ein intensives Naturerlebnis, sondern offenbart auch kulturelle und historische Schätze entlang der Strecke.

Krummenau ist bekannt für die selten gewordenen Hunsrücker Wacholderheiden.

16

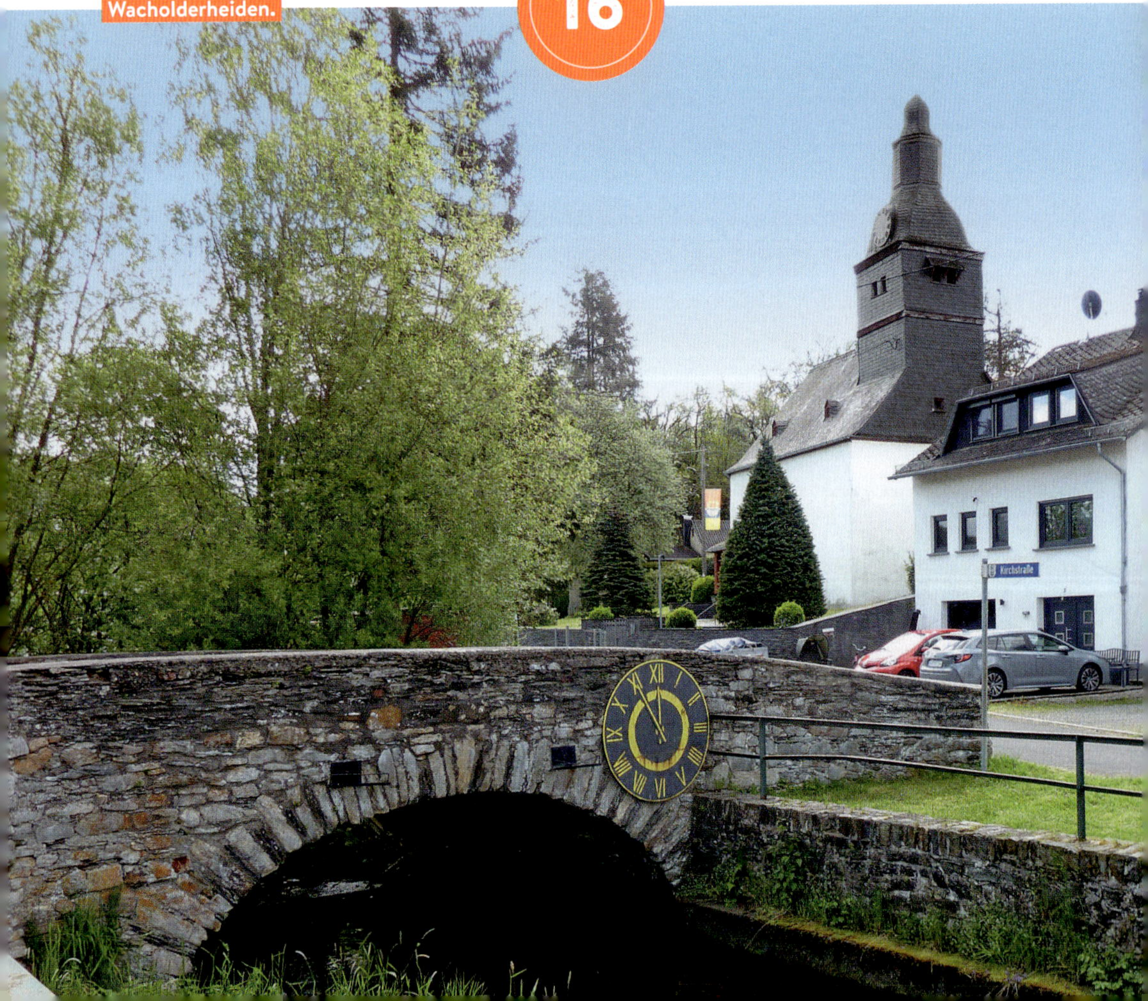

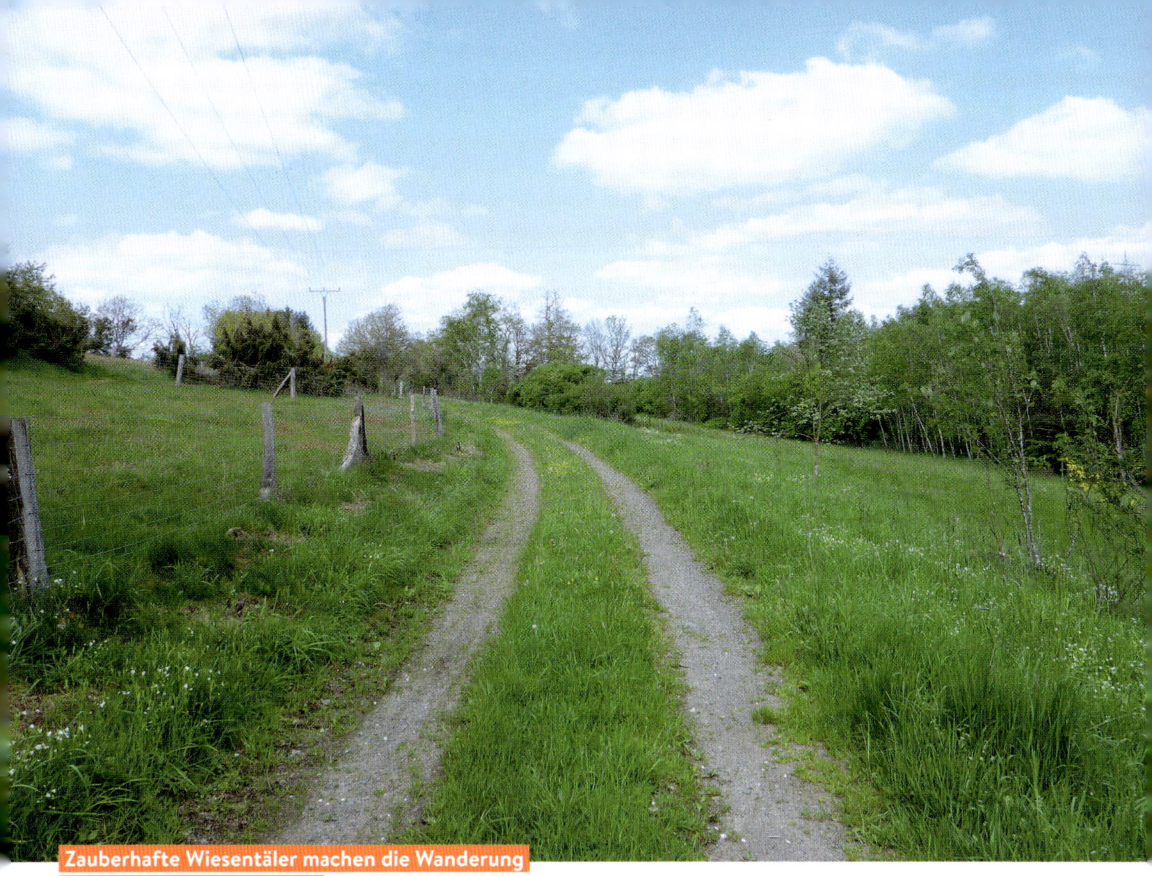

Zauberhafte Wiesentäler machen die Wanderung zu einem schönen Erlebnis.

SANFTER EINSTIEG Im Zentrum von Horbruch am **A Gemeindehaus** startet unsere Wanderung auf der Traumschleife Via Molarum. Wir überqueren die Hauptstraße und wandern den Kleinicher Weg entlang. Am Rande des Ortes angekommen, biegen wir rechts ab. Schon bald nehmen wir den ersten Feldweg linker Hand und erreichen zügig den Waldrand.

DURCH DAS HIRSCHBACHTAL An dieser Stelle halten wir uns rechts und haben schon die ersten schönen Aussichten. Nachdem wir etwa 1,4 Kilometer zurückgelegt haben, nehmen wir die rechte Abzweigung. Nun überqueren wir den kleinen Hirschbach und folgen an der nächsten Kreuzung dem Weg nach rechts, der uns zur **1 Hirschfelder Grillhütte** führt. Kurze Zeit später überqueren wir die K73 und setzen unseren Weg im Hirschbachtal geradeaus fort. Sobald wir den Weg zum Denkmal des Hunsrückmalers Karl Friedrich Ströher passiert haben, öffnen sich vor uns weitläufige Felder, die uns bis zum Ende unserer Wanderung begleiten.

FASZINIERENDE AUSBLICKE Nachdem wir 2,9 Kilometer zurückgelegt haben, erreichen wir einen Asphaltweg. Wir folgen diesem Weg nach rechts, der uns hinab zum nahe gelegenen Wahlenauer Bach führt. Nachdem wir den Bach überquert haben, führt uns ein Pfad links in ein kleines Wäldchen, in dem eine Bank zur entspannten Pause oder einem Picknick im Grünen einlädt. Ein Stück oberhalb treffen wir auf einen Feldweg, dem wir nach links folgen. Wenig später biegt unser Wanderweg nach rechts bergan ab. Kurz geht es durch den Wald, bis wir den Waldrand erreichen. Dort haben wir wieder schöne Ausbli-

Tipp

TEMPEL AUS DER KELTENZEIT

Knapp drei Kilometer von Horbruch entfernt, befindet sich im Quellgebiet des Koppelbaches ein Tempel, der aus der Keltenzeit stammt. Dieser Tempel wurde von den Römern im 2. Jahrhundert n. Chr. als Sirona-Heiligtum ausgebaut. Zwei Altäre wie auch die fast lebensgroßen Statuen der keltischen Heilgöttin Sirona und des Heilgottes Apollo Grannus konnten ausgegraben werden. Sirona wurde häufig an Heilquellen verehrt. Meistens wurde die Göttin als junge Frau mit einem langen Gewand mit Traube und Ähre und manchmal mit einer Schlange in ihren Händen dargestellt. Im Landesmuseum Trier werden entsprechende Funde ausgestellt (Rheinisches Landesmuseum Trier, Weimarer Allee 1, 54290 Treves, Tel. 0651/97740, www.landesmuseum-trier.de).

cke, die wir genießen können. Für einen kleinen Powernap steht zudem eine Sinnesbank bereit. Weiter führt uns unsere Markierung sicher durch die schöne Landschaft und bald auch abwärts zurück zum Talweg. Dort biegen wir rechts ab und wandern in Richtung des nahe gelegenen Ortes Wahlenau. An einem Rastplatz führt uns nun die Markierung bergauf. Bald erreichen wir die erste Mühle. An der **2 Wahler Mühle** biegt die Via Molarum nach rechts ab und führt uns rasch an den Rand von Wahlenau.

ÜBER FELD- UND WALDWEGE An dieser Stelle überqueren wir die Straße und biegen zunächst links und dann rechts ab. Nun wandern wir parallel zur K73 fort und kommen zu einem Feldweg. Diesem Feldweg folgen wir nach rechts. Auch hier bieten sich dem Wanderer beeindruckende Aussichten. Am nächsten Feldweg gehen wir nach links und biegen dann bald rechts in den Wald ab.

Die Schlossmühle befindet sich im ruhigen Altbachtal hinter einem Felsen.

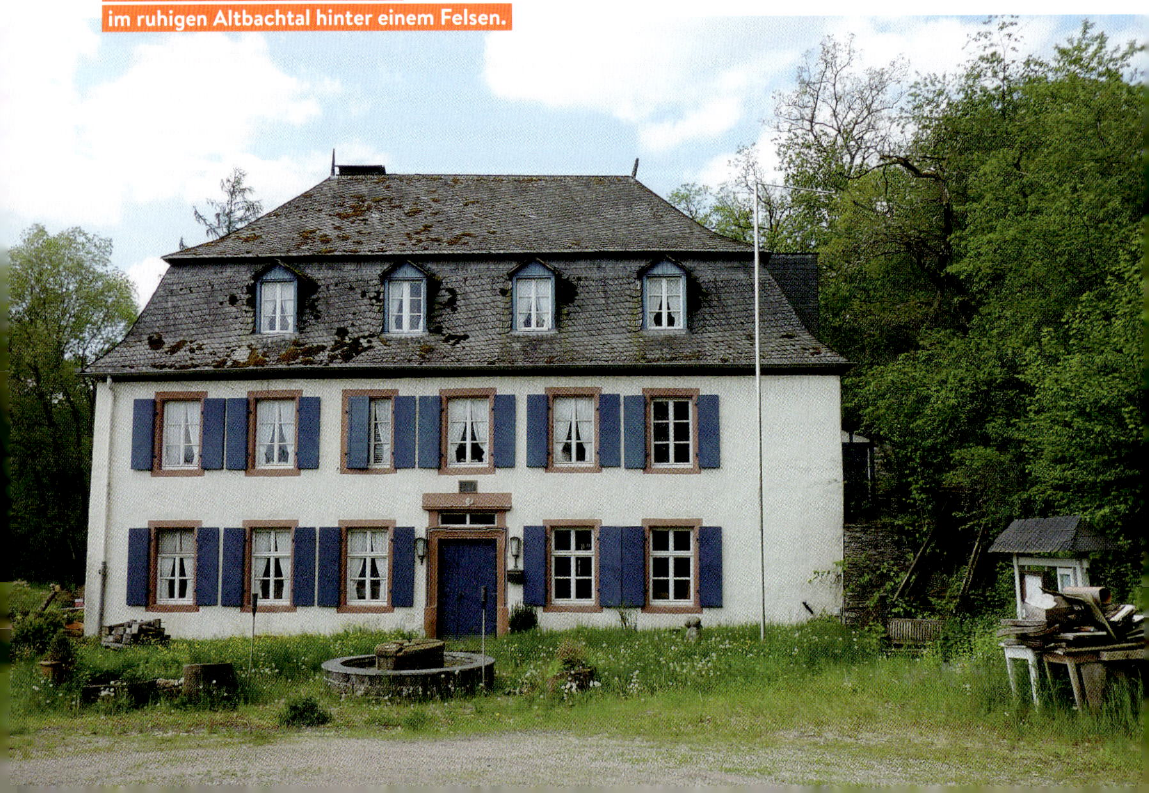

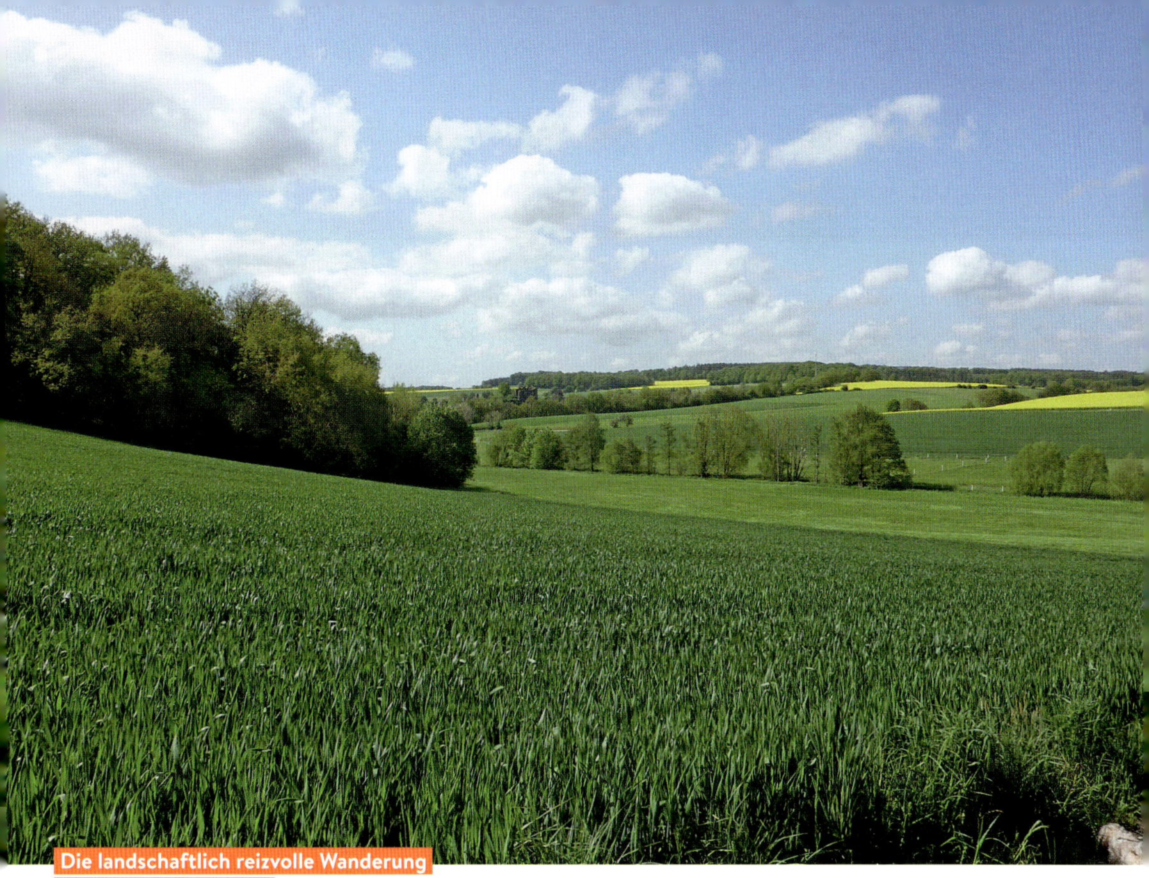

Die landschaftlich reizvolle Wanderung ist gut ausgeschildert.

ÜBER DIE ALTE RÖMERSTRASSE Wir folgen der Markierung am Waldrand nach links, bis sich rechter Hand ein kleines Holzportal öffnet. Nun erreichen wir den **3 Buchenplatz**, wo sich auch eine Pause lohnt. Nun geht es über bequeme Wege durch den Wald und wir erreichen bald wieder weite Felder. Wir können nun den Idarkopf betrachten und wandern dann bergab. Bald erreichen wir linker Hand die Alte Römerstraße. Nach kurzer Zeit wechseln wir die Straßenseite der K 74. Nun führt unsere Wanderung am Waldrand entlang. Als Nächstes erreichen wir eine Gabelung und halten uns jetzt rechts. An der folgenden Kreuzung führt die Markierung geradeaus weiter. Bald biegen wir links ab und erreichen schon kurze Zeit später eine Bank, die einen herrlichen Ausblick bietet. Nun geht es wieder durch den Wald und wir begeben uns zum Idarbach. Dabei gilt es, teilweise steile Passagen zu überwinden. Unten im Tal erwartet uns die **4 Reitzenmühle**. Rechts begeben wir uns nun in das Idarbachtal. Kurze Zeit später geht es wieder bergauf. Über einen kleinen Pfad erreichen wir den Marktwieser Berg.

STEILER ABSTIEG Nun verlassen wir den Wald. Links führt uns die Markierung zu einem Weg, wo wir am Waldrand entlanggehen. Nach dieser Passage geht es anschließend wieder in den Wald. Bergab orientieren wir uns nun Richtung Krummenau. Ein Aussichtsplatz lädt uns ein, zu rasten und die Gegend zu bewundern. Etwas Trittfestigkeit wird nachfolgend auf der abwärtsführenden Strecke vorausgesetzt, bis wir den Wald verlassen können. Wir folgen der Fahrbahn rechts weiter bis nach Krummenau. Bald queren wir die Straße und eine Brücke. Nachdem wir die Brücke über den Idarbach passiert haben, gehen wir links weiter. Die mittlere der drei Brücken über den Idarbach ist eine Schieferbogenbrücke. Hier wurde das Zifferblatt mit goldenen Ziffern der alten Kirchturmuhr angebracht.

KRUMMENAUER WACHOLDERHEIDE An der folgenden Straßenkreuzung biegen wir ebenfalls links ab und gehen Richtung Ortsrand. An der nächsten Weggabelung biegen wir rechts ab und gelangen zum Naturdenkmal **5 Krummenauer Wacholderheide**. Bald erreichen wir eine nächste Kreuzung, wo wir rechts dem Weg folgen. Es geht entlang der Heide, bergan rund um das eingezäunte Areal. Oben angekommen eröffnet sich uns eine schöne Fernsicht. Im Wald folgen wir unserer vertrauten Markierung und folgen der Strecke rechts bergab. Wir erreichen bald einige Felsen und später einen kleinen Bach. Nach der Bachüberquerung geht es bergauf zu einer Wiese. Auf der anderen Wiesenseite folgen wir dem Weg links am Waldrand. Hier geht es bergab, bis wir auf eine Weggabelung stoßen. Links weitergehend führt uns die Markierung durch den Wald und wir erreichen die K 70, die wir queren. Nun geht es über einen breiten Weg geradeaus weiter.

ZU DEN MÜHLEN Nachdem wir den Löschteich von Krummenau erreicht haben, biegt die Via Molarum scharf nach rechts ab und führt uns zu einer Grillhütte. Links führt nun die Strecke in der Nähe des Waldrandes weiter. Bald erreichen wir den Waldrand und wandern bei schönen Aussichten weiter. Unsere Markierung führt uns weiter über einen kurzen Weg durch den Wald. Bald verlassen

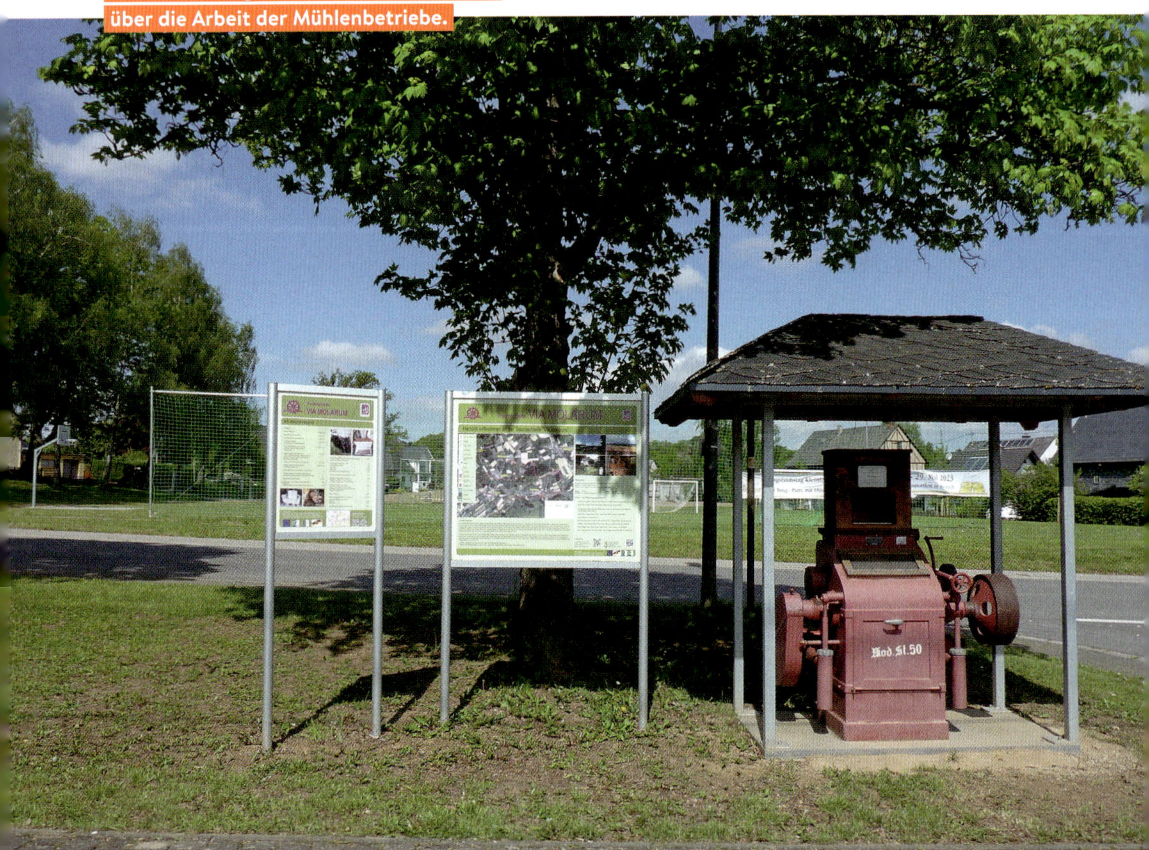

Die Wanderung vermittelt Wissenswertes über die Arbeit der Mühlenbetriebe.

wir den Waldrand und wandern über einen Asphaltweg. Anschließend biegen wir rechts ab zum Altbach und gelangen über einen Steg zum Areal der Historischen Schlossmühle, die über 200 Jahre alt ist. Wir gehen geradeaus über die Wiese und erreichen den Mühlteich. Den Parkplatz der Schlossmühle streifen wir und kommen bergan gehend zur die L 190. Dem Fahrbahnrand links folgend, erreichen wir die schönen Wiesen und die Heinzenmühle. An der nachfolgenden Kreuzung gehen wir geradeaus weiter und streifen nun ein Wildgehege sowie die Emmerichsmühle. Bald biegen wir links ab und gelangen nach sehr kurzer Zeit zur **6 Marienmühle**. Hinter der Mühle führt die Strecke über eine Wiese bergauf. Wir erreichen die Straße, der wir bis nach Horbruch und zum **E Parkplatz am Gemeindehaus** folgen.

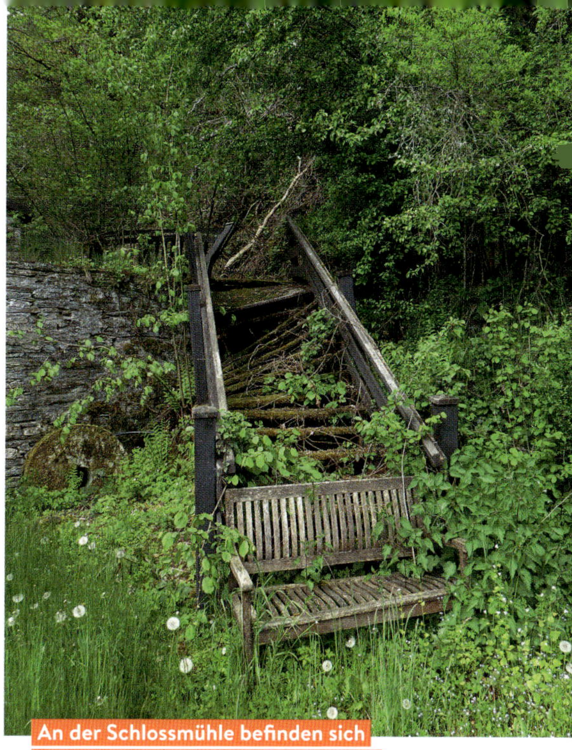

An der Schlossmühle befinden sich viele Relikte aus der Vergangenheit.

INFO

TOURENCHARAKTER
Kulturell historisch spannende Rundwanderung

ORIENTIERUNG
Sehr gute Ausschilderung

HÖCHSTER/TIEFSTER PUNKT
477 m/373 m

AUSGANGS-/ENDPUNKT
Parkplatz am Gemeindehaus Horbruch,
Hochscheider Straße 7,
55483 Horbruch
GPS 49.888840, 7.238196

ANFAHRT
Auto: Auf der A 61 bis Ausfahrt Rheinböllen, dann weiter auf der B 50 Richtung Simmern bis Ausfahrt Hochscheid, Beschilderung nach Horbruch folgen
ÖPNV: Mit dem Bus Linie 857 von Rhaunen bis Horbruch

Mittel	15,6 km	204 Hm	5.30 Std.

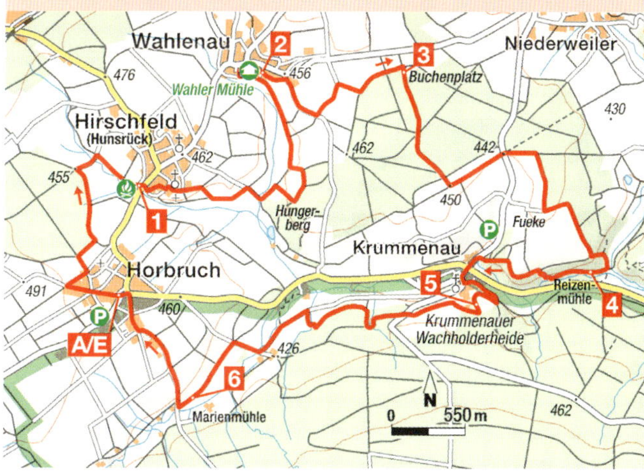

EINKEHR
Scherers Landgasthof, 55483 Horbruch, Tel. 06543/500 54 80, www.scherers-landgasthof.de

BESTE JAHRESZEIT
Ganzjährig

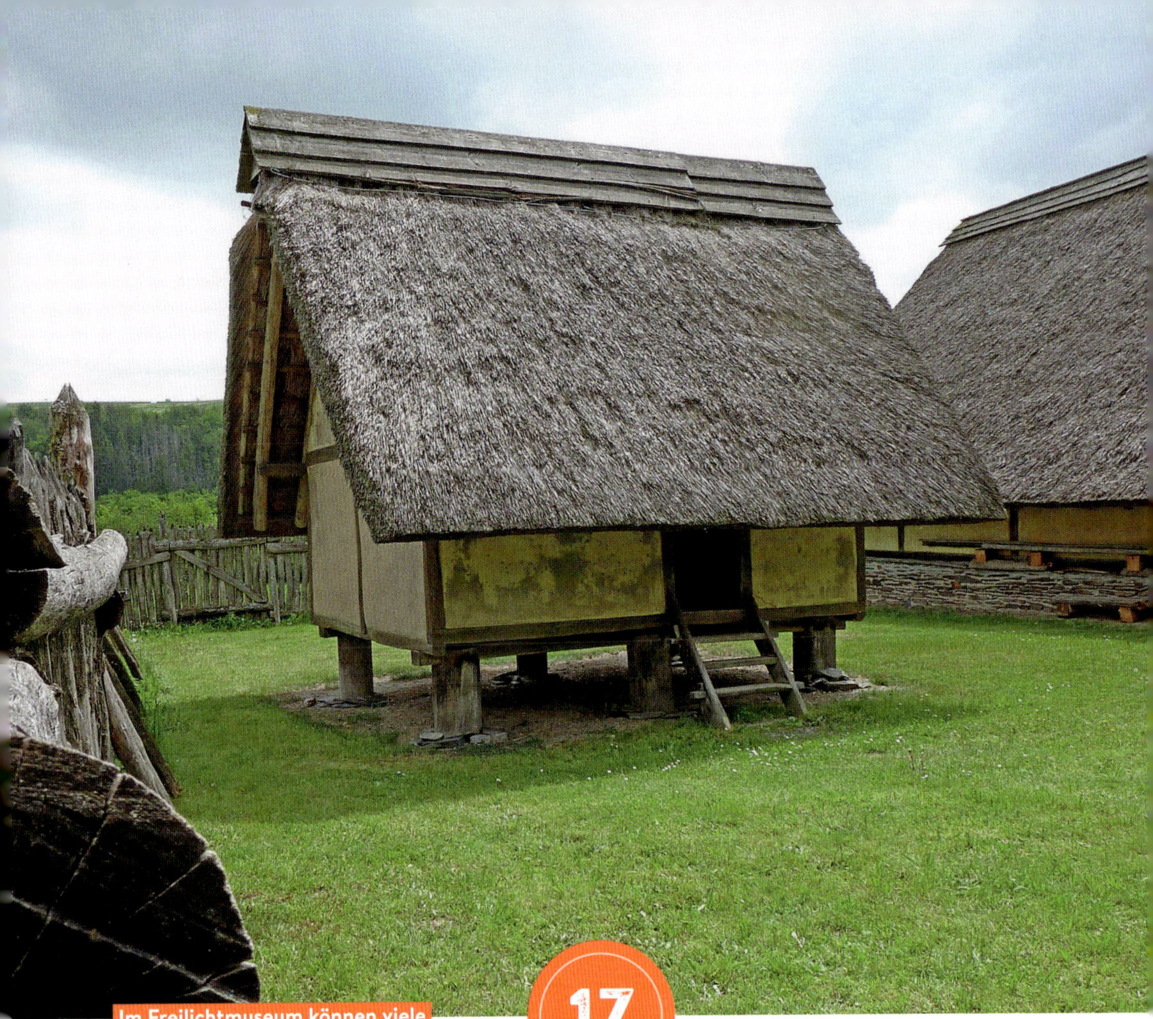

Im Freilichtmuseum können viele rekonstruierte Häuser besichtigt werden.

17

HAHNENBACHTALTOUR

Zurück in das Mittelalter

Die Hahnenbachtaltour ist eine aussichtsreiche Wanderung für die ganze Familie. Auf etwa sieben Kilometern können mehrere spannende Höhepunkte entdeckt werden. Neben der mittelalterlichen Burgruine Schmidtburg und der Keltensiedlung Altburg ist auch das Schiefer-Besucherbergwerk Herrenberg bei Wanderern jeden Alters sehr beliebt. Die Tour verbindet Naturerlebnis mit sportlicher Betätigung und ist ein unvergessliches Abenteuer für alle.

BESUCHERBERGWERK HERRENBERG In Bundenbach startet unsere Hahnenbachtaltour am **A Parkplatz Besucherbergwerk** Herrenberg. Wir folgen der Markierungsplakette mit dem Hahn, die uns über aussichtsreiche Passagen bis zum Besucherbergwerk Herrenberg und dem Fossilienmuseum führt. Die Jüngsten unter den Wanderern können auf dem Spielplatz toben oder sich auch als Goldgräber betätigen und das eine oder andere blitzende Steinchen suchen.

KELTENSIEDLUNG ALTBURG Nach einer entspannten Pause geht es weiter durch den Wald zum nächsten Höhepunkt. Wer die waldige Strecke nicht nehmen möchte, kann auch die asphaltierte Straße nutzen. Schon bald erreichen wir den Abzweig zur rekonstruierten **1 Keltensiedlung Altburg**, dem wir folgen. Am Zugang erwarten uns schon große Holzfiguren, die uns auf das Folgende einstimmen. In dem Freilichtmuseum können zahlreiche rekonstruierte Häuser, in denen

Tipp

EINE SAGE ÜBER BUNDENBACH

Irgendwann fiel dem Teufel ein, dass niemand mehr aus Bundenbach zu ihm in die Hölle kam. Er fragte seine Großmutter um Rat und setzte diesen in die Tat um. Er nahm einen Felsbrocken und lief los, um ihn auf die Kirche zu werfen. Da es aber so heiß war, setzte er sich hin und ruhte sich aus. Da kam eine alte Dame und sah die merkwürdige Gestalt. Sie vermutete nichts Gutes, als der Teufel sie fragte, wie man am leichtesten nach Bundenbach kommen würde. Sie zeigte ihren Korb, in dem verschlissene Schuhe lagen und teilte ihm mit, dass sie von dort käme und diese Schuhe schon alle durchlaufen hätte. Daraufhin ließ der Teufel seine Felsbrocken liegen und verschwand wütend. Der Fels, den der Teufel fallen gelassen hatte, wurde im Volksmund seitdem Teufelsfels genannt.

Die Ruine der Höhenburg befindet sich oberhalb des Hahnenbachtales.

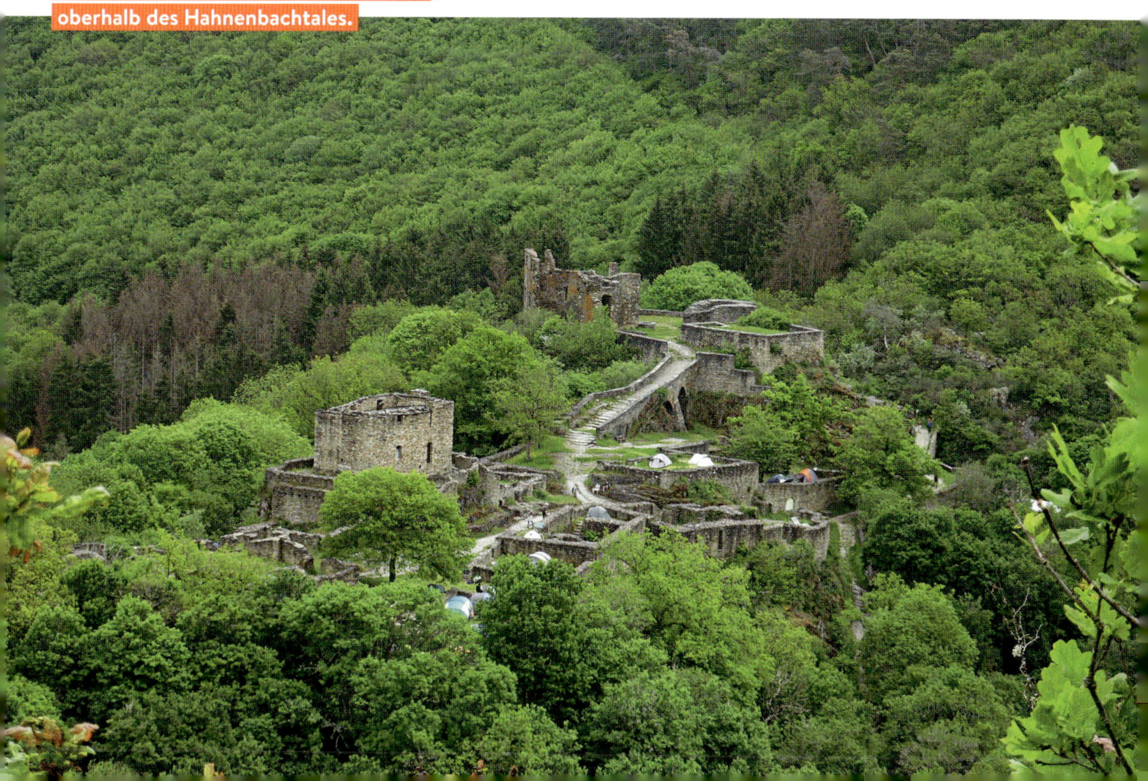

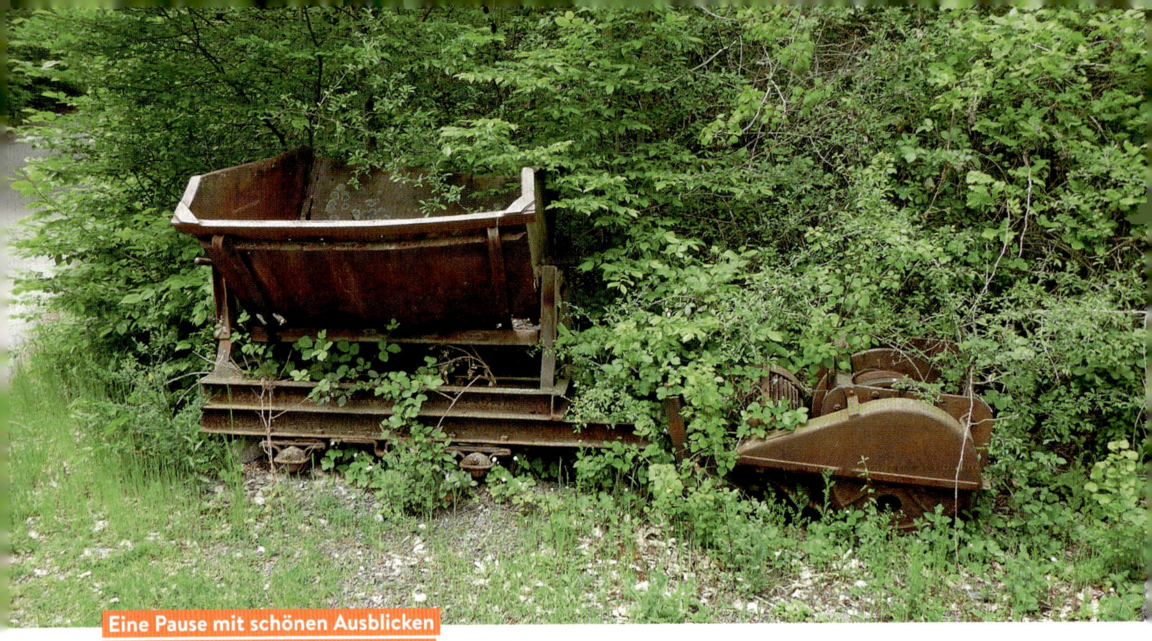

Eine Pause mit schönen Ausblicken ist am Besucherbergwerk möglich.

früher die Kelten gewohnt und gearbeitet hatten, besichtigt werden. Die Altburg kann mit oder ohne Führung besichtigt werden. Die Führungen beginnen an der 400 Meter entfernten Schiefergrube Herrenberg.
Wir gehen nach der Besichtigung den Abzweig zurück und wandern wieder bergab zum Hahnenbach. Bald erreichen wir die **2 Schieferhalde Sinsenbach**. Sie zeigt, welche Wichtigkeit der Bergbau im Hahnenbachtal hatte. Auch an dieser Stelle genießen wir die fantastischen Aussichten auf die Landschaft.
Über einen schmalen Weg geht es rechts haltend in den Rennwald. Schon nach wenigen Metern erreichen wir die Brücke über den Hahnenbach. Hier wandern wir für 100 Meter rechts auf dem Hunsruckhöhenweg weiter. Danach biegt unsere Wanderung rechts in den Waldweg ab und nach weiteren 200 Metern erreichen wir wieder die Traumschleife Hahnenbachtaltour.
Nun ist der Bach unser Begleiter, dem wir folgen. Durch den Wald laufen wir gemütlich weiter in Richtung der Schmidtburg. Immer wieder begegnen wir Grenzsteinen, die uns an die Bedeutung des Weges erinnern.

ZUR SCHMIDTBURG Nun queren wir den Bach und stoßen auf den **3 Wassererlebnispfad Hahnenbachtal**. Insgesamt ist dieser Pfad etwa 1,5 Kilometer lang und führt durch eine natürliche Bachlandschaft. Dazu erklären mehrere Informationsschilder Wissenswertes zum Element Wasser. Auf diesem wandern wir weiter und entdecken Reste der ehemaligen **4 Schleifmühle Götzenau**. Nach dem Passieren der **5 Teufelsrutsche** erreichen wir schließlich die Ruinen der ansehnlichen **6 Schmidtburg**. Auch hier soll Schinderhannes eines seiner Verstecke gehabt haben. Die Schmidtburg ist eine der größten Burganlagen in der Umgebung. Ursprünglich bestand sie aus mehreren Wohngebäuden und einem Bergfried. Anscheinend wurde sie bereits 926 von fränkischen Edelherren zum Schutz gegen Angriffe der Ungarn errichtet. Die erste urkundliche Erwähnung war allerdings erst 1084. Eine Besichtigung der Ruinen ist jederzeit möglich. Tatsächlich eröffnen sich uns von hier herrliche Aussichten auf das Tal.

ZUM AUSGANGSPUNKT Nach der Besichtigung der Schmidtburg geht es nun ein

kurzes Stück auf der Traumschleife zurück. Wir wandern bergab zum Hahnenbach, bis wir zu einer Weggabelung kommen. Nun folgen wir dem Soonwaldsteig. Dabei geht es immer bachabwärts, bis wir mithilfe der Brücke den Bach überqueren können. Die Markierung des Soonwaldsteiges ist bei unserem weiter abwärts verlaufenden Weg unser treuer Begleiter.
Bald geht es nun wieder bergauf und wir erreichen wieder die rekonstruierte **2 Keltensiedlung Altburg**. Hier treffen wir auf den uns bereits bekannten Weg, der uns zum Startpunkt zurückbringt. Alternativ stehen auch Abkürzungen zur Verfügung. Zudem kann der **E Parkplatz Besucherbergwerk** auch über die Straße erreicht werden.

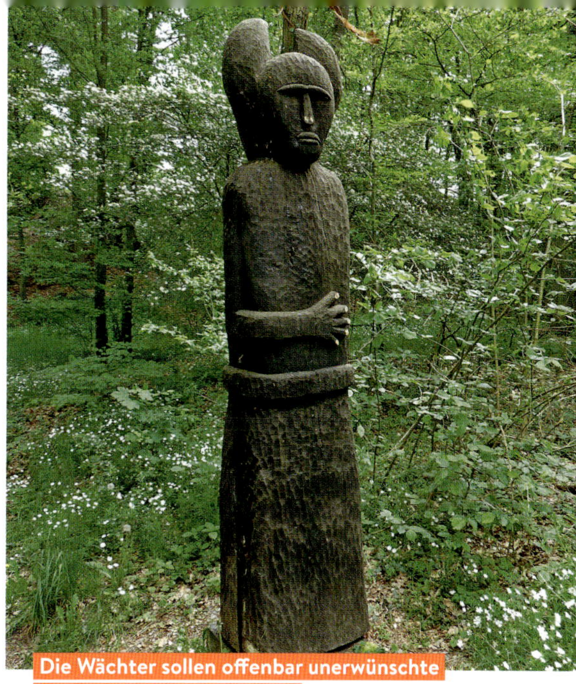

Die Wächter sollen offenbar unerwünschte Eindringlinge abschrecken.

INFO

TOURENCHARAKTER
Aussichtsreiche und historisch spannende Rundwanderung

ORIENTIERUNG
Die Ausschilderung mit der Markierung »Hahn« fehlt teilweise.

HÖCHSTER/TIEFSTER PUNKT
385 m/261 m

AUSGANGS-/ENDPUNKT
Parkplatz Besucherbergwerk Herrenberg, 55626 Bundenbach
GPS 49.848873, 7.389464

ANFAHRT
Auto: Aus Richtung Köln–Koblenz über die A 61, Abfahrt Rheinböllen, weiter über die B 50 bis Abfahrt Flughafen Hahn, die L 182 bis Rhaunen und weiter auf der L 182 Beschilderung nach Bundenbach fahren. Im Ort der Beschilderung »Besucherbergwerk Herrenberg« folgen
ÖPNV: Mit den Zügen RE 3, RB 33 oder RB 34 von Saarbrücken über Neubrücke/Baumholder, Idar-Oberstein, Bad Kreuznach und Mainz bis zum Bahnhof Kirn. Weiter mit dem Bus Linie 860 nach Bundenbach

Mittel	7,3 km	151 Hm	2.30 Std.

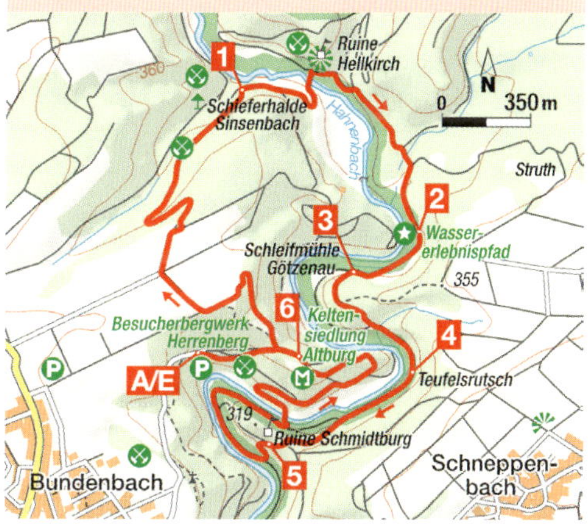

EINKEHR
Hotel Forellenhof, Reinhardtsmühle 1, 55626 Bundenbach-Rudolfshaus. Tel. 06544/373, www.hotel-forellenhof.de

BESTE JAHRESZEIT
Ganzjährig

KOPPENSTEIN-RUNDE

Der Streit der Riesen

Vom Wanderparkplatz bei Henau führt die Wanderung auf naturnahen Wegen und Pfaden über einen Teil des Soonwaldsteiges. Durch das Simmerbachtal und über Königsau ist Lützelsoon das nächste Teilziel. Der Soonwaldsteig führt nach knapp 14 Kilometern wieder zum Ausgangspunkt zurück. Die Tour verbindet Naturgenuss mit kulturellen Highlights, sodass Wanderfreunde nicht nur die Bewegung in der Natur, sondern auch die Geschichte und Architektur erleben können.

Von der Aussichtsplattform hat der Wanderer einen weiten Rundumblick.

18

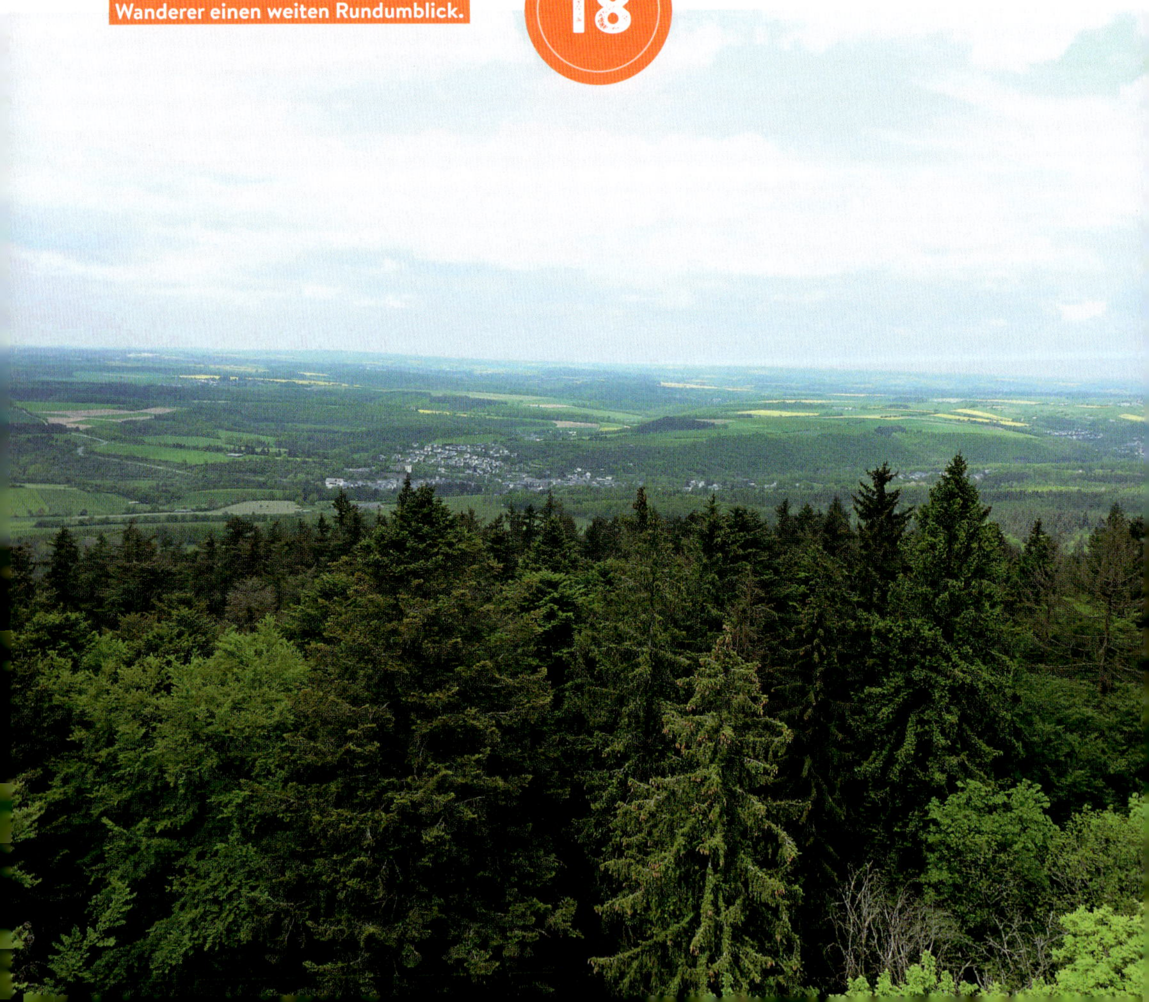

NACH KÖNIGSAU Unsere Wanderung startet an der K 62 beim **A Parkplatz am Koppenstein** nahe Henau. Ein Stückchen laufen wir an der K 62 entlang, bis wir in den Wald eintauchen. Anschließend queren wir die K 63 und gelangen in den Naturpark Soonwald-Nahe. Bald erreichen wir Henau und gelangen in die Wiesenstraße. Henau liegt etwa 400 Meter oberhalb des Kellenbaches. 1316 wurde Henau das erste Mal urkundlich erwähnt. In der Ortsgemeinde sehenswert ist das Fachwerkdoppelhaus aus dem 19. Jahrhundert in der Soonwaldstraße hinter der Nr. 1.
Wir verlassen die Ortschaft wieder und wandern Richtung **1 Königsau**. Das Dorf Königsau im Kellenbachtal wurde erstmals urkundlich im Jahre 1325 als »Kunigesauwe« erwähnt. Der Ortsname aus dem Mittelalter nimmt Bezug auf das althochdeutsche Wort »cuning« (König). Deshalb wird vermutet, dass das Gebiet um Königsau/Kellenbach einmal Königs- bzw. Reichsgut war.

LÜTZELSOON UND DIE RIESEN Wir treffen auf die B 421 bzw. Hauptstraße und gehen weiter, bis wir links in die Lützelsoonstraße abbiegen können. Der Lützelsoon ist auch unter dem Namen Kleiner Soon bekannt. Er ist ein bis zu knapp 600 Meter hoher Teil des Mittelgebirges Hunsrück. Mehrere größere Quarzformationen zeichnen seinen Gebirgskamm aus. Dazu zählt auch der Teufelsfels mit dem Aussichtsturm sowie den Blicken- und Katzensteinen. Die Womrather Höhe ist mit 599,1 Metern die höchste Erhebung des Lützelsoons. Einer Sage nach gab es einst auf dem Lützelsoon zwei sehr starke Riesen. Einer hauste auf dem Teufelsfelsen, der andere auf dem Rabenstein. Sie herrschten über die Menschen und zwangen sie zur Arbeit.
Irgendwann stritten sich die beiden Riesen. Jeder wollte die Gesamtherrschaft und

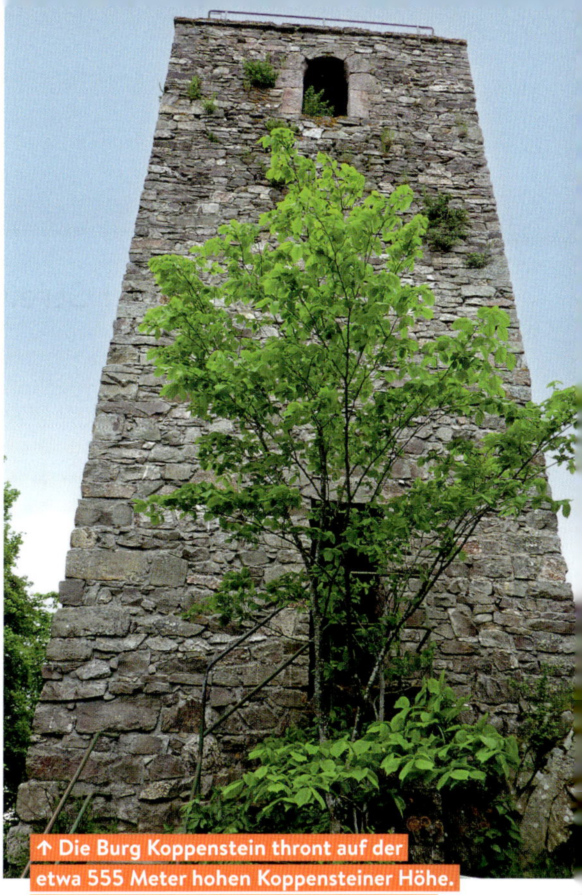

↑ Die Burg Koppenstein thront auf der etwa 555 Meter hohen Koppensteiner Höhe.
↓ Die Ruine der Höhenburg wurde bereits im 12. Jahrhundert erwähnt.

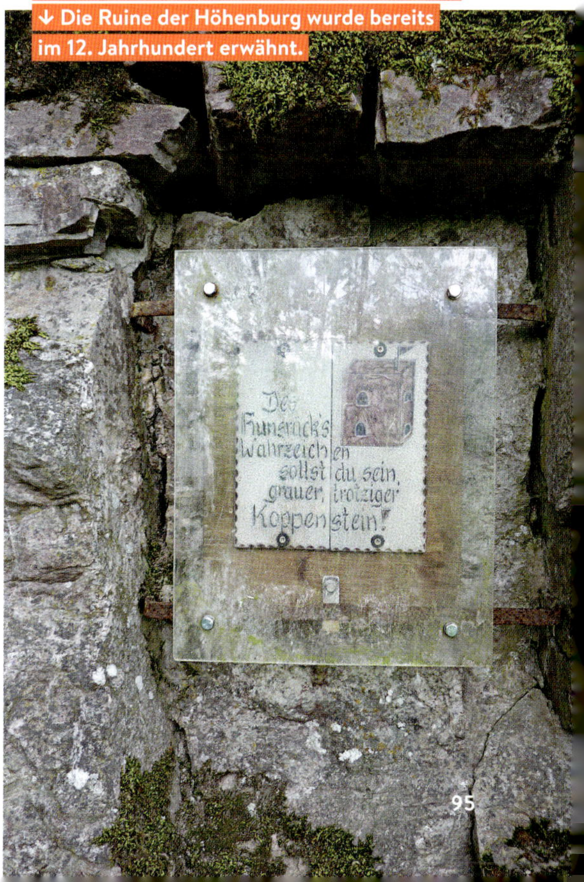

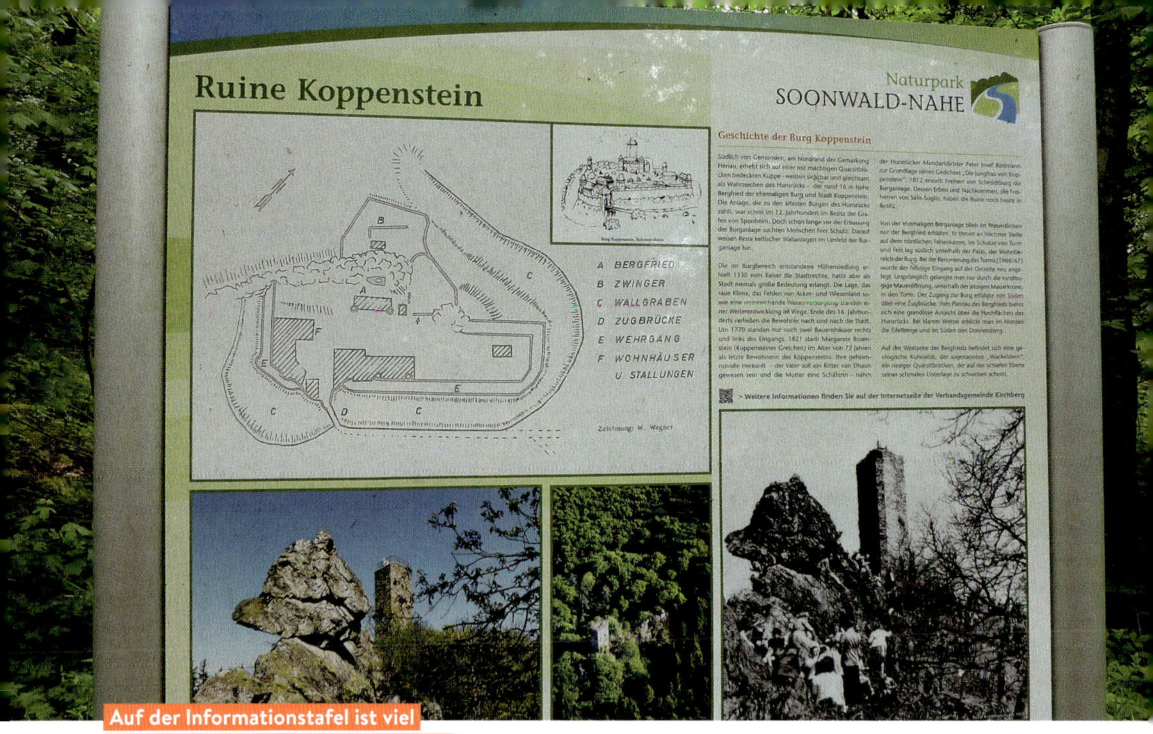

Auf der Informationstafel ist viel Wissenswertes zur Burg zu erfahren.

Tipp

DER SOONWALDSTEIG

Der im Jahre 2009 eröffnete Soonwaldsteig verzeichnet eine Streckenlänge von etwa 83 Kilometern. Dieser aussichtsreiche Fernwanderweg führt von Kirn an der Nahe durch den Naturpark Soonwald-Nahe bis hin nach Bingen am Rhein. Der Soonwaldsteig ist in sechs Etappen unterteilt. Diese Etappen sind jeweils zwischen 12 und 15 Kilometer lang und machen die Natur erlebbar. Als Prädikatswanderweg ist der Soonwaldsteig das ganze Jahr über begehbar und wird aufgrund seiner geringen Schwierigkeitsstufe als »leicht« eingestuft. In den Soonwaldsteig sind mehrere Sehenswürdigkeiten eingebunden. Zu den besonderen Attraktionen gehören die Kyrburg, die Schmidtburg, Altburn, der Simmerkopf, die Wildburghöhe, das Morgenbachtal oder auch die Burg Rheinstein.

sämtliche Untertanen für sich. Es kam zu einem gewaltigen Kampf zwischen ihnen und ihr Geschrei war weithin hörbar. Der Riese vom Teufelsfels griff nach langer Zeit eines unentschiedenen Kampfes zu einer besonderen Waffe. Er blies den Wind stoßweise gegen den Rabenstein. Der andere lachte hämisch. Daraufhin wurde der Teufelsfelsriese so böse und blies so heftig, dass der Rabensteiner das Gleichgewicht verlor und in die Tiefe stürzte. Auch heute meinen die Bewohner der Gegend besonders in der kalten Jahreszeit das Blasen des Riesens vom Teufelsfels zu hören.

BURG KOPPENSTEIN Nun geht es auf schönen Waldwegen entlang. Nach etwa zehn Kilometern treffen wir auf die B 421, die wir queren, und wandern weiter durch den Wald. Wir wechseln die Seite des Kellenbaches und gehen parallel an seiner Seite weiter. Bald erreichen wir die **2 Aussichtskanzel Alter Steinbruch**, wo wir eine Pause machen und die Landschaft genießen. Von hier aus geht unsere Wanderung weiter, bis wir zum Bergfried und zur Burg Koppenstein kommen.

Die Ruine der **3 Burg Koppenstein** befindet sich auf der rund 555 Meter hohen Koppensteiner Höhe im Soonwald. Ihre Geschichte ist sehr interessant. Bereits im 12. Jahrhundert wurde die Burg erwähnt, allerdings gibt es Hinweise für eine noch ältere Besiedlung auf dem Berg Koppenstein. Die eigentliche Höhenburg wurde um 1325 von dem Grafen von Sponheim errichtet. Die Siedlung am Fuße der Burg erhielt im Jahr 1330 Stadtrechte. Die niederadelige Familie von Koppenstein, die ihren Namen von der Burg ableitete, stammte von einem unehelichen Sohn des Grafen Johann II. von Sponheim-Kreuznach ab.

Während des Dreißigjährigen Krieges wurden die Burg und der Ort aufgrund der schlechten Standortbedingungen aufgegeben. Mit der Zeit verfielen ihre Mauern. Heute sind die Ruinen für viele Wanderer ein Anziehungspunkt. Von hier aus haben die Betrachter einen malerischen Ausblick auf die umliegende Landschaft. Nachdem wir die Burg ausgiebig erkundet haben, machen wir uns wieder auf den Weg. Bald haben wir unseren Ausgangspunkt, den **E Parkplatz am Koppenstein**, erreicht.

INFO

Mittel | 13,8 km | 516 Hm | 4.30 Std.

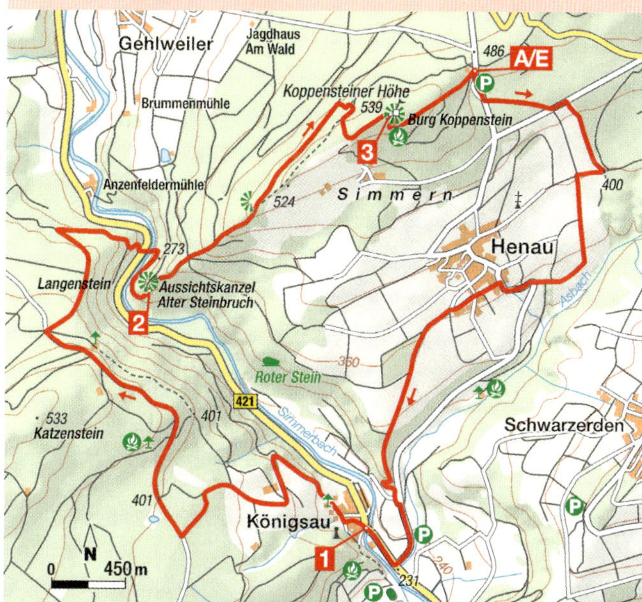

TOURENCHARAKTER
Mittelschwere aussichtsreiche und historisch interessante Wanderung

ORIENTIERUNG
Gute Ausschilderung

HÖCHSTER/TIEFSTER PUNKT
539 m/229 m

AUSGANGS-/ENDPUNKT
Parkplatz am Koppenstein, K 62, 55490 Henau
GPS 49.879095, 7.496542

ANFAHRT
Auto: Von Idar-Oberstein über die B 41 und B 421 bis K 14 in Königsau. Dann auf der K 62 bis Henau
ÖPNV: Mit dem Bus Linie 661 von Kirchberg (Hunsrück) nach Henau. Von dort zu Fuß zum Ausgangsort

EINKEHR/ÜBERNACHTUNG
Gemündener Hof, Hauptstraße 56, 55490 Gemünden, Tel. 06765/9190, www.hotelgemuenden.de

BESTE JAHRESZEIT
März–Oktober

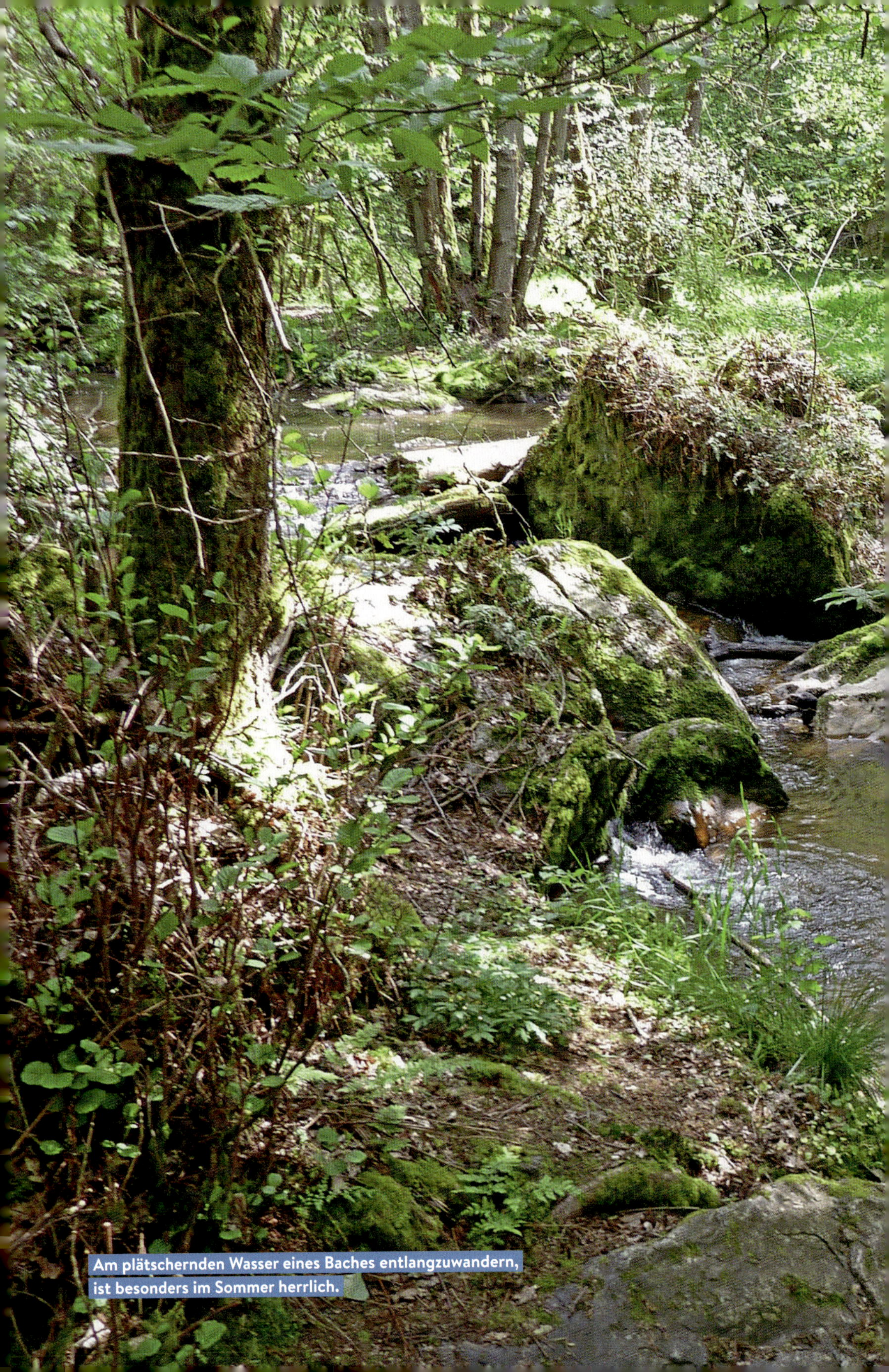

Am plätschernden Wasser eines Baches entlangzuwandern, ist besonders im Sommer herrlich.

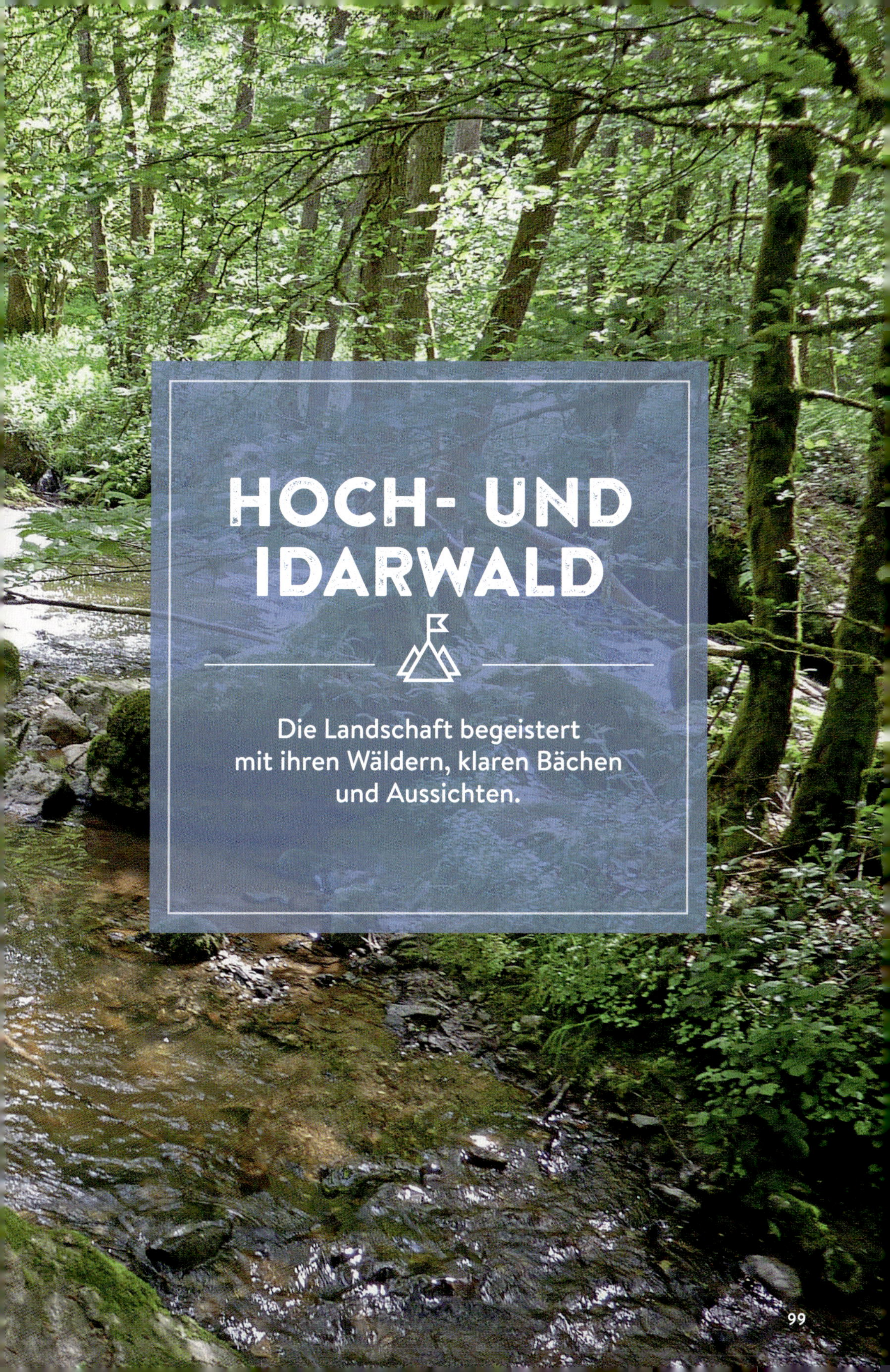

HOCH- UND IDARWALD

Die Landschaft begeistert mit ihren Wäldern, klaren Bächen und Aussichten.

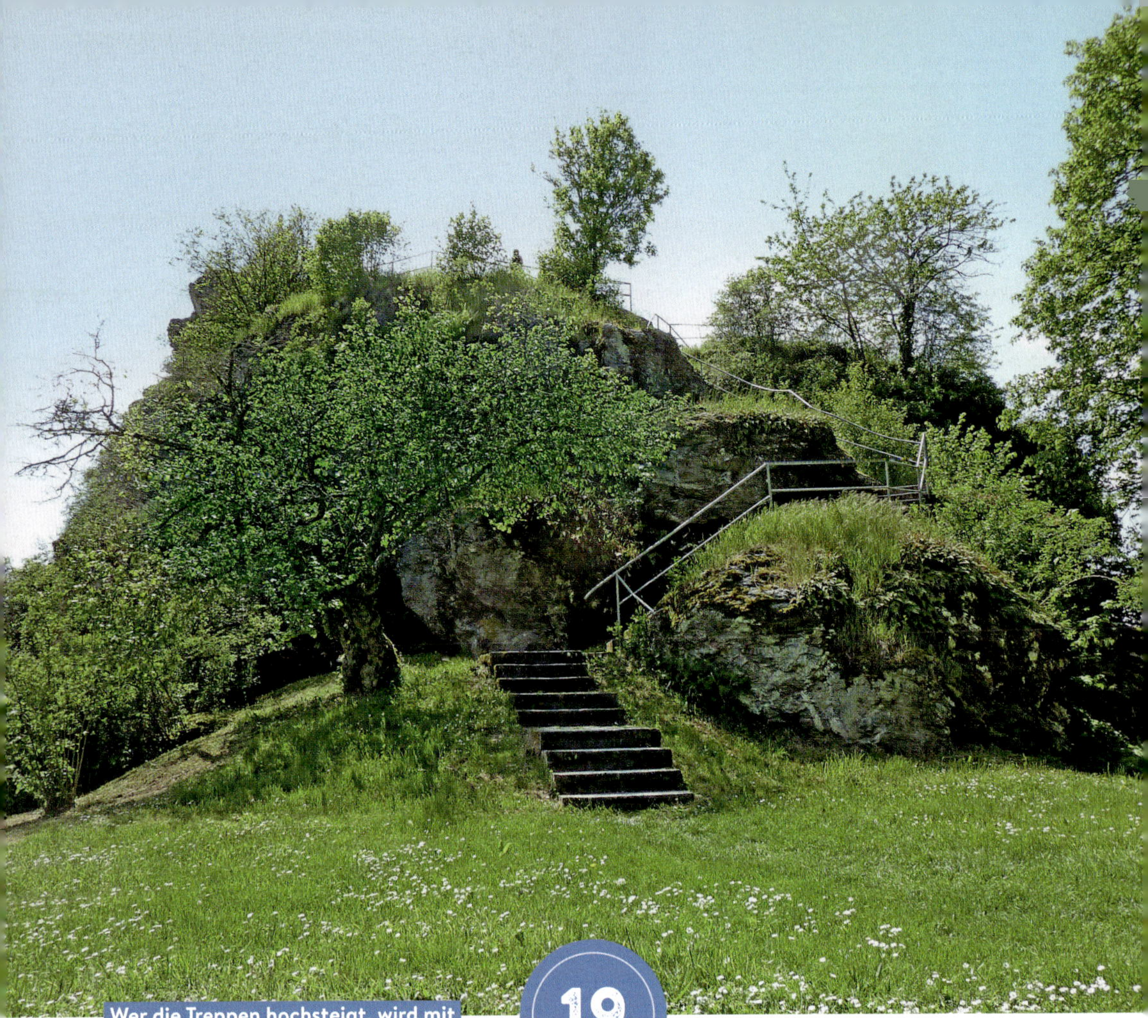

Wer die Treppen hochsteigt, wird mit einem Blick über das Dhrontal belohnt.

19

HÖLZBACHKLAMM – HUNOLSTEINER KLAMM-TOUR

Bizarre Naturidylle

Diese an Höhepunkten reiche familienfreundliche Rundwanderung führt zur Burgruine Hunolstein, von der aus es vieles zu entdecken gibt. Über die Reinhardsmühle und den Kopusfelsen ist dann der ungestüme Wasserfall der Hölzbachklamm im Dhrontal bald erreicht.

AUSSICHTSREICHE BURGRUINE HUNOLSTEIN Der **A »Hunolsteiner Hof«**, Startpunkt der Wanderung, ist ein gemütliches Bauernhofcafé, welches Hunsrücker Hausmannskost wie auch Kuchen anbietet. Nach nur einem Kilometer haben wir die **1 Burgruine Hunolstein** erreicht. Über 300 Jahre war sie in dem Besitz der ehemaligen Vögte von Hunolstein und wurde von Graf Follmar II. von Blieskastel erbaut. Die Burg erlitt im Jahr 1522 durch die Truppen von Franz von Sickingen Schäden, ebenso während des Dreißigjährigen Krieges. Den finalen Untergang der schlossähnlichen Burganlage besiegelten die französischen Truppen im Jahr 1689 während des Pfälzischen Erbfolgekrieges. Von der Burg selbst ist heute nicht mehr viel zu sehen. Nur noch wenige Reste sind vorhanden. Trotzdem ist der Besuch lohnend, denn von hier aus haben wir einen schönen Blick auf das Dhrontal. Dazu müssen nur die 60 Stufen zu dem Quarzitfelsen oberhalb der Burg erklommen werden. Weiter wandern wir von der Burg in das Ortszentrum, vorbei an der Kirche und dem Bürgerhaus, und lassen schon bald den Ort hinter uns.

WALHOLZ-KIRCHE Der nächste Höhepunkt ist die **2 Walholz-Kirche**, die wir schon von Weitem sehen. Das Gotteshaus ist ein beachtenswertes Kleinod am Wegesrand, zu dem sich auch ein Abstecher lohnt. Der Legende nach erhielt die Kirche ihren Namen »Wa(h)lholz« aufgrund eines längeren, heftigen Streites zwischen den beteiligten Dorfgemeinschaften über den Standort der Kirche. Die Baupläne für die Kirche waren bereits erstellt und das Holz für den Bau stand bereit. Da der andauernde Streit über den Standort keine Lösung fand, wurde das Holz auf mysteriöse Weise gleich dreimal ins Tal transportiert. Dieses vermeintliche Gottesurteil führte dazu, dass die Kirche genau dort errichtet wurde, wo das Holz jeweils gelegen hatte. Die heutige Kirche, die um 1760 gebaut wurde, markiert den dritten Kirchenbau an dieser Stelle. Die zweite Kirche war in der Mitte des 15. Jahrhunderts entstanden.

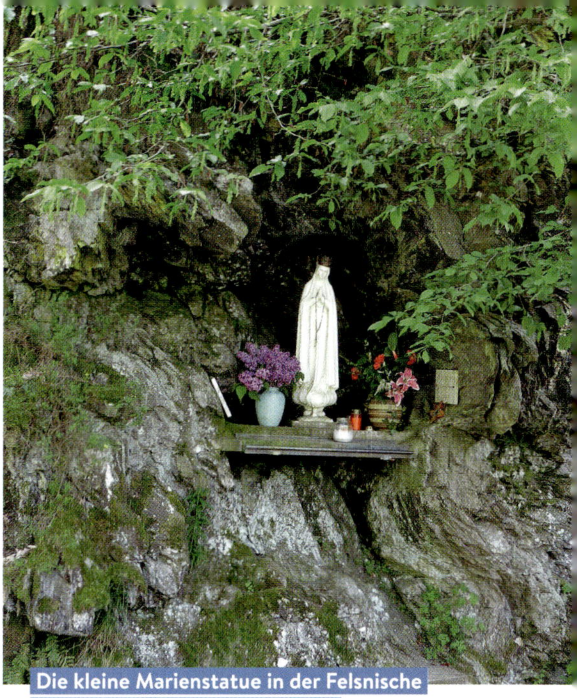

Die kleine Marienstatue in der Felsnische begrüßt die Vorbeikommenden.

Bei nassem Wetter ist es ratsam, sich an den Seilen festzuhalten.

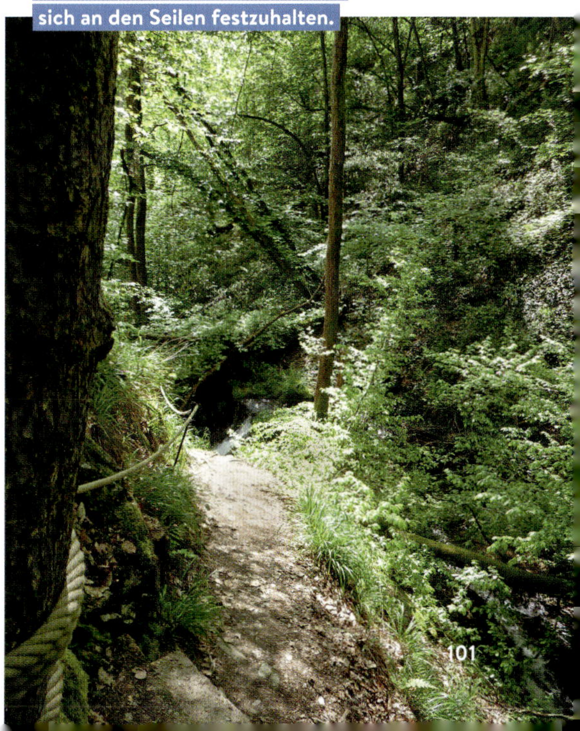

Tipp

DER UNBARMHERZIGE VOGT

Einst übte die ehemalige Vogtsherrschaft großen Druck auf die Dörfer und Höfe im Umkreis der Burg Hunolstein aus. Abgaben und Frondienste führten zu großer Armut der Bauern, während der Vogt in Saus und Braus lebte. In einem besonders schlechten Jahr wurde es auch kritisch für die Existenz der Bauern. Einer der Bauern war von den Folgen eines Unfalles auf einer der vielen Fronfahrten für den Vogt sehr geplagt und lag in seinem Haus in der Nähe des St.-Katharinen-Kreuzes. Seine Frau kämpfte unermüdlich und auch der Nachbar half aus, doch die Situation wurde nicht besser. Eines Tages beschloss die Frau, zum Vogt zu gehen, und um Barmherzigkeit zu bitten. Sie stellte sich am dicken Turm auf, um die Brücke im Auge zu behalten, über die der Vogt kommen sollte. Als der Vogt mit seinen Hunden erschien, kniete die Frau vor ihm nieder und flehte ihn an, die Abgaben zu erlassen.
Der Vogt wurde wütend, galoppierte los und traf sie mit den Hufen, sodass sie zu Boden stürzte. Die Frau in ihrem Schmerz flüsterte böse Verwünschungen: »Gott möge euch strafen, hartherziger Mensch! Einen grausamen Tod werdet ihr erleiden. Eure Seele wird im Burgfelsen gefangen sein und zu Stein erstarren!« Ein Jahr später lag der Vogt im Sterben. Nachts wurden seine Schreie gehört, aber am nächsten Morgen war er verschwunden. Er wurde nie wieder gesehen, nur die Burgfelsen erinnern so manchen an die Gestalt des Vogtes.

ZUR MARIENSTATUE IM FELSEN Wir folgen unserer Route bergab Richtung **3 Reinhardsmühle**, deren Geschichte bis zum Jahr 1396 zurückverfolgt werden kann. Bevor wir die Reinhardsmühle erreichen, erwartet uns eine kleine Marienstatue in einer Felsnische direkt an einer Brücke, die über die Dhron führt. Die Madonna ist in Weiß gekleidet, trägt eine Krone und hält einen Rosenkranz.

ZUR HÖLZBACHKLAMM Nun erreichen wir die Reinhardsmühle. Graf Felix von Hunolstein erwarb die Mühle im Jahre 1826. Einst gehörte sie zur Burg. 1898 wurde die Mühle von Peter Reinhard, der aus Dhrönchen stammte, betrieben. Er kaufte sie den Nachfahren der Vögte von Hunolstein ab. 1956 stellte die Mühle ihren Betrieb ein und wurde 1980 von der Familie Reinhard verkauft. Nachdem wir die Reinhardsmühle hinter uns gelassen haben, geht es gemütlich auf dem Wanderweg 80/85 linker Hand weiter. Dabei begleitet uns auf der linken Seite die Dhron. Unser Weg führt uns nun direkt zum **4 Kopusfelsen**.
Anschließend erreichen wir auf unserer Wanderung den Wasserfall der **5 Hölzbachklamm** im Dhrontal. Fröhlich und auch wild tanzt das Wasser über die Felsen in die Tiefe der wildromantischen Schlucht. Hier geht es rechts weiter durch die Klamm. Insgesamt ist die Klamm nur ca. 800 Meter lang, dafür fasziniert sie mit ihrem urigen Aussehen.

ÜBER DIE SCHAFPUHLBRÜCKE ZUM AUSGANGSPUNKT Nach der Klamm führt die Route zu der Herrenwiese. Hier ist nun der Kellertsbach unser weiterer Begleiter. Talabwärts geht es weiter, bis das Ende erreicht ist und die Talseite gewechselt wird. Weiter auf der Tour erreichen wir schließlich die **6 Schafpuhlbrücke**. Diese trägt ihren Namen zu Recht, denn hier am Bach wurde das Fell der Schafe vor der Schur gereinigt. Nun geht es durch einen kleinen Wald wieder bergauf, wo unsere Markierung uns zum Ausgangspunkt, dem **E Hunolsteiner Bauernhofcafé**, bringt.

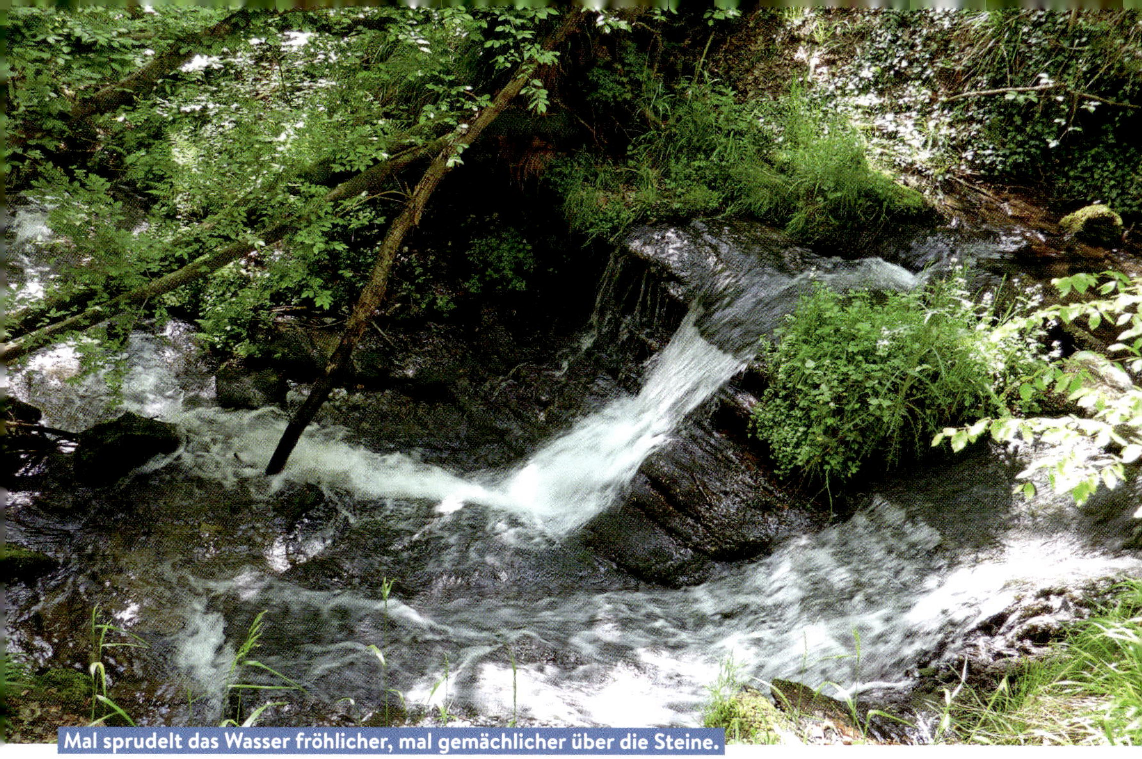

Mal sprudelt das Wasser fröhlicher, mal gemächlicher über die Steine.

INFO

TOURENCHARAKTER
Mittelschwere gut ausgeschilderte Wanderung

ORIENTIERUNG
Gute Ausschilderung mit der Traumpfad-Markierung

HÖCHSTER/TIEFSTER PUNKT
422 m/262 m

AUSGANGS-/ENDPUNKT
Parkplatz Hunolsteiner Bauernhofcafé,
54497 Morbach-Hunolstein
GPS 49.793440, 7.046070

ANFAHRT
Auto: Auf der B 327 Hunsrückhöhenstraße bis zur Abfahrt Hunolstein K 99
ÖPNV: Vom Bahnhof Idar-Oberstein mit dem Bus Linie 840 nach Morbach. Dann weiter mit dem Bus Linie 329 nach Hunolstein

EINKEHR
Hunolsteiner Bauernhofcafé,
54497 Morbach-Hunolstein, Tel. 06533/33 80,
www.hunolsteiner-hof.de

BESTE JAHRESZEIT
März–November

Mittel	10,5 km	265 Hm	4.30 Std.

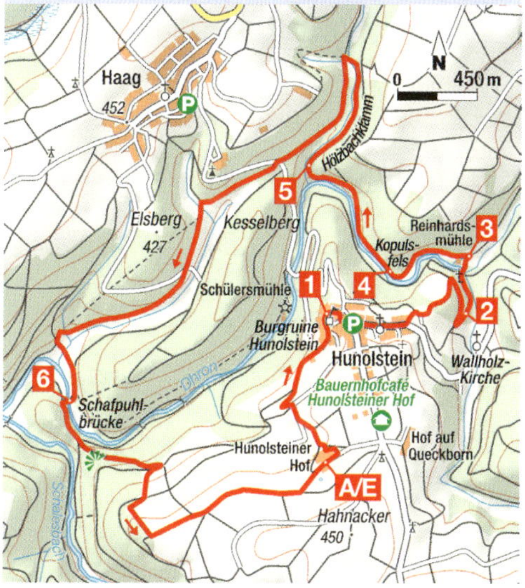

KIRSCHWEILER FESTUNG

Kultstätte der Kelten

Die landschaftlich abwechslungsreiche Tour führt zu den schönen Aussichtspunkten der Kirschweiler Festung und einer keltischen Befestigungsanlage. Vorwiegend auf bequemen und ruhigen Wegen verläuft die Route durch den Nationalpark Hunsrück-Hochwald. Nach der Wanderung ist die Besichtigung einer Edelsteinschleiferei in Kirschweiler empfehlenswert.

20

Die letzten Meter zur Kirschweiler Festung werden sichtbar steiniger.

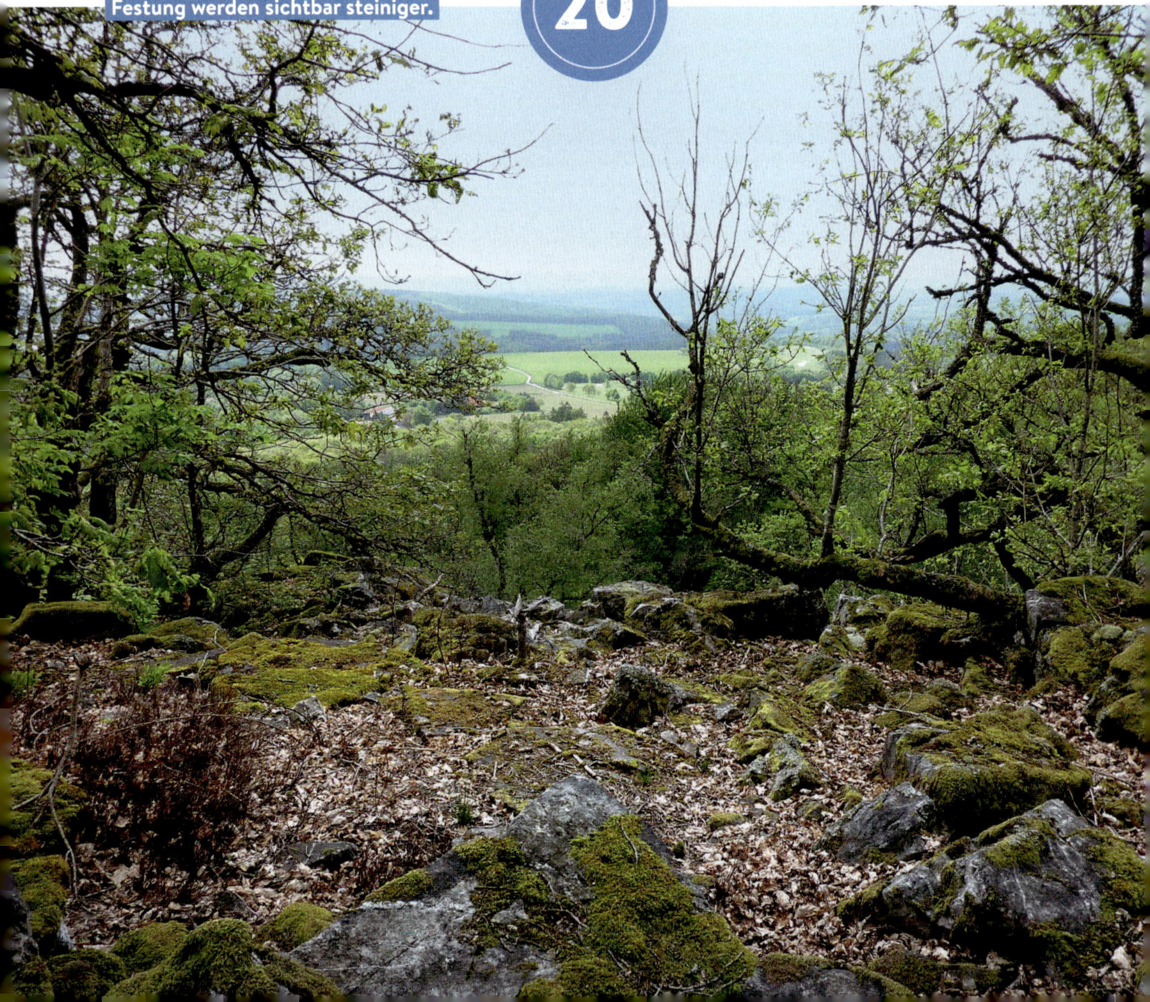

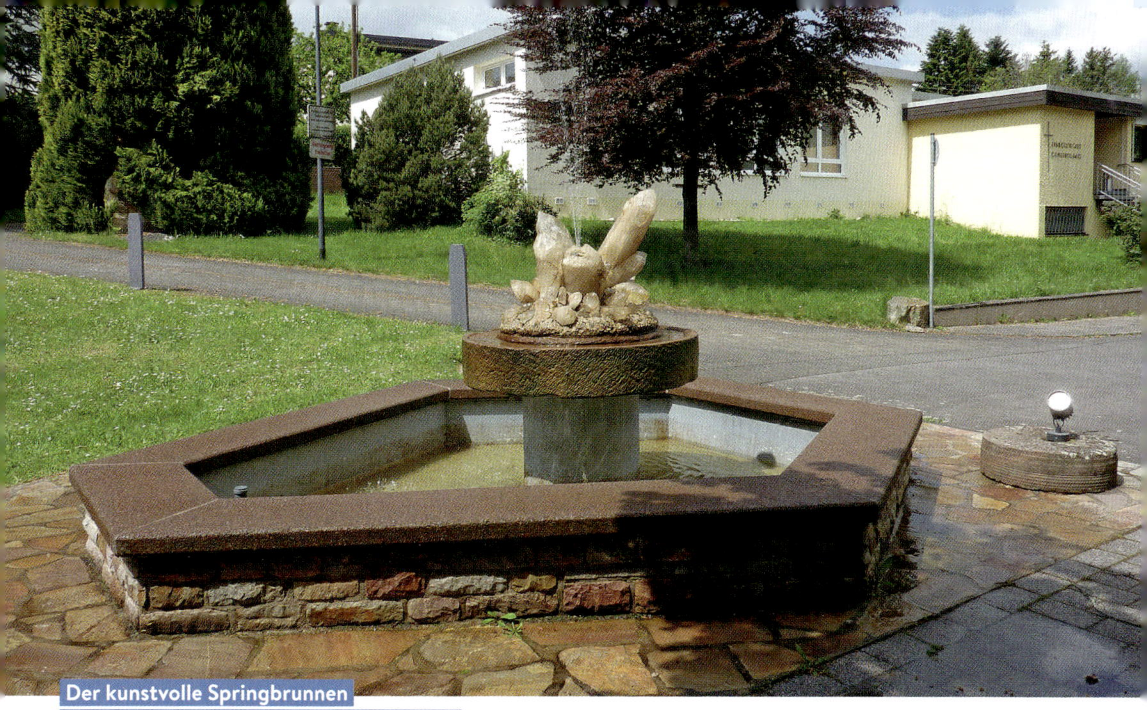

Der kunstvolle Springbrunnen verbreitet eine beruhigende Atmosphäre.

DORF DER EDELSTEINSCHLEIFER Erstmalig wurde Kirschweiler im Jahr 1272 in historischen Aufzeichnungen festgehalten. Der Idarbach mit seinem vielen Wasser, das durch das Tal fließt, legte den Grundstein für die Entwicklung von Kirschweiler zu einem »Dorf der Edelsteinschleifer«. Seit dem 15. Jahrhundert wird in Deutschland dieses Handwerk in zunftmäßiger Form praktiziert. Die Handwerker von damals wurden als »Bohrer« oder »Balierer« bezeichnet. Der Edelsteinschleifer konzentriert sich auf die Gestaltung, das Schleifen, Durchbohren und Polieren von Edelsteinen und Schmucksteinen. Innerhalb Deutschlands ist Idar-Oberstein als eines der Hauptzentren für die Verarbeitung von Edelsteinen bekannt. Dies liegt an den umfangreichen Achat-Vorkommen in der Region, die im Bergbau abgebaut wurden.
Noch heute gibt es in Kirschweiler viele Edelsteinschleifereien und Goldschmieden, die auch besichtigt werden können. Im Zentrum des Ortes befindet sich der Edelsteinbrunnen, der symbolhaft für das Handwerk

Tipp

FUNKELNDE PRACHT

Im Deutschen Edelsteinmuseum in Idar-Oberstein, unweit von Kirschweiler, gibt es die funkelnde Welt der Edelsteine in ihrer vollen Pracht zu bestaunen. Auf drei Stockwerken und einer Ausstellungsfläche von 800 Quadratmetern präsentiert das Museum eine umfassende Darstellung der Geschichte und Entwicklung der Edelsteinschleiferei und Kunst der Gravur. Die Ausstellung ermöglicht es, den Edelstein von seinem natürlichen unbehandelten Zustand bis hin zum fertigen Objekt nachzuverfolgen. In der vielfältigen Sammlung werden sämtliche Facetten der Edelsteine präsentiert, angefangen von heimischen Achaten und Quarzen bis hin zu den seltensten Edelsteinen von entlegenen Fundorten weltweit (Hauptstraße 118, Idar-Oberstein, Tel. 06781/90 09 80, www.edelsteinmuseum.de).

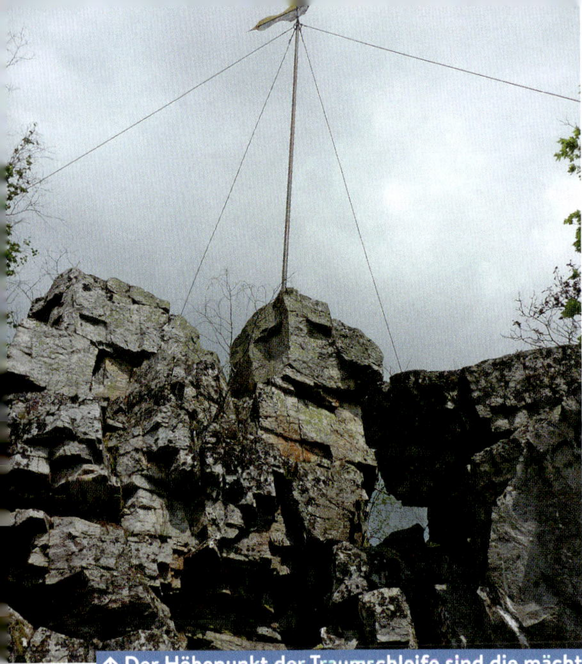

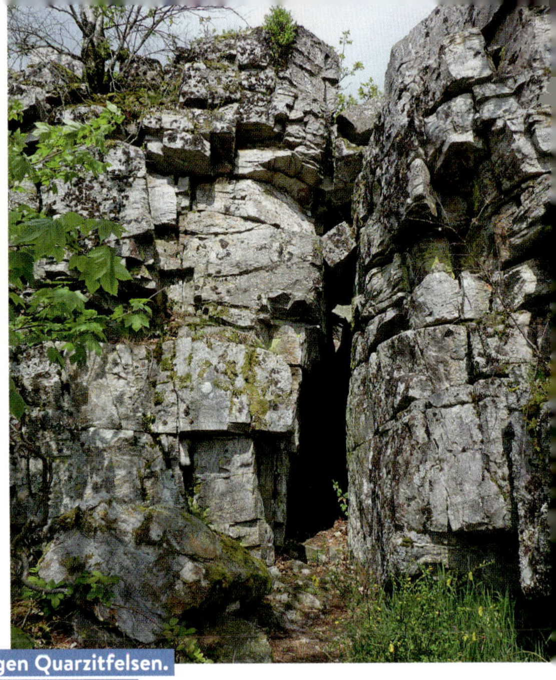

↑ Der Höhepunkt der Traumschleife sind die mächtigen Quarzitfelsen.
↗ Auf ungewöhnliche Weise schmiegen sich die Felsen aneinander.

steht. Zudem befindet sich noch ein Kristallbrunnen an der Hans-Becker-Halle.

GOLFPLATZ KIRSCHWEILER Die Wanderung beginnt am **A Wanderparkplatz Kirschweiler** nahe des Golfplatzes in direkter Nähe des Parkplatzes. Der Parkplatz liegt rund acht Kilometer vor Idar-Oberstein an der B 422 und ist gut ausgeschildert. Das hölzerne Wegeportal kennzeichnet den Einstieg in die Wanderung. Am Anfang durchstreifen wir ein kleines Waldbiotop.

RICHTUNG RINGKOPF Ein wenig später erreichen wir über schöne Waldwege den **1 Dreiherrenstein**. Der historische Grenzstein wurde im späten Mittelalter errichtet. Er markierte ursprünglich das Zentrum der Hinteren Grafschaft Sponheim, der Rheingrafen von Kyrburg sowie der Herrschaft Oberstein. An seinem heutigen Ort befindet er sich seit 1840 und markierte die Grenze zwischen dem Königreich Preußen und dem Großherzogtum Oldenburg.
Nun wird es auf die letzten Meter zum **2 Ringkopf** etwas mühsam. Um die Felsen und Steine zu überwinden, benötigen wir gutes Schuhwerk. Auf einer Anhöhe erreichen wir dann am Ringkopf eine keltische Fliehburg, deren ursprüngliche Größe noch gut erkennbar ist. Der auf den Aufstieg folgende wunderschöne Ausblick auf den Idarkopf und die umliegenden Dörfer hebt unsere Stimmung, bevor wir weiter unserer bekannten Markierung folgen.

FRÜHGESCHICHTLICHE KELTISCHE KULTSTÄTTE Oberhalb des Idarbaches steht die **3 Kirschweiler Festung**. Es wird vermutet, dass der Hunschrank (oder auch Silberich genannt) eine frühgeschichtliche keltische Kultstätte ist. Die Kelten sollen hier 400 v. Chr. gelebt haben. Die Festungsanlage gehörte wohl zu den Siedlungen am Ringwall in Otzenhausen. Bereits 1940 wurde das Gebiet um die Kirchweiler Festung unter Naturschutz gestellt. Auch hier bieten sich dem Betrachter schöne Ausblicke über die landschaftlich reizvolle Gegend des Hunsrücks. Mit unserer bekannten Markierung geht es nun steil abwärts über weiche Waldpfade zurück zum **E Wanderparkplatz Kirschweiler**.

GENUSS IN KIRSCHWEILER Neben den vielen Edelsteinschleifereien – eine Besichtigung lohnt sich – ist der Besuch der Kirschweiler Brücke ein Tipp für Genießer. Die »Kirschweiler Brücke« stellt vermutlich eines der traditionsreichsten Gasthäuser der Region dar. Vor über 105 Jahren gründete Otto Weis das heute äußerst geschätzte Restaurant. Seit mehr als zwei Jahrzehnten schätzen die Gäste nicht nur den vorzüglichen Spießbraten vom offenen Feuer. Das Restaurant mit dem eigenen Forellenweiher bietet auf seiner Karte portugiesische Landhuhnbrust, Entenbrust, Rinderspießbraten, aber auch Flammkäse oder Kabeljau an. Zusätzlich werden Gourmetwanderungen, Küchenfeste sowie Kochkurse angeboten.

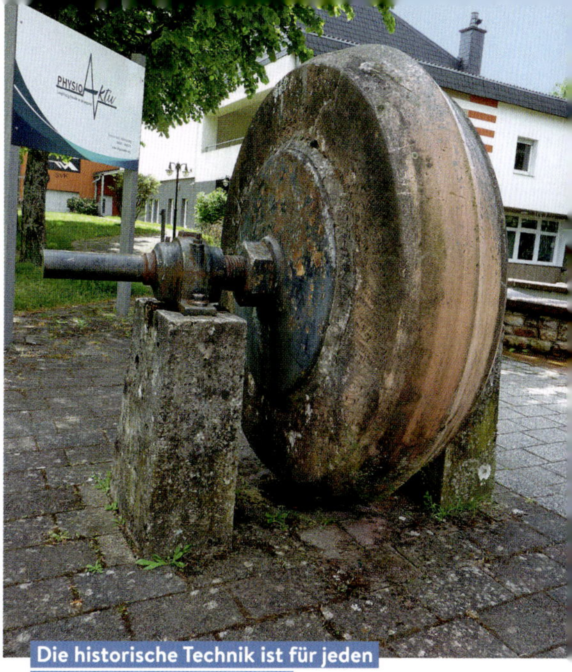

Die historische Technik ist für jeden in Kirschweiler zugänglich.

INFO

TOURENCHARAKTER
Mittelschwere gut ausgeschilderte Wanderung zur Kirschweiler Festung

ORIENTIERUNG
Gute Ausschilderung mit der Traumpfad-Markierung

HÖCHSTER/TIEFSTER PUNKT
646 m/486 m

AUSGANGS-/ENDPUNKT
Wanderparkplatz am Einstiegsportal, 55743 Kirschweiler, Nähe Golfplatz
GPS 49.752830, 7.226668

ANFAHRT
Auto: Auf der A1 bis Abfahrt Reinsfeld und der B 327 (Hunsrückhöhenstraße) Richtung Morbach. Vor Morbach über die B 269 in Richtung Idar-Oberstein. Hinter Katzenloch rechts nach Hettenroth/Kirschweiler. In Kirschweiler der Beschilderung zum Golfplatz und zum Wanderparkplatz am Einstiegsportal folgen
ÖPNV: Vom Bahnhof Idar-Oberstein mit den Bussen der Linien 840 oder 845 bis Kirschweiler, Haltestelle Wasem. Weiter zu Fuß etwa 1200 Meter (ca. 200 m bis Wasserschieder Straße, links in Wasserschieder Straße einbiegen, nach ca. 500 m rechts) bis zum Golfplatz Kirschweiler

Mittel	9,1 km	294 Hm	3.00 Std.

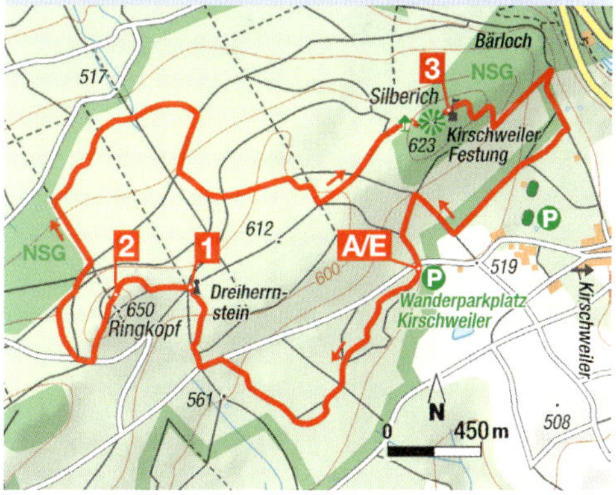

EINKEHR
Kirschweiler Brücke, Kirschweiler Brücke 2, 55743 Kirschweiler, Tel. 06781/333 83, www.kirschweilerbruecke.de

BESTE JAHRESZEIT
Ganzjährig

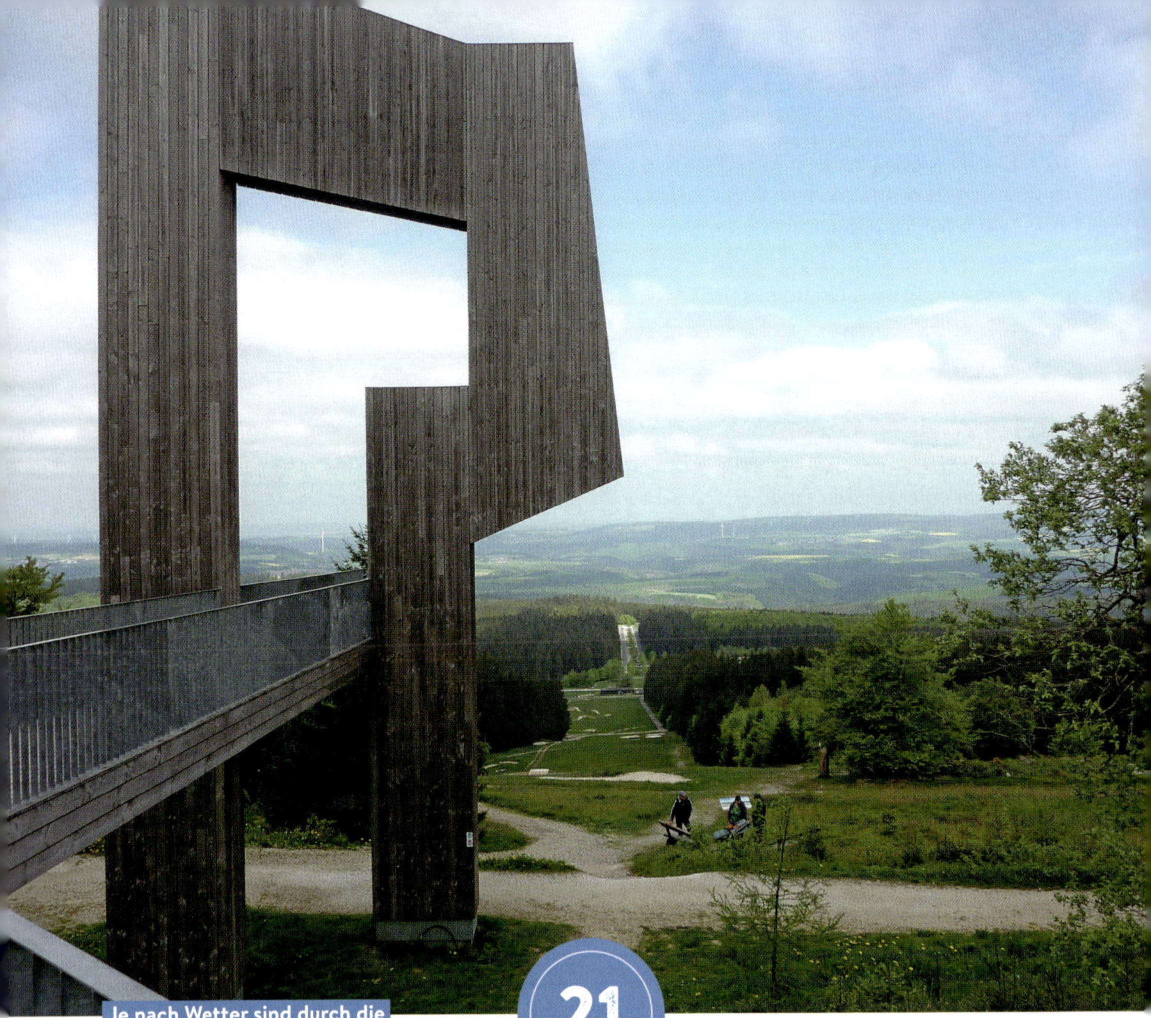

Je nach Wetter sind durch die Windklangskulptur verschiedene Töne zu hören.

21

VOM ERBESKOPF ZUR SIEGFRIEDQUELLE

Aussicht mit zauberhaften Klängen

Der gut ausgeschilderte Weg zum Gipfel führt mehrere Hundert Meter bergan. Der Aussichtsturm auf dem Erbeskopf und die Windklangskulptur bieten ein paar schöne Ausblicke auf die Umgebung. Im Anschluss geht es zur Siegfriedquelle und nach Thranenweier weiter.

ZUM ERBESKOPF Unsere Wanderung beginnt am **A Parkplatz Sandkopf.** Von hier aus ist der Weg zum Gipfel gut ausgeschildert. Vom Parkplatz ist der höchste Berg im Hunsrück schnell erklommen. Hier erwartet uns der elf Meter hohe Aussichtsturm. Über Stufen geht es bis zur oberen Plattform, wo sich uns ein schöner Rundumblick in die Eifel und über den Hunsrück bietet. In der direkten Nähe befindet sich eine Windklangskulptur, die Ausblicke in Richtung Norden und auf das Hunsrückhaus bietet. **Die** Skulptur wurde von dem Bildhauer C. Mancke entworfen. Die mit Holz ummantelte Stahlkonstruktion kann durchschritten werden. Je nach Wetterlage können verschiedene Töne wahrgenommen werden.

DAS HUNSRÜCKHAUS Hinab führt nun der Weg mit der Markierung der Tatze. Dieser Weg bringt uns zum **1 Hunsrückhaus,** das Besucherzentrum und Bildungseinrichtung zugleich ist. Es befindet sich in einer landschaftlich reizvollen Umgebung und fungiert als Treffpunkt für Touristen, Wanderer und Interessierte, die mehr über die Natur, Kultur und Geschichte des Hunsrücks erfahren möchten.

Das Hunsrückhaus bietet verschiedene Ausstellungen, Informationen über die lokale Tier- und Pflanzenwelt, kulturelle Aspekte der Region sowie Aktivitäten im Freien wie Wanderungen und Exkursionen. Es dient auch als Startpunkt für viele Wanderwege und Pfadfinderaktivitäten in der Umgebung.

Zusätzlich dazu werden oft Veranstaltungen, Seminare und Workshops zu Themen wie Umweltschutz, Naturerhaltung und regionale Kultur angeboten. Das Hunsrückhaus gibt den Besuchern die Möglichkeit, den Hunsrück in seinen verschiedenen Facetten zu erleben und zu verstehen.

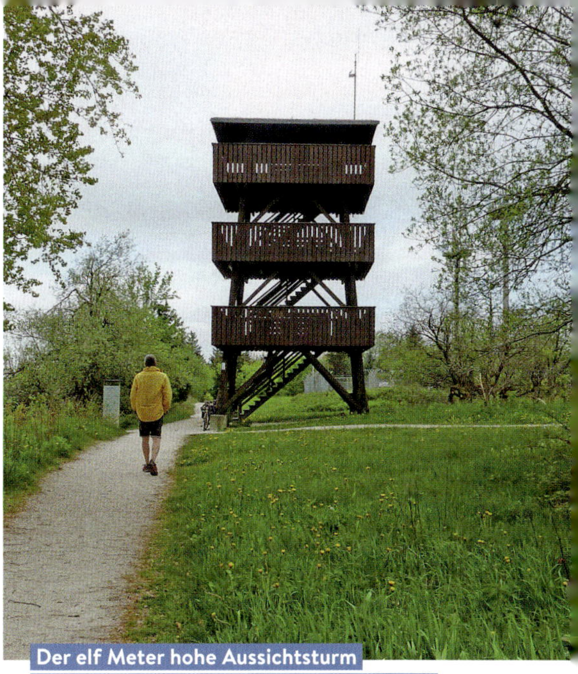

Der elf Meter hohe Aussichtsturm gewährt schöne Blicke auf die Umgebung.

Tipp

ALS KOHLEN ZU GOLD WURDEN

In einer Sage lebte eine arme Witwe mit ihrer Tochter in Thranenweier. An einem kalten Abend ging das Feuer des Herdes aus und Feuerstein wie auch Zunder gab es nicht im Haus. In direkter Nähe des Hauses saßen drei Kesselflicker an einem Feuer. Das Mädchen wurde zu ihnen geschickt, um drei glühende Kohlen zu holen. Als sie die Kohlen in den Herd legte, gingen diese aus. So holte das Mädchen von den drei Kesselflickern nochmals Kohlen, aber diese waren nach kurzer Zeit erloschen. Nachdem es das dritte Mal die Kohlen holte, wurde das Mädchen von den Kesselflickern schon heftig angefahren. Nun wollte sich die Witwe selber um die Kohlen und den Herd kümmern. Als sie zum Herd ging, sah sie mit Erstaunen, dass die Kohlen zu Gold geworden sind. Am nächsten Tag wollte sich die Mutter bei den Kesselflickern bedanken, aber die Männer waren fort.

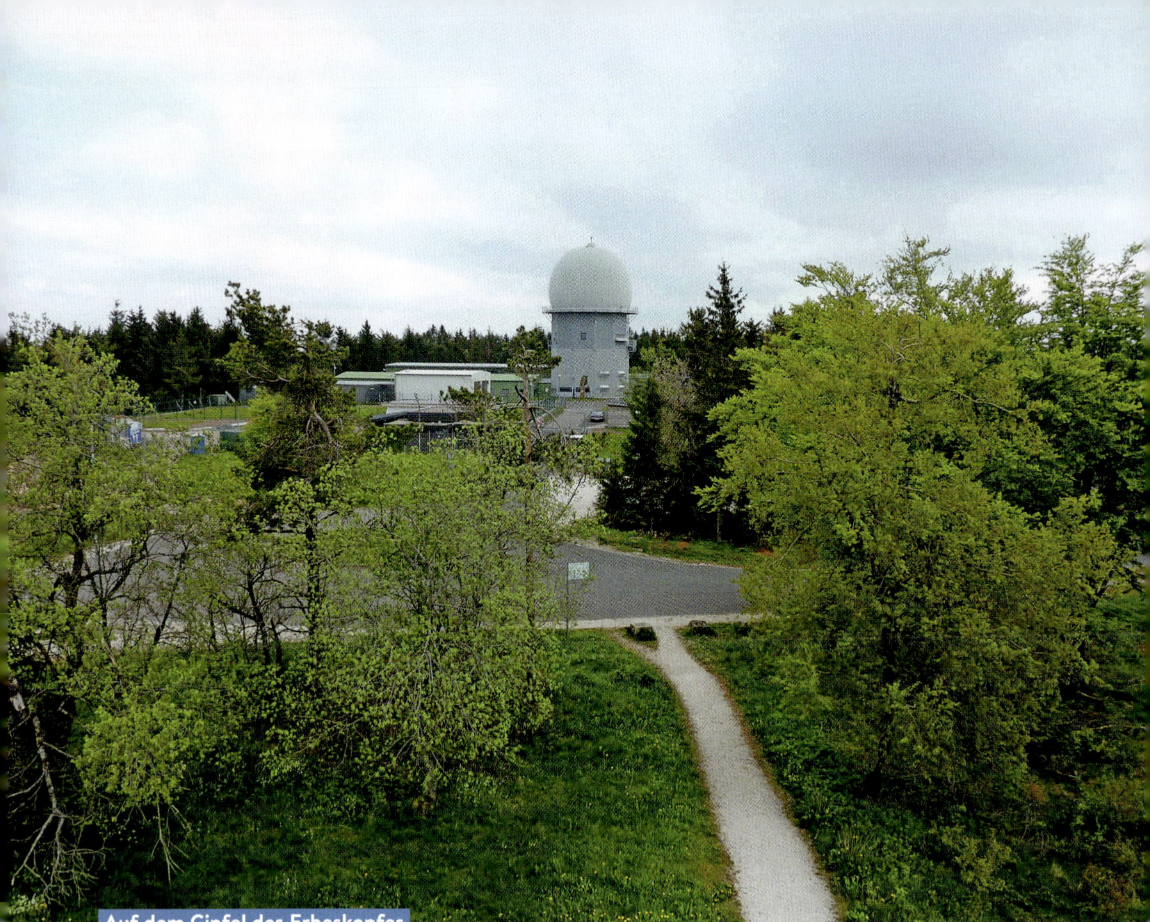

Auf dem Gipfel des Erbeskopfes steht eine Radarstation.

ZUM HÜTTENDORF Wir folgen weiter der Markierung und biegen nach wenigen Hundert Metern links ab. Nun führt die Route wieder bergauf. An der Gabelung halten wir uns links. Nun folgen wir der Markierung einige Meter links weiter und nehmen linker Hand den abbiegenden Weg bergauf. Der Weg wird jetzt kurviger und schon bald haben wir den 2 **Gottlob** erreicht. Nun geht es zum Saar-Hunsrück-Steig weiter und wir folgen dem Wanderweg Richtung Thranenweier.

An der nächsten Kreuzung nehmen wir den rechten Weg und wandern bergab. Am folgenden großen Wegkreuz treffen mehrere Wege aufeinander. Wir lassen uns durch das Schild 3 **Siegfriedquelle** leiten und erreichen diese in Kürze. Zurück geht es nun den gleichen Pfad, und wir nehmen am Kreuzungsstern den halblinken Weg bzw. zweiten Weg von links. Bergab sind bald eine Schutzhütte und Thranenweier erreicht.

WANDELBARE HOLZHÜTTEN Die Entstehung von 4 **Thranenweier** ist eng mit der Entwicklung der Köhlerei verknüpft. Es ist ein Ort, der zu den sogenannten Hüttendörfern zählt. Die Grafen von Sponheim hatten einst die Herrschaft über Thranenweier. Im Jahr 1705 zwangen sie die Köhler, die zu dieser Zeit im Wald lebten, dazu, sich in Thranenweier anzusiedeln. Im Jahr 1731 bestand Thranenweier dann aus zwei Hütten. Nur langsam wuchs die Siedlung. Ein Bericht aus dem Jahr 1742 beschreibt, dass die Köhler in »wandelbaren Holzhütten« direkt an ihrem Arbeitsplatz lebten. Diese Hütten dienten als Wohnraum und Arbeitsstätte zugleich. Bis vor etwa 100 Jahren lebten die Arbeiter immer noch in Waldhütten und widmeten sich der Köhlerei oder dem Holzhauen. Später wurde ein Sägewerk am Weiher errichtet.

Linkshaltend geht es nun weiter bis zu einer Schranke. Vorbei an wenigen Anwesen und dem Waldfriedhof umrunden wir Thranenweier. Nun erreichen wir das Naturschutzgebiet Riedbruch. Hier gibt es eine beeindruckende Flora zu bestaunen. Wer sich etwas Zeit nimmt, wird auch diverse Tierarten in der Umgebung entdecken. Anschließend geht es einige Hundert Meter bergauf. Den Casparweg kreuzend, folgen wir den Schildern zum Erbeskopf und erreichen bald wieder den **E Parkplatz Sandkopf**.

INFO

Mittel	10,9 km	295 Hm	3.00 Std.

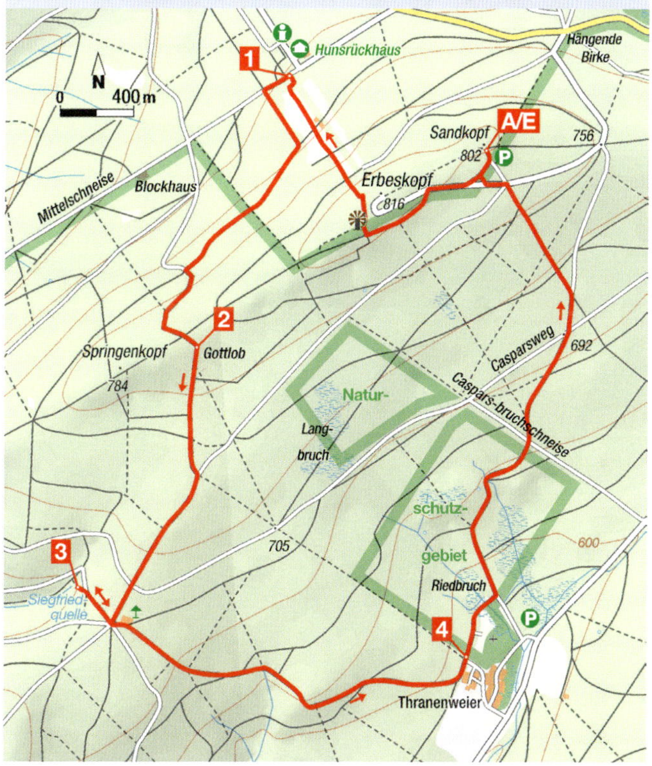

TOURENCHARAKTER
Aussichtsreiche und geschichtlich interessante Rundtour

ORIENTIERUNG
Eine Karte ist empfehlenswert. Die Ausschilderung ist nicht lückenlos.

HÖCHSTER/TIEFSTER PUNKT
816 m/521 m

AUSGANGS-/ENDPUNKT
Parkplatz Sandkopf, K 50,
55758 Allenbach
GPS 49.73631, 7.10556

ANFAHRT
Auto: Über die A1 bis Ausfahrt Reinsfeld. Weiter auf der B 407 und Hunsrückhöhenstraße B 327 in Richtung Thalfang. Vor dem Ort rechts zum Erbeskopf

ÖPNV: Mit den Bussen der Linien 328 und 800 von Idar-Oberstein und Trier direkt zum Nationalpark-Tor Erbeskopf

EINKEHR/ÜBERNACHTUNG
Waldgasthaus am Schwarzenbruch,
Hüttgeswasen 1,
an der B 269,
55758 Allenbach-Hüttgeswasen,
Tel. 06782/888,
www.waldgasthaus-schwarzenbruch.de

BESTE JAHRESZEIT
Ganzjährig

ROCKENBURGER URWALDPFAD

Skurrile Felsen und seltsame Wälder

Ein steiler Abstieg ins Dhrontal sowie bizarre und romantische Passagen zeichnen diese aussichtsreiche Rundwanderung mit Einkehrmöglichkeit aus. Entlang der Kleinen Dhron führt die zum Teil urwaldähnliche Strecke von Beuren nach Prosterath und zum Naturdenkmal »Prosterather Wacken«. Nach etwa vier Stunden ist die Fischerhütte mit ihrem Angelweiher wieder erreicht.

Das rustikale Naturdenkmal »Prosterather Wacken« besteht aus Quarzit.

22

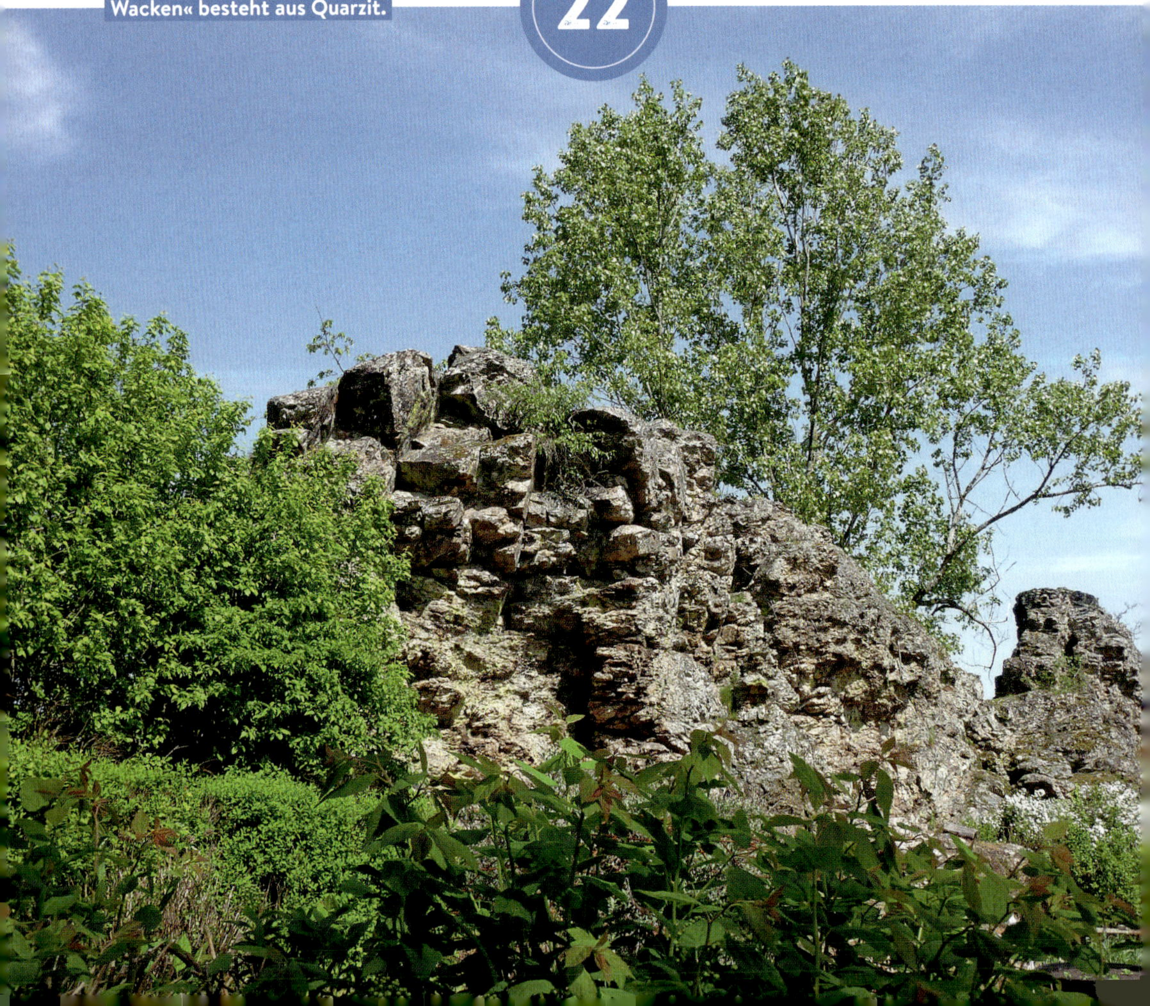

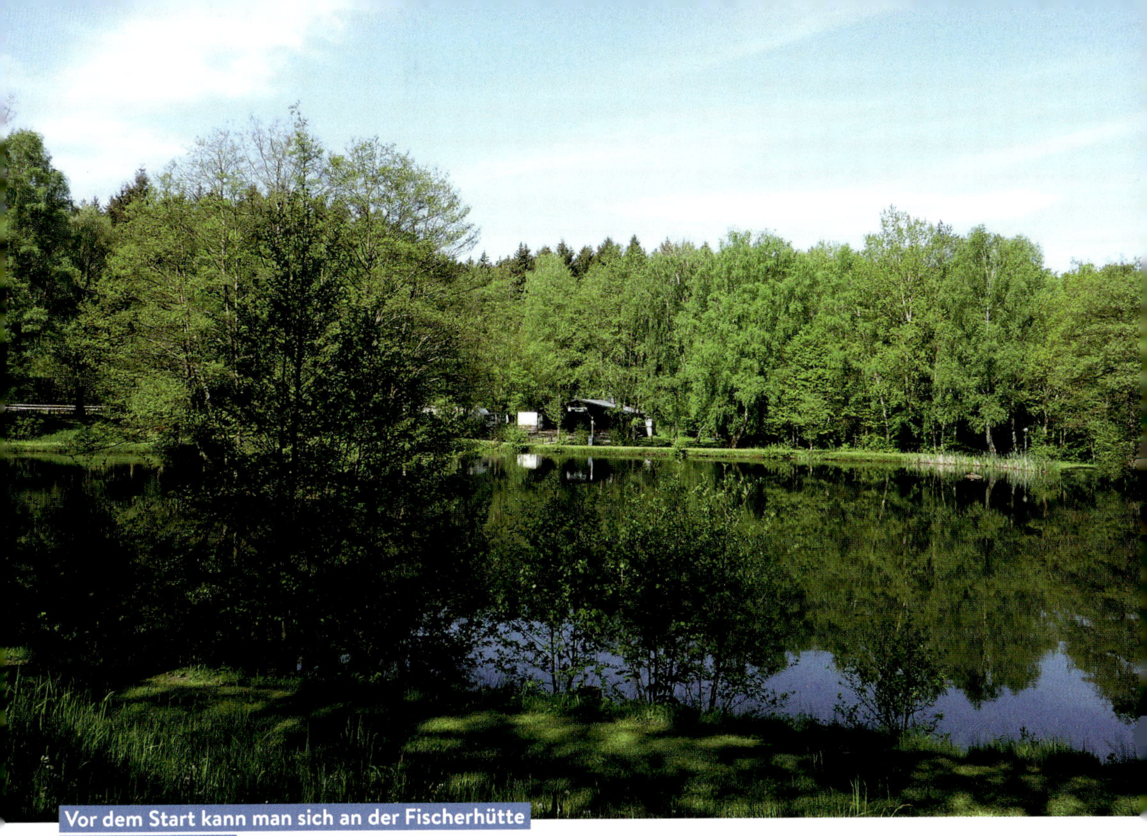

Vor dem Start kann man sich an der Fischerhütte noch mal stärken.

IN DAS DHRONTAL Beuren befindet sich etwa 20 Kilometer östlich von Trier und teilt sich in zwei Ortsteile auf: Beuren und Prosterath, inklusive des Wohnplatzes Waldmühle. Am **A Parkplatz nahe der Fischerhütte** beginnt unsere Tour und wir folgen unserer Traumpfad-Markierung. Der Krennerichbach mit seinem entspannenden Wassergeflüster begleitet uns kurz.
Bald geht es geradeaus in den Wald, vorbei an einem zweiten Parkplatz. Oberhalb des Krennerichbaches wandern wir bis zu der Stelle, an der sich eine große **1 Holzleiter** befindet. Über sie gelangen wir nun bergab in das Dhrontal zur Kleinen Dhron. Als Alternative gibt es die Möglichkeit, über Serpentinen in das Tal zu kommen.

GEMÜTLICHE EINKEHR Im Tal kann man nun den etwa 700 Meter langen Abstecherweg zur Einkehr in die Bescheider Mühle

Tipp

BURG DROHNECKEN

Etwa acht Kilometer von Beuren entfernt, steht die romantische Burg Drohnecken, die es sich zu besichtigen lohnt. Erstmals wurde die Burg im Jahr 1290 urkundlich erwähnt. Mauerreste bestätigen allerdings eine Errichtung vor 1200. Auf den Fundamenten der alten Burg wurde ein größeres Gebäude erbaut, welches Schloss genannt wurde und als Forstamt diente. Umgeben ist die Burg Dhronecken von gepflegten Schlossgärten, einem Naturspielplatz und einer Wasserfurt mit Springsteinen. Die schöne und saubere Burganlage ist zudem ein guter Ausgangspunkt für Wanderungen und liegt direkt an der Traumschleife »Lecker Pfädchen«.

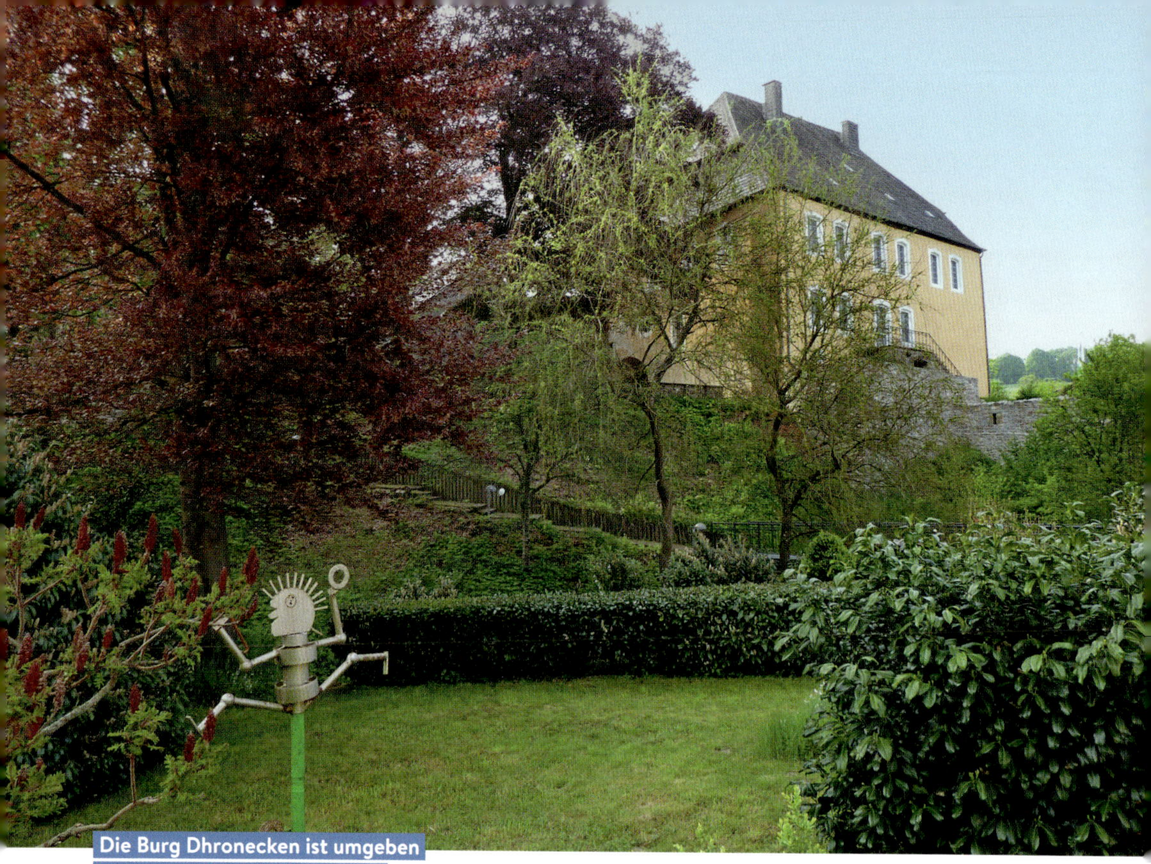

Die Burg Dhronecken ist umgeben von gepflegten Schlossgärten.

nutzen. Die Bescheider Mühle, auch bekannt als Bescheidermühlen, ist eine frühere Mühle für Mahl- und Sägebetrieb. Zeitweise wurde sie aber auch für die Ölherstellung genutzt. Die Ursprünge dieser Mühle reichen zurück bis ins Jahr 1030. Hier gibt es erstmals schriftliche Aufzeichnungen. Neben dem Mühlengebäude beinhaltet das Anwesen auch das Hotel und Restaurant Bescheidermühle samt einem Gästehaus.

ZUM STEINERNEN TOR Rechter Hand geht es nun weiter durch das Tal. Das urwaldartige Aussehen wird durch die alten Baumbestände und rustikalen Felsen untermalt. Weiter auf unserer Markierung erreichen wir das **2 »Steinerne Tor«**. Die Durchbrüche in den Felsen wurden vor vielen Jahrzehnten in Handarbeit erschaffen, um einen Weg für die Holzabfuhr zu errichten. Die Steine wurden wohl auch für den Hausbau verwendet.

NATURDENKMAL PROSTERATHER WACKEN Der folgende Wegabschnitt steigt an. Unsere Wanderung führt nun am **3 Prosterather Wacken** vorbei direkt in den Ort. Der Prosterather Wacken besteht aus Quarzit, der seinen Ursprung im Devon hat. Der Hunsrück bildet einen Teil des Rheinischen Schiefergebirges, das durch die geologische Anhebung des Meeresbodens entstanden ist. Dies führte zur Veränderung von Ton- und Sandsteinen. Der Tonstein wurde zu weichem Tonschiefer, Sandstein verwandelte sich in den sehr harten Quarzit.
Während der späteren geologischen Anhebung drang flüssige Kieselsäure in Spalten und Risse ein, die anschließend zu Quarz kristallisierte. Dieses Gestein, welches auch

Milchquarz genannt wird, bildet zusammen mit dem Quarzit die sogenannten Wacken. In den Quarzgängen können sogar kleine Bergkristalle vorkommen. Durch Verwitterung wurde der weiche Tonschiefer abgetragen, und die Quarzite und Quarzgänge blieben als auffällige Felsformationen erhalten. Auf der nordwestlichen Seite des Prosterather Wacken gibt es eine kleine Höhle, die angeblich ein Versteck von Schinderhannes war.

DURCH PROSTERATH In Prosterath erreichen wir schon bald die Kirche. Das Gotteshaus wurde einst im Jahr 1888 im neugotischen Stil errichtet. Im Inneren der kleinen Saalkirche ist das Kreuzrippengewölbe zu sehen. Besonders beachtenswert ist die vollständig erhaltene neugotische Ausstattung. Ein besonders schönes Stück ist der Flügelaltar, der im Jahr 1896 von einem Meister namens Caspar Weis aus Frankfurt am Main geschaffen wurde. Dieser Altar ist reich verziert mit figürlichem Schmuck und Holzreliefs, die Szenen aus der Heiligenlegende des Antonius von Padua darstellen.
Vorbei an Kirche und Häusern erreichen wir die Anhöhe, von der wir einen schönen Blick auf das Dorf haben. Nun geht es wieder hinunter, bis wir nach etwa vier Stunden die Fischerhütte mit ihrem Angelweiher erreichen. Hier kann man noch mal gemütlich einkehren, Salat, ein Steak oder auch eine Pizza oder einfach nur den Blick auf den Weiher genießen, bevor es zurück zum **E Parkplatz** geht.

INFO

TOURENCHARAKTER
Landschaftlich reizvolle Wanderung in das Dhrontal

ORIENTIERUNG
Gute Ausschilderung mit der Traumpfad-Markierung

HÖCHSTER/TIEFSTER PUNKT
506 m/203 m

AUSGANGSPUNKT
Freizeitanlage Fischerhütte,
Zum Weizenweg, 54413 Beuren/Hochwald
GPS 49.726201, 6.899889

ENDPUNKT
Freizeitanlage Fischerhütte Beuren oder
Hotel-Restaurant Bescheider Mühle

ANFAHRT
Auto: Auf der A1 bis zur Ausfahrt Mehring (131), dann auf der K 85 und L 148 bis Zum Weizenweg in Beuren (Hochwald)
ÖPNV: Mit dem Bus Linie 204 von Hermeskeil nach Beuren über Rascheid bis zur Haltestelle Spielplatz Beuren. Die Freizeitanlage Fischerhütte ist hier ausgeschildert.

EINKEHR/ÜBERNACHTUNG
Bescheider Mühle, Mühle 1, 54413 Bescheid,
Tel. 06509/224 98 12, www.bescheidermuehle.de

Mittel	11,5 km	506 Hm	4.00 Std.

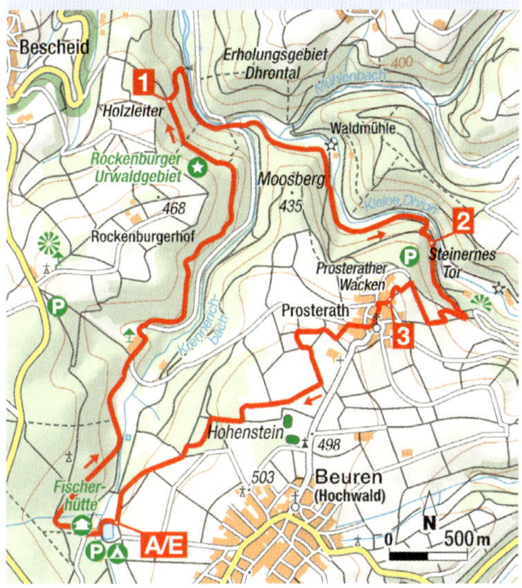

BESTE JAHRESZEIT
März–Oktober

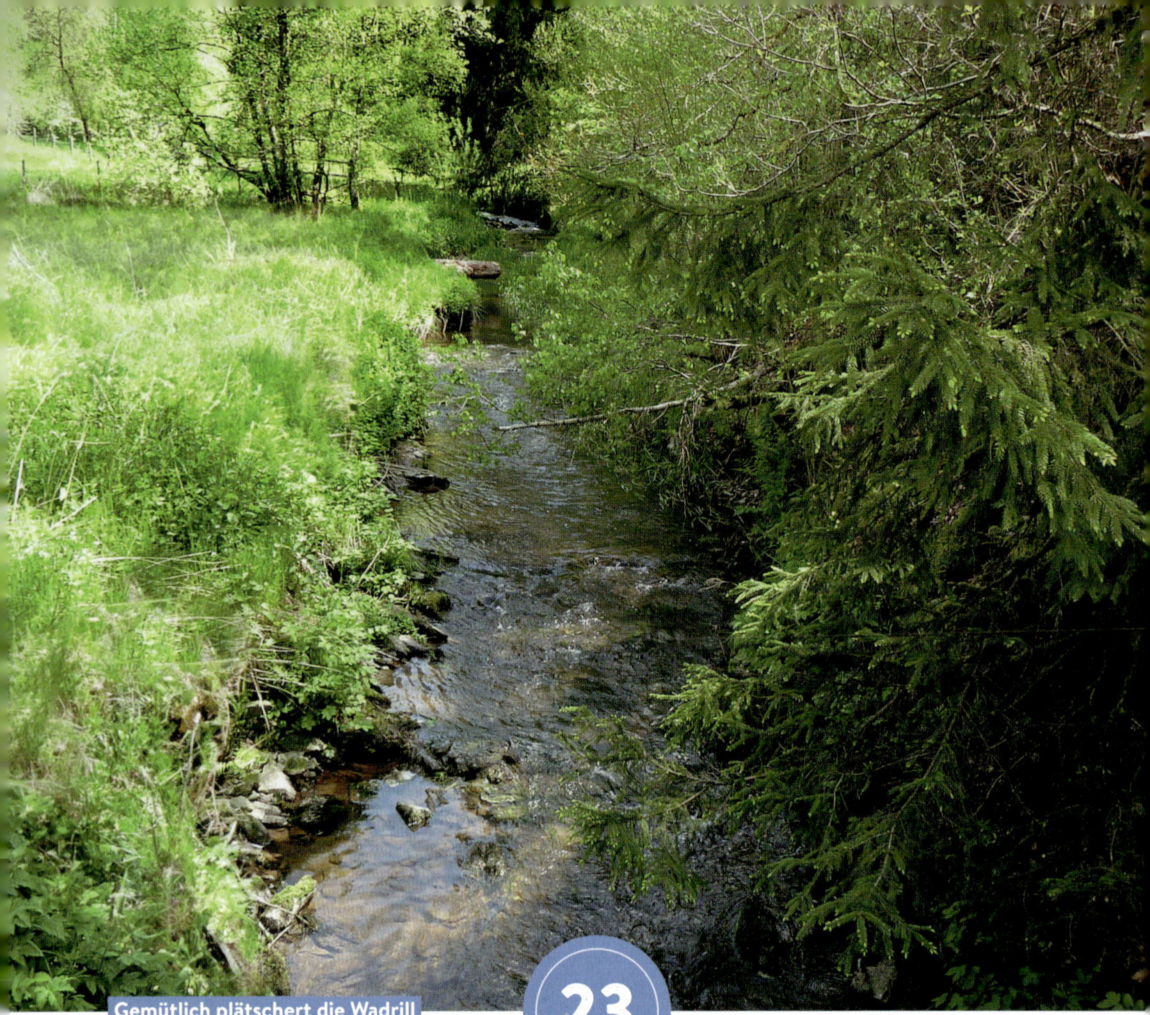

Gemütlich plätschert die Wadrill durch das Tal und am Felsen vorbei.

23

FRAU HOLLE

Die geheimnisvolle Göttin

Verzauberte Wälder und harmonische Bachtäler mit wundervollen Wiesen zeichnen diese Wanderung aus. Neben dem mystischen Frau-Holle-Felsen erwartet uns im Wadrilltal zudem die angestaute Wadrill mit einer Biberburg. Diese Wanderung ist auch hervorragend für Familien geeignet. Die Namensgeberin Frau Holle verleiht der Route einen magischen Touch. Die kleinen und großen Wanderer erleben nicht nur die Schönheit der Natur, sondern auch kulturelle Spuren und sagenumwobene Orte entlang des Weges.

NATURSCHUTZGEBIET WADRILLTAL
Reinsfeld befindet sich am Fuße des Rösterkopfes (708,1 m) im Naturpark Saar-Hunsrück. Innerhalb des Gebietes von Reinsfeld erstrecken sich zwei Naturschutzgebiete. Zum einen das Naturschutzgebiet Osterbachtal und das Naturschutzgebiet Wadrilltal, welches sich zwischen Felsenmühle und Grimburg erstreckt. Das Wadrilltal zeichnet sich durch seine charakteristischen Auenwälder, natürlichen nährstoffreichen Seen und eine Vielfalt an Wiesenarten aus. So kann man Pfeifengraswiesen, artenreiche Borstgrasrasen in den höheren Lagen oder auch Mähwiesen entdecken. Die Gewässer und ihre Ufer sind Lebensraum für zahlreiche Tierarten. Mit viel Glück können Arten wie das Bachneunauge, die Groppe, die Gelbbauchunke und der Biber entdeckt werden. Weiterhin ist es Ziel, den Großen Feuerfalter im Wadrilltal zu schützen sowie auch Vogelarten, wozu der Eisvogel, der Kiebitz oder das Braunkehlchen zählen.

FRAU-HOLLE FELSEN Schon zu Beginn der Tour am A **Wanderparkplatz** genießen wir den herrlichen Blick auf das Tor zum Wadrilltal. Grüne Wiesen und immer wieder plätscherndes Wasser verzaubern unsere Sinne. Auf Holzliegen ruht sich so mancher Wanderer aus und genießt den Ausblick. Unser Fokus liegt allerdings auf der Felsformation aus Schiefergestein, die sich vor uns zeigt. Viele Mythen und Geschichten ranken sich um den 1 **Frau-Holle-Felsen** mit seinen Spalten und Höhlen. Nach germanischem Volksglauben sind in den Spalten des Felsens die Augen der Frau Holle zu sehen. Tatsächlich können wir mit etwas Fantasie ein Gesicht in dem Felsen erkennen.

DIE MÄRCHEN- UND SAGENFIGUR Frau Holle ist eine der bekanntesten Figuren der deutschen Märchen und Sagen. Immer wieder taucht sie in verschiedenen Versionen und Variationen in der Volksüberlieferung auf. Aber das wohl berühmteste Märchen, in

↓ Der Frau-Holle-Felsen lädt Klein und Groß zu wilden Spekulationen ein.
↘ Das Wegekreuz bestätigt dem Wanderer, auf dem rechten Weg zu sein.

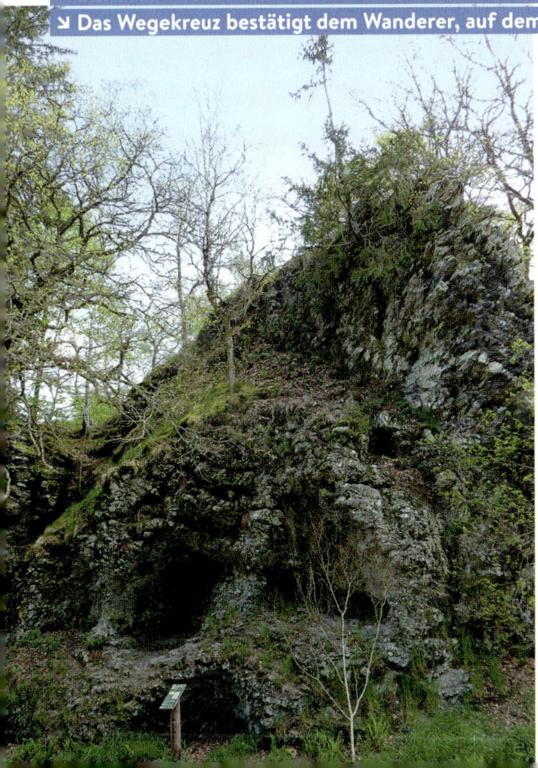

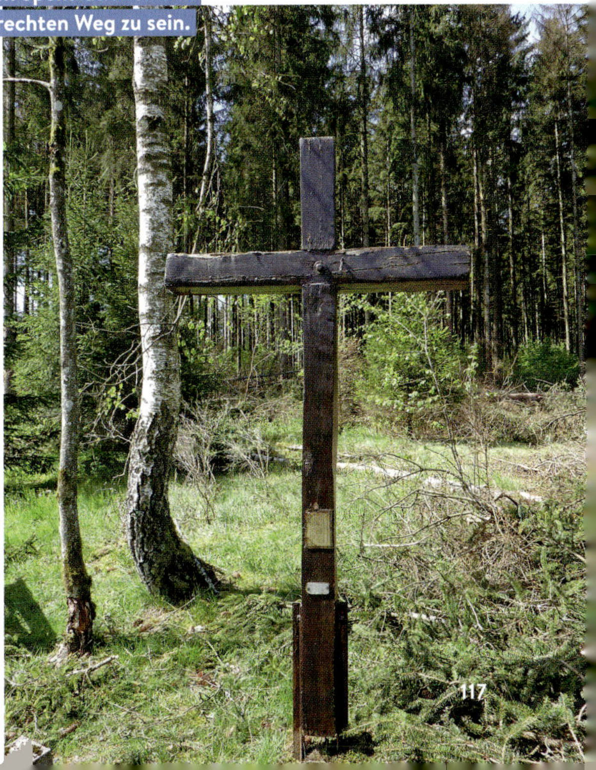

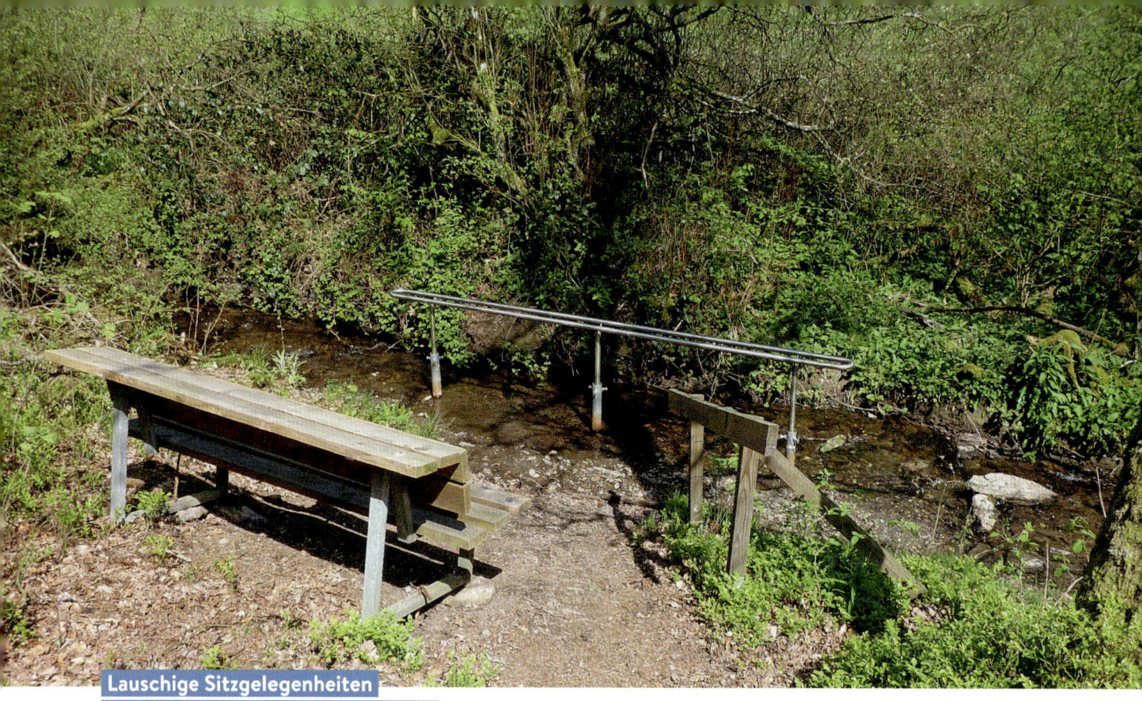

Lauschige Sitzgelegenheiten warten immer wieder im Wadrilltal.

Tipp

DER UNHEIMLICHE FREMDE

Laut einer überlieferten Erzählung fuhr ein Hochwaldbauer von Hermeskeil nach Trier, um Teile seiner Ernte zu verkaufen. Auf seinem Weg wurde er von einem heruntergekommenen Landstreicher angesprochen, der mitgenommen werden wollte. Trotz seiner Bedenken nahm der Bauer ihn mit. Auf dem steilen Weg zur Hohen Wurzel wurden die Pferde plötzlich immer langsamer, bis sie schließlich ganz stehen blieben. Das war dem Bauern bisher nie passiert und er wurde wütend. Er blickte sich zu seinem Reisegast um, um ihn zu bitten abzusteigen. Er wurde plötzlich kreidebleich, als er entdeckte, dass der Landstreicher einen Pferdefuß hatte bzw. der Teufel war. Schnell bekreuzigte er sich und betete zum Himmel. Mit einem lauten Knall verschwand der unheimliche Geselle und der Bauer konnte seine Fahrt fortsetzen.

dem sie vorkommt, ist das der »Frau Holle«, welches von den Brüdern Grimm veröffentlicht wurde. In diesem Märchen ist Frau Holle eine sehr freundliche, aber auch geheimnisvolle Göttin, die in einer Himmels- oder Anderswelt lebt. Sie wird oft mit Schnee und Winter assoziiert. Im Märchen wird berichtet, wie ein fleißiges Mädchen namens Goldmarie in einen Brunnen fällt und in die Welt von Frau Holle gelangt. Dort hilft sie ihr beim Aufschütteln von Kissen und Betten, um Schneeflocken auf die Erde zu streuen. Als Belohnung wird Goldmarie, als sie auf die Erde zurückkehrt, mit Gold überschüttet. Das Märchen betont Werte wie Fleiß, Hilfsbereitschaft und Freundlichkeit. Auch in anderen Kulturen ist die Figur der Frau Holle in mehreren Varianten und unter anderen Namen zu finden.

DURCH DAS WADRILLTAL Über einen bequemen Weg geht es weiter durch das Wadrilltal mit schönen Nasswiesen und dem kleinen sich schlängelnden Fluss. Links weiter auf unserer Route führt die Tour bergauf zum Taubenberg. Oben angekommen belohnen schöne Ausblicke auf Wiesen und Wälder der Hochwaldregion rund um Reinsfeld. Wir folgen einem schmalen Pfad durch einen urwaldähnlichen Wald, bis wir auf einen bequemeren Weg stoßen. Schon bald führt uns ein Pfad links in den Nadelwald und wir erreichen das Tal des Lauschbaches. In Begleitung des Baches wandern wir durch das Tal, bis wir auf einen größeren See, die angestaute Wadrill, treffen. In der Mitte steht eine **2 Biberburg**, die erahnen lässt, welche Arbeiten hier von den Nagern getätigt werden. Nach einer kleinen Rast führt die Wanderung weiter durch das Wadrilltal. Nach der Überquerung der Wadrill kommen wir zu einem Teich. Parallel begleitet uns nun der Bach bis zurück zum **E Wanderparkplatz**.

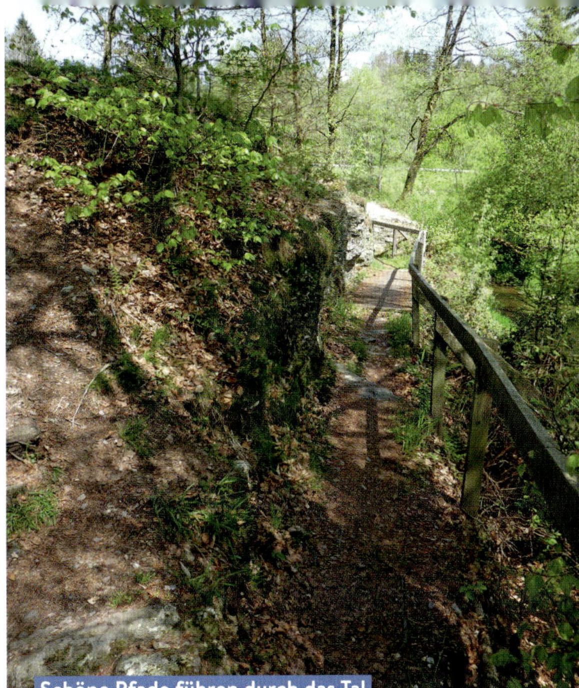

Schöne Pfade führen durch das Tal mit seinen herrlichen Nasswiesen.

INFO

TOURENCHARAKTER
Erlebnisreiche Rundtour mit geologischen Highlights

ORIENTIERUNG
Sehr gute Ausschilderung mit der Traumpfad-Markierung

HÖCHSTER/TIEFSTER PUNKT
566 m/457 m

AUSGANGS-/ENDPUNKT
Wanderparkplatz an der B 407 bei 54421 Reinsfeld
GPS 49.662957, 6.870857

ANFAHRT
Auto: Über die A1, weiter auf der B 407 in Richtung Kell am See zum Wanderparkplatz
ÖPNV: Mit dem Bus Linie 200 von Trier, Reinsfeld, Hermeskeil zur Bushaltestelle Hunsrückstraße, Reinsfeld

EINKEHR/ÜBERNACHTUNG
Hotel-Restaurant Jägerhof, Hunsrückstraße 6, 54421 Reinsfeld, Tel. 06503/496, www.jaegerhof-reinsfeld.de

BESTE JAHRESZEIT
Ganzjährig

Leicht	7,4 km	120 Hm	2.30 Std.

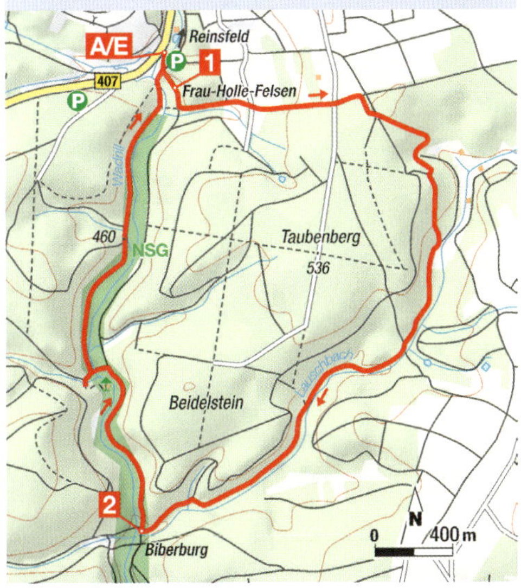

RUINE BURG GRIMBURG

Die Schätze der Raubritter

Diese malerische Rundwanderung startet in Grimburg, einer idyllischen Ortsgemeinde im Landkreis Trier-Saarburg, und führt zur Hochwald-Alm, bevor sie schließlich die Burg Grimburg erreicht. Diese gut erhaltene Spornburg vermittelt bis heute eindrucksvoll, wie das Leben in längst vergangenen Zeiten aussah.

24

Auf der Grimburg finden heute Burgfeste und Burgschauspiele statt.

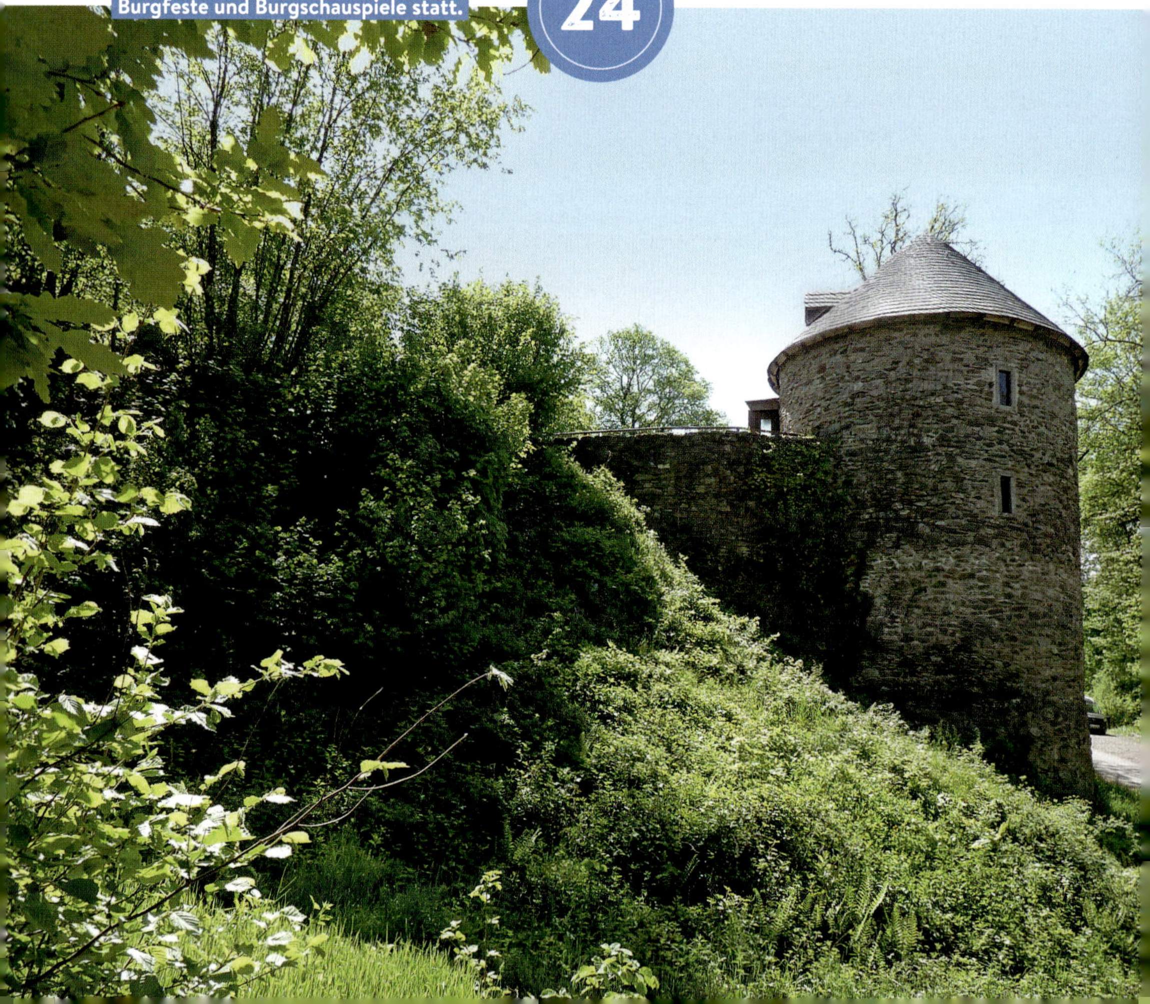

Die Gemeinde Grimburg, benannt nach der gleichnamigen Burg, ist von einer durch Wald und Wiesen geprägten Landschaft umgeben. Bis zum Jahr 1467 trug der Ort den Namen »Suirchet« (Südscheide). Später war er als »Sauscheid« bekannt, bevor er im Jahr 1932 in das heutige Grimburg umbenannt wurde. Die Kirche von Grimburg wurde in den Jahren 1924/25 erbaut. Sie beherbergt eine besondere Reliquie: das Altarkreuz aus dem untergegangenen Dorf Grenderich.

GRIMBURGER HOF Über die **A Hauptstraße** erreichen wir an einer Gabelung links die Burgstraße. An der nächsten Wegkreuzung leicht links geradeaus haltend, streifen wir den Hasenknopf. Zwischendurch können wir den Blick auf die Burg genießen. Weiter auf unserer Strecke gelangen wir zum **1 Grimburger Hof**, wobei der Lautenbach unser stetiger Begleiter ist.
Der Grimburger Hof, ein geschichtsträchtiges Gebäude, liegt im schönen Wadrilltal. Bei gutem Wetter kann man herrlich Gerichte der deutschen Küche in den gemütlichen Innenräumen wie auch im Biergarten genießen. Für einen längeren Aufenthalt hält der Hof auch gemütliche Zimmer bereit.

ZUR HOCHWALD-ALM Jetzt haben wir nach knapp zwei Kilometern das Weinfässchen, eine kleine Quelle, erreicht, die sich in den Lautenbach ergießt. Ein kurzes Stück nach der Quelle halten wir uns links und folgen dem Weg. Nach knapp 350 Metern biegen wir rechts ab und folgen dem Weg für einen knappen Kilometer. Das nächste Highlight ist der Ausblick Hochwald-Alm Wadrill. Anschließend folgt ein Baumlehrpfad mit Buchen-, Ahorn-, Linden- und Eichenarten und diesbezüglichen Infotafeln. Schließlich erreichen wir die **2 Hochwald-Alm**, wo die Almwirte während der Saison am Wochenende zu einer Rast einladen.

Tipp

BURG- UND HEXENMUSEUM

Ein Bauernhaus aus dem 18. Jahrhundert, mitten in der Ortsmitte von Grimburg, beherbergt das Burg- und Hexenmuseum. Dieses beschäftigt sich mit der Geschichte der Burg. Zudem werden auch Fundstücke wie Schlösser, Münzen, Werkzeuge oder auch Geschirr gezeigt. Ein weiterer Schwerpunkt des Museums beschäftigt sich mit der Hexenverfolgung und den Hexenprozessen im Hochwald und im Hunsrück. So wird auch darüber informiert, wie schnell eine Person durch eine schlechte Ernte oder ein Wetterphänomen als Hexe oder Hexer verfolgt und angeklagt wurde. Die Krämersfrau Herrichs Traud aus Niederkell hatte dieses Schicksal auch getroffen, und sie kämpfte bei der Befragung ihrer Ankläger um ihr Leben. Auch sie versuchte zu erklären, dass sie nicht zaubern könne. Allerdings fand sie kein Gehör und wurde zum Tod auf dem Scheiterhaufen verurteilt.
Dokumente und Illustrationen geben einen Einblick in das Thema. Neben vielfältiger Literatur besteht zudem die Möglichkeit, Filme zum Thema Hexenverfolgung anzusehen. Eine Führung durch das Museum dauert etwa eine Stunde. Mehr Informationen sind über die Website des Museums einsehbar (www.burg-und-hexenmuseum.de).

BURG GRIMBURG Ein Stück weiter geradeaus halten wir uns schließlich links und folgen dem Wanderweg. Wir tauchen in das Wadrilltal ein, parallel zur L 150. Leicht links führt uns die Route wieder etwas von der Straße weg und wir nehmen den Weg rechts abbiegend und gleich wieder links zur **3 Burg Grimburg**. Jetzt haben wir Zeit, uns ein wenig umzusehen. Die Spornburg wurde um 1150 von Edelherren von Saarbrücken erbaut. Das Burgareal ist etwa 300 Meter lang und ungefähr 90 Meter breit. Heute werden hier Burgfeste, Burgschauspiele, aber auch Trauungen durchgeführt.

SAGENHAFTES ZUR BURG Nach Überlieferung war die Burg früher auch sehr gefürchtet, da vermutet wurde, dass sie einst den Raubrittern als Sitz diente. In den umliegenden Dörfern waren die Händler sehr vorsichtig, denn hier trieben die Raubritter ihr Unwesen. Nach dem Volksglauben wurden der letzte Raubritter und die erbeuteten Schätze der Grimburg vom Teufel geholt. Tief in einem Brunnen sollen die Kisten voller Gold und Silber versteckt liegen, bewacht von einem großen wilden Tier. Sobald jemand versucht, in den Brunnen hineinzukommen, wird dieser von dem großen Gebrüll des Tieres verschreckt. Lange Zeit wollte niemand auf der Grimburg nächtigen; die Angst vor einer wilden Gesellschaft, die mit Totenschädeln und Gebeinen spielte, war zu groß. Zudem soll sich ab und zu die Weiße Frau auf der Burg zeigen. Wer sie erblickt, wird von Krankheit oder auch anderem Unglück heimgesucht. Andererseits wird auch erzählt, dass sie einst ein verirrtes Kind zu einem Ehepaar gebracht hat, das sich seiner annahm.

Nachdem wir die Burg durchstreift haben, führt uns der Weg auf der anderen Seite wieder Richtung Grimburg. Hier können wir nochmals die schönen Ausblicke auf den Hochwald genießen. Über den uns schon bekannten Weg erreichen wir die Burgstraße und sind in wenigen Minuten zurück an der **E Hauptstraße**, wo wir dann die Gelegenheit nutzen, um die Kirche und die Grimburger Häuser im Ortskern zu besichtigen.

Ein hübsches Kleinod neben dem Pfad, das sich hervorragend für eine kleine Pause eignet

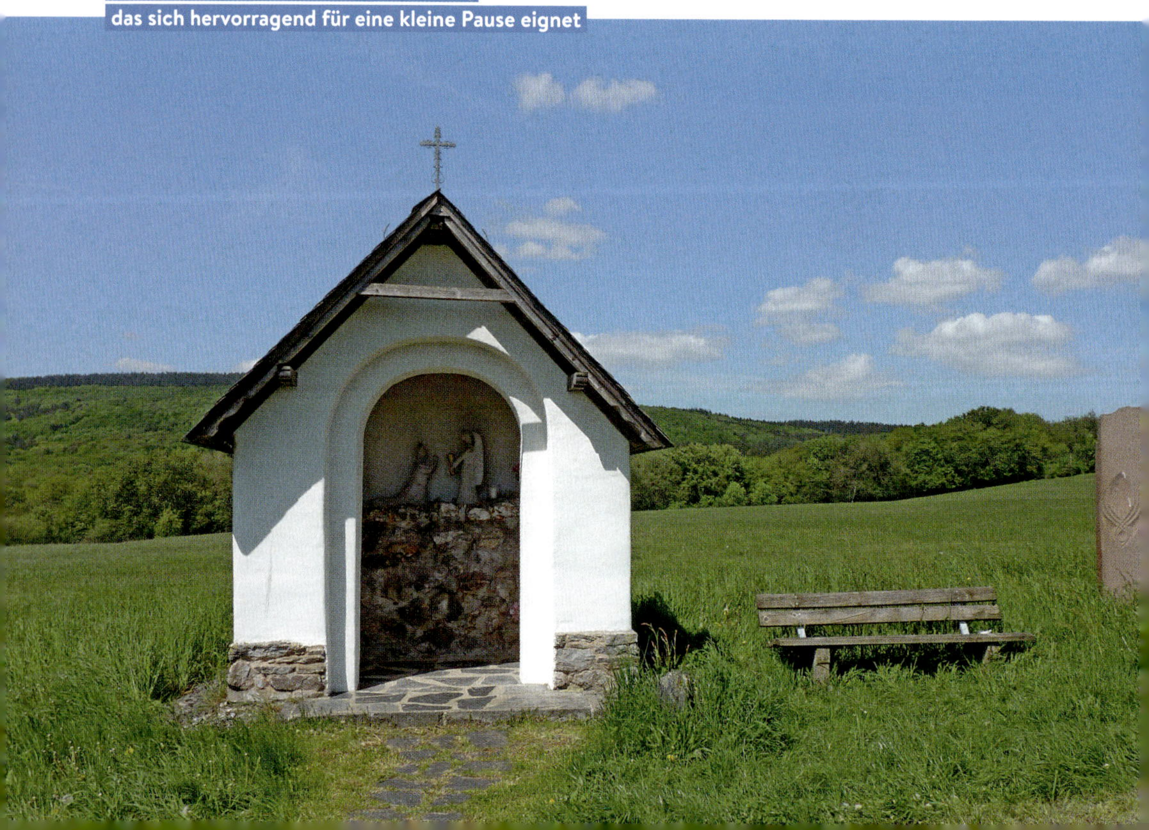

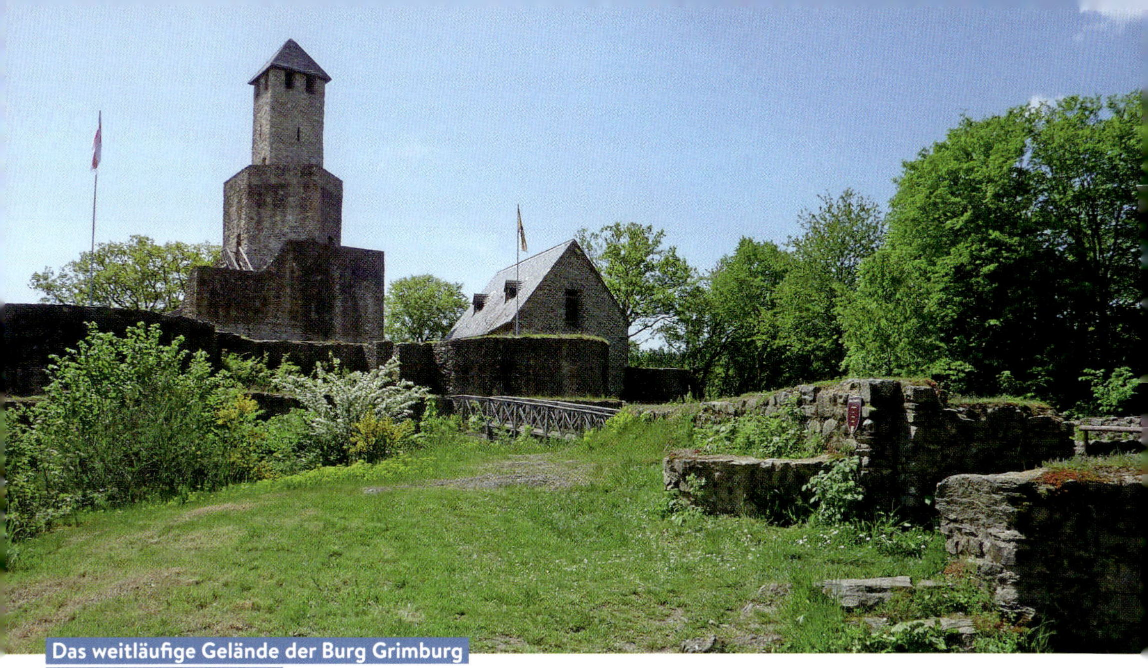

Das weitläufige Gelände der Burg Grimburg lädt zum Entdecken ein.

INFO

TOURENCHARAKTER
Mittelschwere Wanderung auf leicht begehbaren Wegen

ORIENTIERUNG
Gute Ausschilderung, eine Karte ist dennoch empfehlenswert.

HÖCHSTER/TIEFSTER PUNKT
530 m/360 m

AUSGANGS-/ENDPUNKT
Hauptstraße,
54413 Grimburg
GPS 49.6206466,6.8836907

ANFAHRT
Auto: Über die L147 bis zur Hauptstraße in Grimburg
ÖPNV: Mit dem Bus Linie 201 (ab Hermeskeil Bahnhof) bis Mühlenstraße Grimburg

EINKEHR/ÜBERNACHTUNG
Grimburger Hof, Grimburger Hof 1, 54413 Grimburg, Tel. 06589/357, www.grimburger-hof.de

BESTE JAHRESZEIT
Ganzjährig

Mittel | 10,9 km | 290 Hm | 3.00 Std.

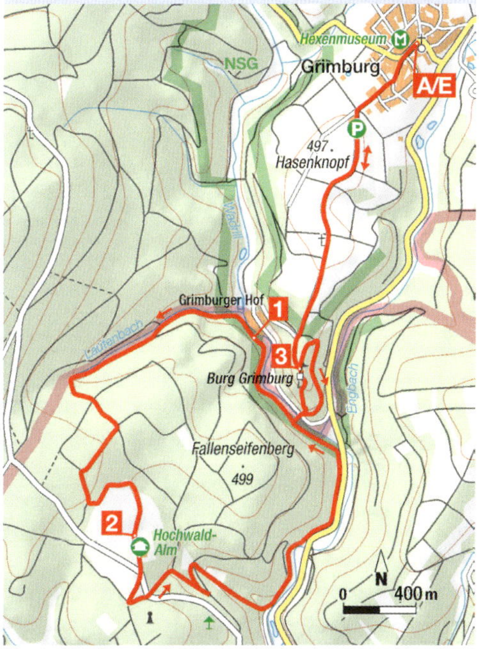

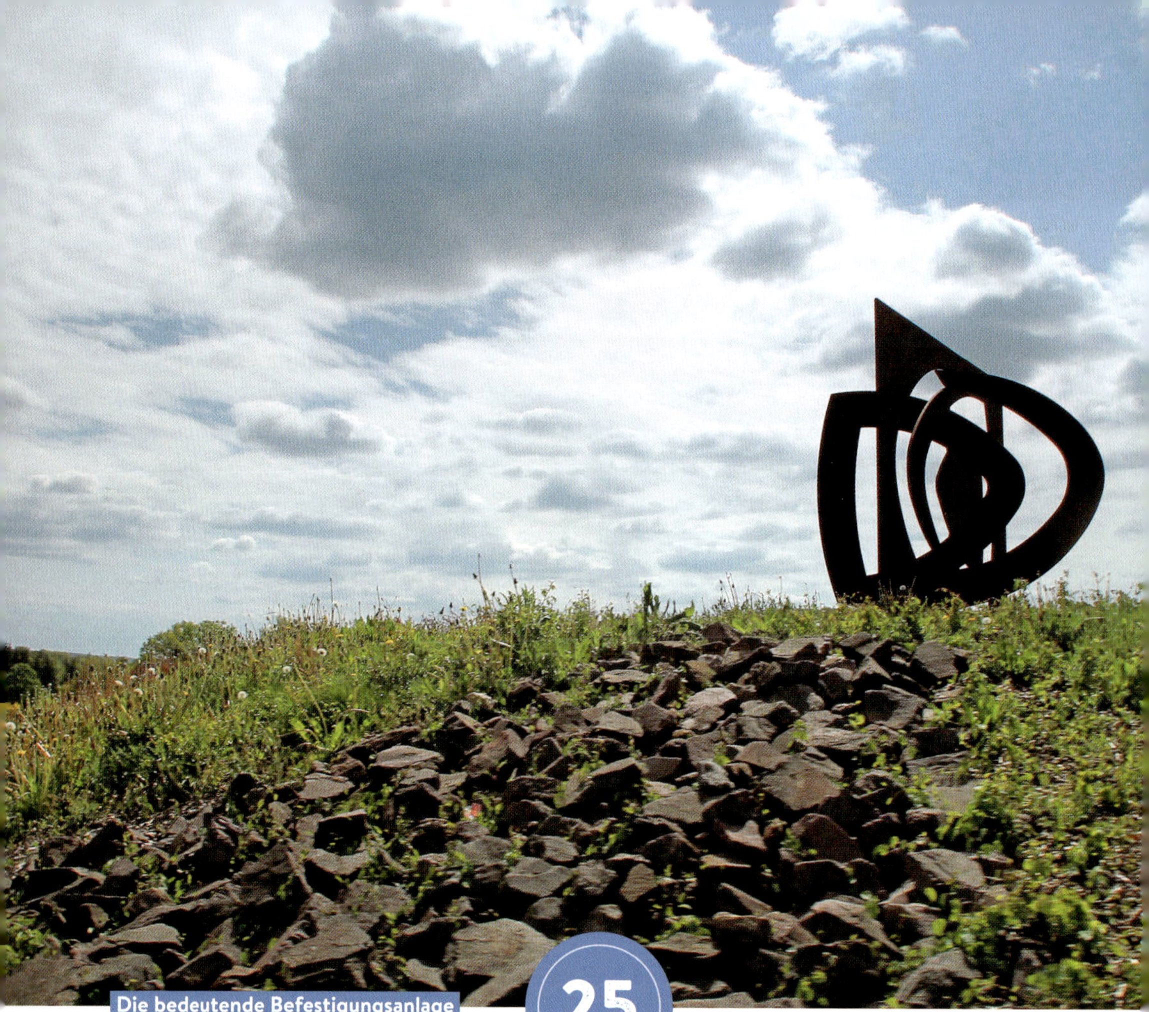

Die bedeutende Befestigungsanlage zieht viele Menschen in den Bann.

25

KELTISCHER RINGWALL

Das verzauberte Liebespaar

Der Ringwall von Otzenhausen repräsentiert eine imposante keltische Befestigungsanlage, welche sich am Hang des Dollberges nahe Otzenhausen erstreckt. Ähnlich wie bei anderen vor- oder frühgeschichtlichen Befestigungen erhielt die Anlage irrtümlich den umgangssprachlichen Namen »Hunnenring«. Die Wanderung zum Ringwall ist äußerst abwechslungsreich und empfehlenswert. Die mittelschwere Wanderung ist gut ausgeschildert und auch für Familien geeignet.

ZUR GESCHICHTE NONNWEILERS Heute starten wir unsere Tour in Nonnweiler, etwa 30 Kilometer von Trier. Die Gemeinde nördlich im Saarland ist ein Heilklimatischer Kurort und wurde erstmals schriftlich 1182 erwähnt. Viele Tausende von Pilgern besuchten nachweislich den Wallfahrtsort, mit dem sich sogar ein Papst beschäftigte. Einer Sage nach gehörte Nonnweiler einst als Zweigstelle zum Kloster Pfalzel, wohin Nonnen zur Züchtigung strafversetzt wurden.

ZUM MANNFELSEN Vom **A Parkplatz an der Talsperre Nonnweiler** aus folgen wir dem legendären Saar-Hunsrück-Steig. Im Zickzack erreichen wir den **1 Stausee**, wo wir am Kiosk noch einmal unsere Vorräte auffüllen können. Von hier geht es weiter, bis wir den Koppbruchbach schließlich queren. Linker Hand streifen wir dann später einen Parkplatz und queren die Ringwallstraße. Auf der anderen Seite geht es auf dem Hunnenringweg weiter und wir erreichen den **2 Mannfelsen**. Dieser Felsen besteht aus Taunusquarzit und verdankt Verwitterungsprozessen sein heutiges Aussehen. Zu der auffälligen Gesteinsformation gibt es eine

Tipp

KELTISCHER RINGWALL OTZENHAUSEN

Das Keltendorf Otzenhausen befindet sich unterhalb des Ringwalles. Die Rekonstruktion einer keltischen Siedlung zeigt, wie ein keltisches Dorf vor 2000 Jahren ausgesehen haben könnte. Neben Wohn- und Handwerksgebäuden sind auch Speichergebäude und eine Feuerstelle zu sehen. Zudem finden einstündige offene Führungen sowie regelmäßig Handwerkerführungen und Vorträge statt (April–Okt. Sa, So und Fei 10–18 Uhr, in den saarländischen Ferien auch Mo–Fr 13–18 Uhr, www.keltenpark-otzenhausen.de).

Unterhalb des Ringwalles befindet sich das Keltendorf Otzenhausen.

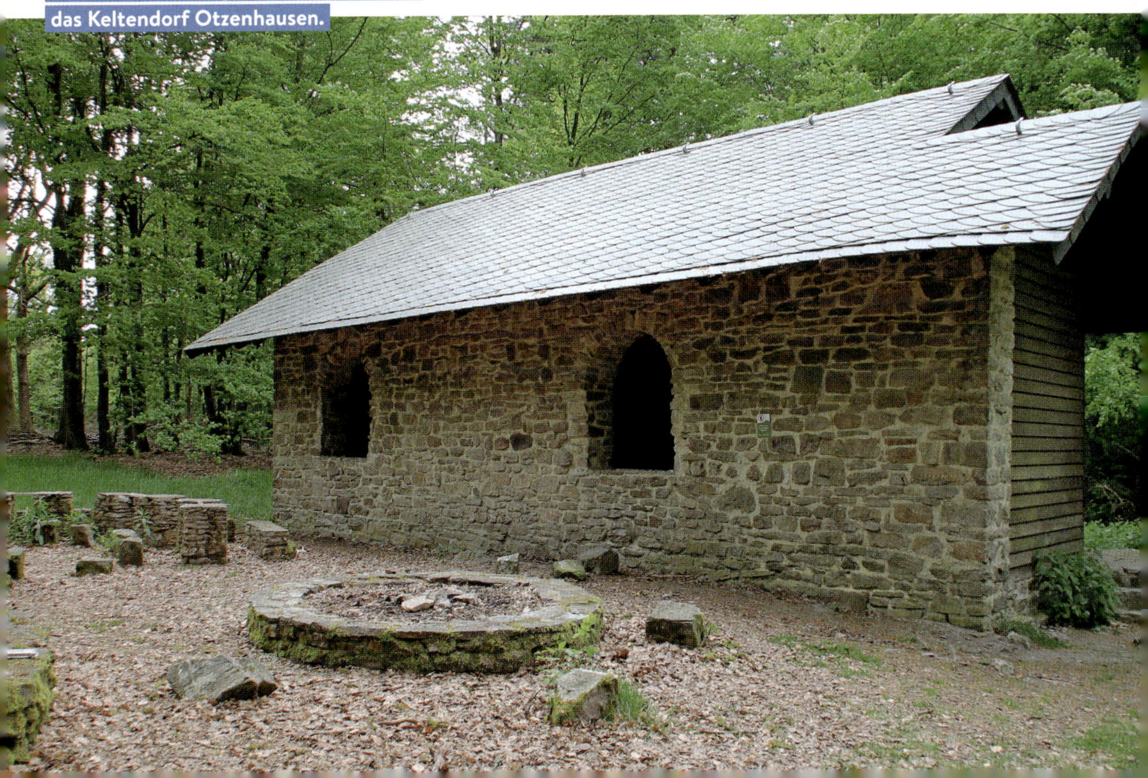

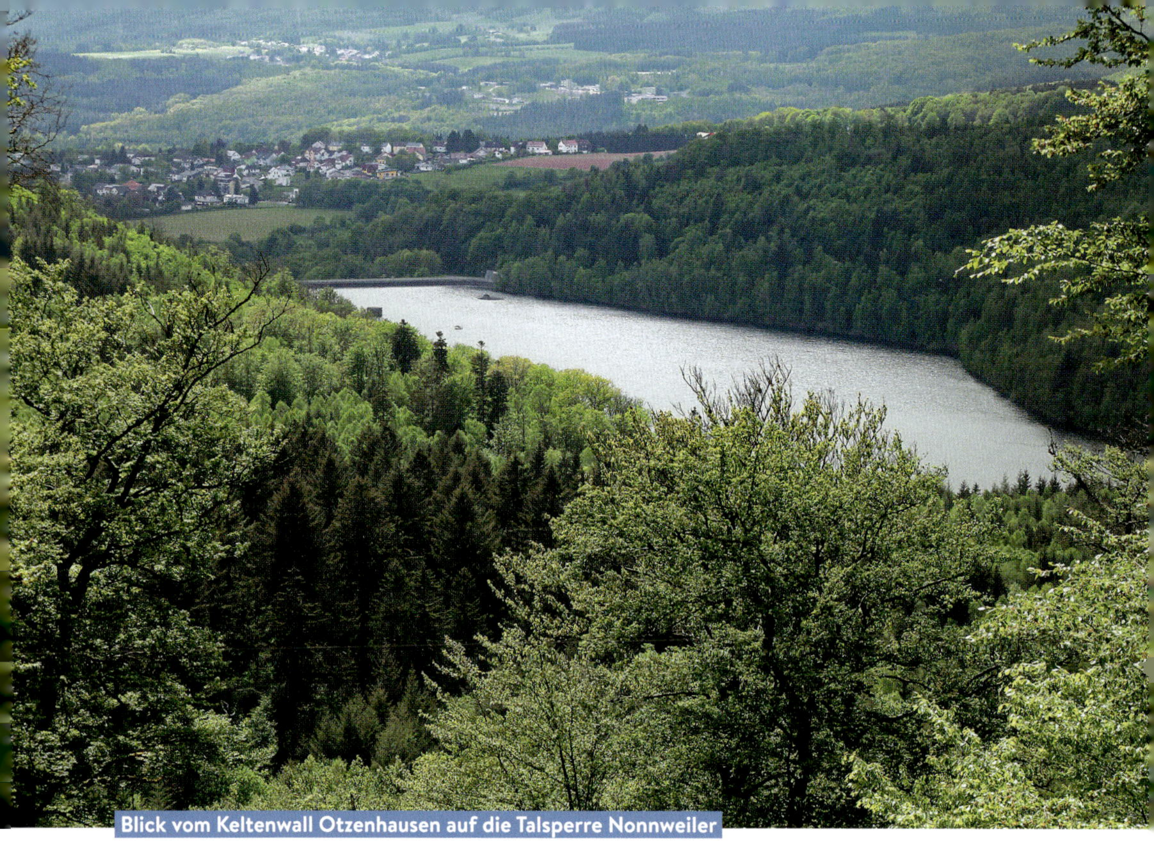

Blick vom Keltenwall Otzenhausen auf die Talsperre Nonnweiler

Sage: Der Sohn eines Keltenfürsten wollte die Tochter eines anderen verfeindeten Fürsten heiraten. Um die Hochzeit zu verhindern, wurde das Paar von einem der Fürsten in zwei große Felsen verwandelt.
Der Mannfelsen ist der verzauberte Sohn, während die Tochter ein anderer Felsen ist und sich auf der anderen Seite des Tales befindet. So können sie sich sehen, aber nie zueinander finden.

KELTISCHER RINGWALL Weiter auf unserem markierten Weg kommen wir dem **3 Keltischen Ringwall** immer näher, dem wir dann auch ein gutes Stück folgen. Nach etwa drei Kilometern haben wir die Sinnenbank Rosselhalde erreicht. Umgeben von aufgeschichteten Steinburgen können wir auf der Bank etwas entspannen und den Blick auf die Talsperre genießen. Beim Verlassen können wir noch mal die Größe des Keltischen Ringwalles bewundern, bevor wir uns weiter auf unserem Wanderweg Richtung Dollberg aufmachen. Mit 695 Metern gilt er als der höchste Berg des Saarlandes.

DER TIROLER STEIN Wer keine Rast benötigt, der wandert weiter und erreicht den **4 Tiroler Stein**. Dieser Stein erinnert an den Händler Thomas aus Tirol. Der Sage nach war er einst vor 250 Jahren im Rasthaus an der Hujetsmühle eingekehrt. Anschließend wurde er an dieser Stelle erschlagen. Ob er schon vorher in der Mühle seinem späteren Mörder begegnet ist, wurde nicht berichtet. Die ehemalige Hujetsmühle befindet sich in Abentheuer und ist heute ein Tempel von Goloka Dhama. In ihm finden tägliche Kirtans, Gottesdienste und Vorlesungen statt. Zudem können im Tempelshop Mitbringsel für zu Hause wie Bücher über Bhakti-Yoga, CDs mit spiritueller Musik, Räucherstäbchen, Malas oder auch Biohonig erworben werden.

GEMÜTLICH DURCH DAS TRAUNTAL

Jetzt geht es abwärts in das ruhige und idyllische Trauntal. Kurz vor Muhl halten wir uns mithilfe unserer Markierung rechts. In direkter Nähe begleitet uns auf der linken Seite der Hengstbach, den wir dann schließlich auch queren. Nun gibt es schöne Ausblicke auf die Landschaft zu genießen. Weiter auf unserem Weg erreichen wir Börfink und queren die L 165. Nun können wir an der **E Rasthütte Ochsenstall** in Börfink verweilen und haben damit die Etappenwanderung des Saar-Hunsrück-Steiges bezwungen.

Für eine gemütliche Einkehr in Börfink ist der Forellenhof empfehlenswert. Neben Gerichten mit Lachs- und Regenbogenforellen stehen Maultaschen, Wildgerichte oder auch ausgezeichnete Salate auf der Speisekarte. Bei einem Glas Wein oder Limonade kann man den Tag herrlich ausklingen lassen.

INFO

TOURENCHARAKTER

Mittelschwere Wanderung mit geschichtlichen und geologischen Höhepunkten

ORIENTIERUNG

Gute Wegmarkierung der 9. Etappe des Saar-Hunsrück-Steiges

HÖCHSTER/TIEFSTER PUNKT

692 m/397 m

AUSGANGSPUNKT

Parkplatz an der Talsperre Nonnweiler (Alternativ am Parkplatz am Ringwall Otzenhausen, 66620 Nonnweiler)
GPS 49.612910, 6.976080

ENDPUNKT

Rasthütte Ochsenstall, 54422 Börfink

ANFAHRT

Auto: Von Idar-Oberstein über die B 41 und A 62 bis Nonnweiler
ÖPNV: Von Idar-Oberstein mit der Bahn bis Bahnhof Türkismühle. Dann weiter mit der R20 bis Ringwall Otzenhausen, Nonnweiler. Von dort sind es 1,5 Kilometer zu Fuß zur Talsperre.

Mittel | 13,7 km | 431 Hm | 4.30 Std.

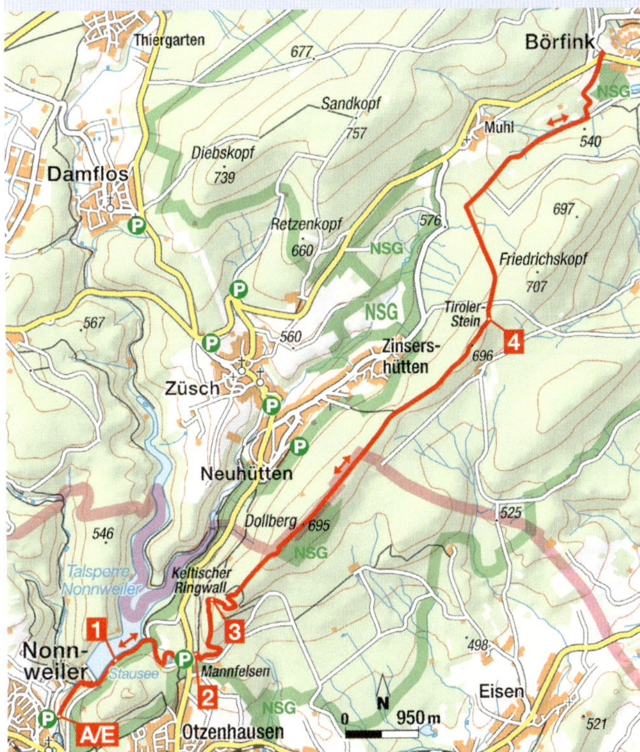

EINKEHR/ÜBERNACHTUNG

LE TEMPLE, Saarstraße 2, 54422 Neuhütten, Tel. 06503/7669, www.le-temple.de

BESTE JAHRESZEIT

Ganzjährig

WILDNIS-TRAIL WEISKIRCHEN

Naturnahe Romantik

Über schmale Naturpfade führt die Wanderung bei Weiskirchen. Vorbei an skurrilen Felsformationen, geht es durch das Naturschutzgebiet Wahnbachtal und den Behlengraben bis zum Herberloch, einem alten Steinbruch. Hier lohnt es sich, die Stille des kleinen Sees zu genießen. Einige Höhenmeter gilt es bei dieser schweren Wanderung zu überwinden.

26

Auf Touren durch das idyllische Tal erleben Besucher die Ruhe der Natur.

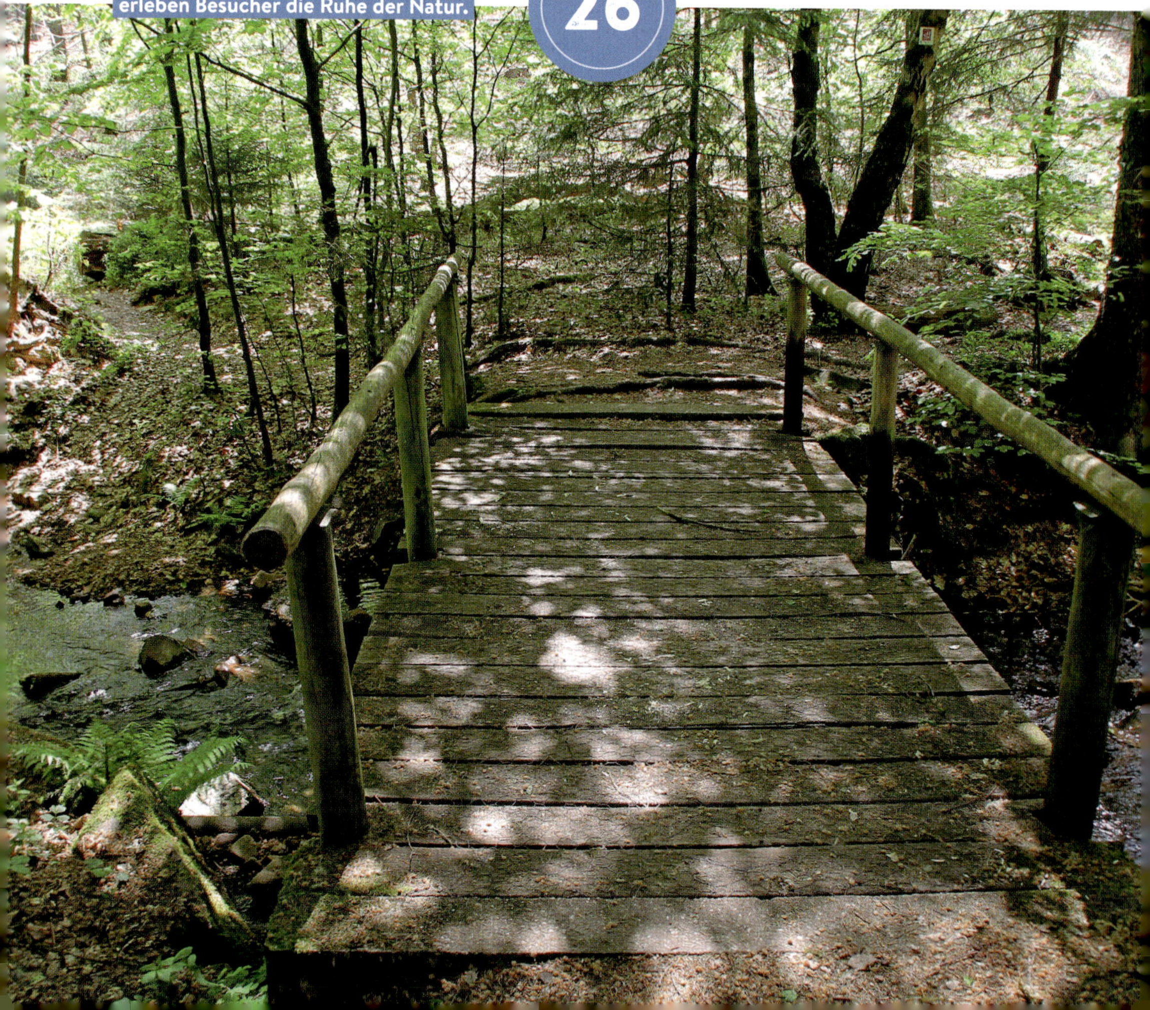

EIN SYMPATHISCHER ORT Der heilklimatische Kurort der Premium-Class und Kneippkurort Weiskirchen liegt im Norden des Saarlandes, im Zentrum des Naturparkes Saar-Hunsrück, in einer Höhenlage von 360 bis 700 Metern. Die erste schriftliche Erwähnung von Weiskirchen datiert zurück auf die Jahre 1030 und 1037. Zu dieser Zeit schenkten die Markgräfin von Lothringen und ihr Mann Graf Adalbero das Gebiet Weiskirchen der Abtei St. Eucharius, die auch später unter dem Namen St. Matthias in Trier bekannt war.

IN DAS HOLZBACHTAL In Weiskirchen dient uns der **A Wanderparklpatz** am Waldfreibad mit seinem naturbelassenen Quellwasser als Ausgangspunkt. Vom Wanderparkplatz verläuft unsere Wanderung auf einem sehr bequemen Weg durch das schöne Holzbachtal. Nach knapp 200 Metern streifen wir die Kneippanlage von Weiskirchen, eine Möglichkeit, seine Beine zu erfrischen. Nun ist der Holzbach in unmittelbarer Nähe unser Begleiter, der uns tief in das Naturschutzgebiet Holzbachtal führt.

ANSEHNLICHE FELSFORMATION Neben dem Bärenfels rechter Hand erwartet uns der Eulenfels auf der linken Seite. Weiter auf unserem Weg links abbiegend erreichen wir die Baumelstation **1 Iltisfelsen**. Der Iltisfelsen selber besteht aus Quarzit. Durch lange Verwitterungsprozesse hat er sich zur imposanten Felsformation entwickelt. Kurz danach erreichen wir das Naturdenkmal Hoher Fels. Wir folgen der Strecke und queren den Bach. Nach einem steilen Pfad geht es über schmale Wege am Hang des Schimmelkopfes entlang. Der Schimmelkopf ist ein bedeutendes geologisches Highlight. Mit einer Höhe von 694,8 Metern ist er der zweithöchste Berg des Saarlandes. Hier konnten Spuren früherer Besiedelung der Region gefunden

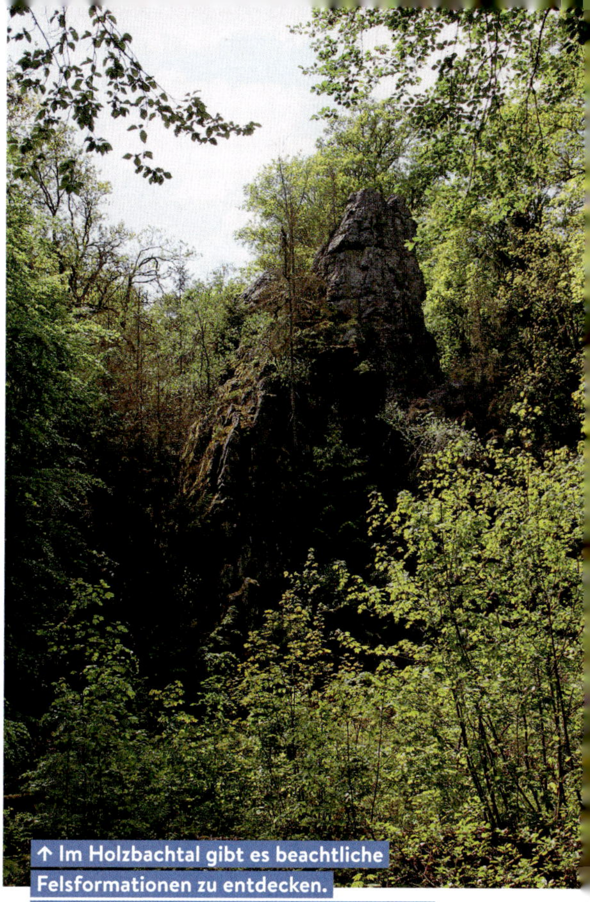

↑ Im Holzbachtal gibt es beachtliche Felsformationen zu entdecken.
↓ Der Iltisfelsen mit seiner Baumelstation ist ein willkommener Magnet.

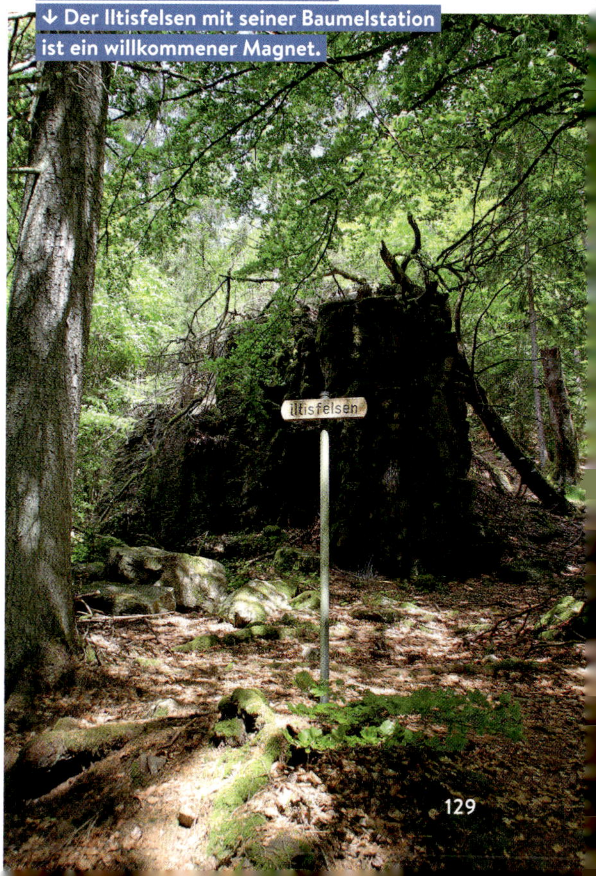

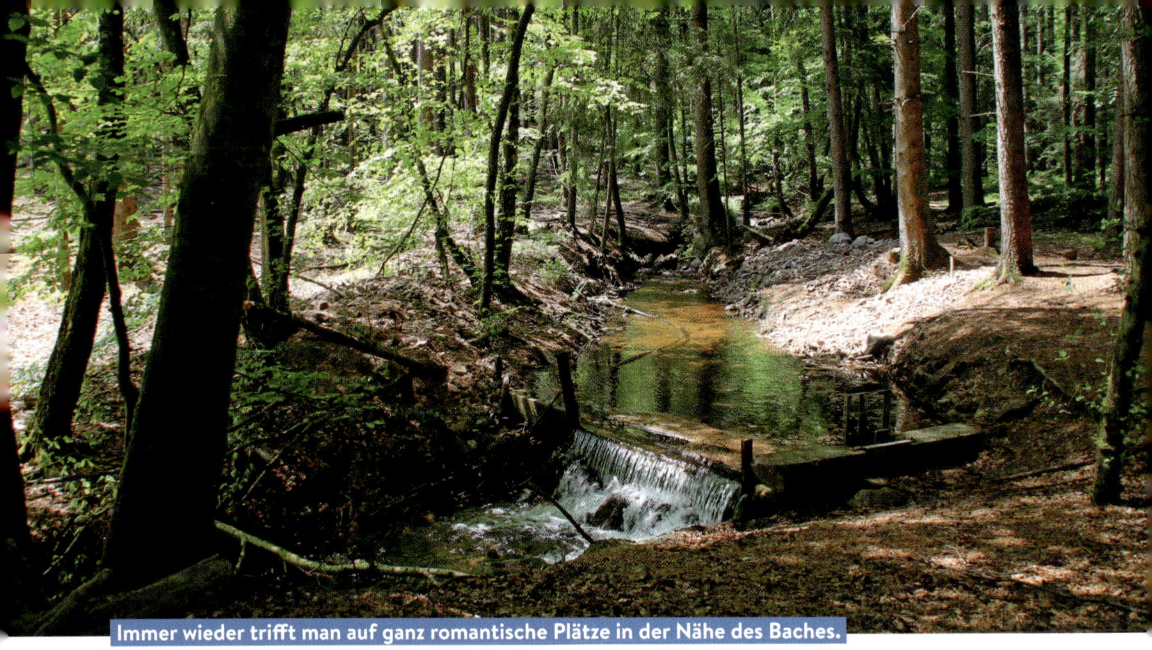

Immer wieder trifft man auf ganz romantische Plätze in der Nähe des Baches.

Tipp

NATURPARK-INFORMATIONS-ZENTRUM WEISKIRCHEN

Direkt am Eingangsbereich des Wild- und Wanderparkes Weiskirchen, am Fuß des Hochwaldes, befindet sich das Informationszentrum des Naturparkes Saar-Hunsrück im Saarland. Der Ausstellungsraum erstreckt sich über eine Fläche von 164 m² und zeigt Informatives zur Region. Zudem befindet sich im Eingangsbereich eine interaktive Panoramakarte samt Informationsbroschüren, die für viele Aktivitäten bereitgehalten werden. Ein Besuch des Informationszentrums lässt sich hervorragend mit einer Erkundungstour des Wildparkes kombinieren. Das weitläufige Wegenetz des Wildparkes lädt zu einem ausgedehnten Spaziergang ein. Zudem befinden sich auf einer Fläche von 75 Hektar Rotwild, Hirsche und Damwild. Weiterhin können auch Auerochsen, Wisente oder Ziegen beobachtet werden (Zum Wildpark, 66709 Weiskirchen, Tel. 06872/921261, www.naturpark.org).

werden. Dazu zählen geschliffene Beile aus der jüngeren Steinzeit (4500–3000 v. Chr.). Mitte des 19. Jahrhunderts wurden drei Fürstengräber aus der frühen Latènezeit (450–280 v. Chr.) mit wertvollen Grabbeigaben entdeckt, die wichtige Einblicke in die Geschichte dieser Epoche bieten.

IN DAS WAHNBACHTAL Nach knapp 6,5 Kilometern führt unser Weg rechts abwärts zu einem kleinen Hohlweg. Über ihn gelangen wir in ein kleines Buchenwäldchen. Nach einer Kurve erreichen wir auf dem breiter werdenden Weg eine große Kreuzung. Der Waldweg führt abwärts in das Wahnbachtal. Nun geht es links weiter. Naturpfade bringen uns wieder in Richtung Weiskirchen. Über eine Brücke queren wir den Bach. Der Pfad führt geradeaus weiter, wobei es durch den Anstieg wieder mühsamer wird. Eine kleine Schlucht wird nun sichtbar. Weiter bergan erreichen wie eine nächste größere Wegkreuzung. Nun geht es geradeaus durch einen Nadelwald und nachfolgend links bergab. Vorbei an einem alten Steinbruch erreichen wir einen kleinen Bach. Rechts dem Bach folgend, geht es nun wieder bergan.

ZUM HERBERLOCH Ein Stück weiter auf unserem Waldweg führt die Tour nach links. Nun erfolgt wieder ein steilerer Abschnitt, der uns zum **2 Herberloch** führt, einem kleinen wildromantischen Weiher in einem alten Steinbruch. Hier befindet sich wieder eine Baumelstation, die zum Rasten einlädt. Nun folgen wir auf schmalem Weg dem Schlittentaler Bach. Danach wird es bequemer, und über breitere Pfade und Wege geht es abwärts nach Weiskirchen und wieder zum **E Wanderparkplatz**. Jetzt können wir Weiskirchen genauer erkunden. Neben dem idyllischen Kurpark mit seinem großen Teich lädt auch das Zentrum mit vielen Restaurants und Cafés zum Verweilen ein.

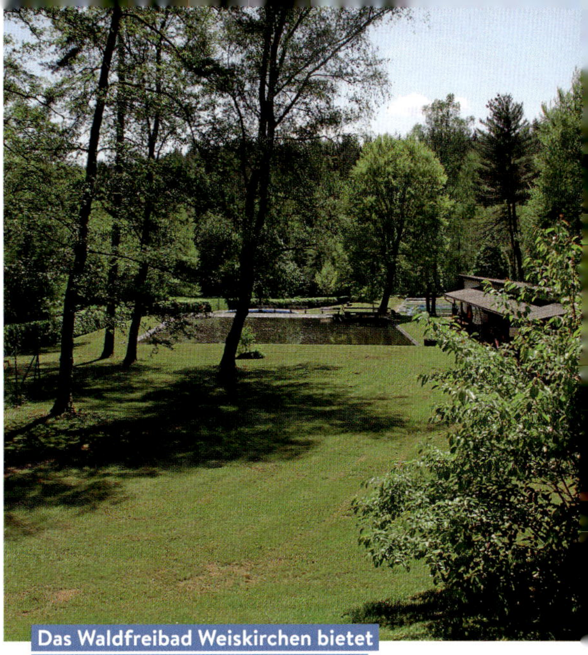

Das Waldfreibad Weiskirchen bietet im Sommer eine kühle Alternative.

INFO

TOURENCHARAKTER
Schwere Wanderung rund um Weiskirchen

ORIENTIERUNG
Gute Wegmarkierung auf dem Rundweg

HÖCHSTER/TIEFSTER PUNKT
633 m/383 m

AUSGANGS-/ENDPUNKT
Wanderparkplatz Weiskirchen, Im Hänfert 998, 66709 Weiskirchen
GPS 49.562473, 6.803831

ANFAHRT
Auto: Auf der A 8 von Merzig über Losheim. Über die A1 Abfahrt Primstal in Richtung Wadern. Im Zentrum Weiskirchen folgt man der Ausschilderung Richtung Kurzentrum zum Parkplatz beim Waldfreibad Weiskirchen.
ÖPNV: Mit dem Bus R1 ab dem Bahnhof Merzig bis zur Kirche Weiskirchen, ca. 10 Min. Fußweg

Schwer	17,5 km	464 Hm	6.00 Std.

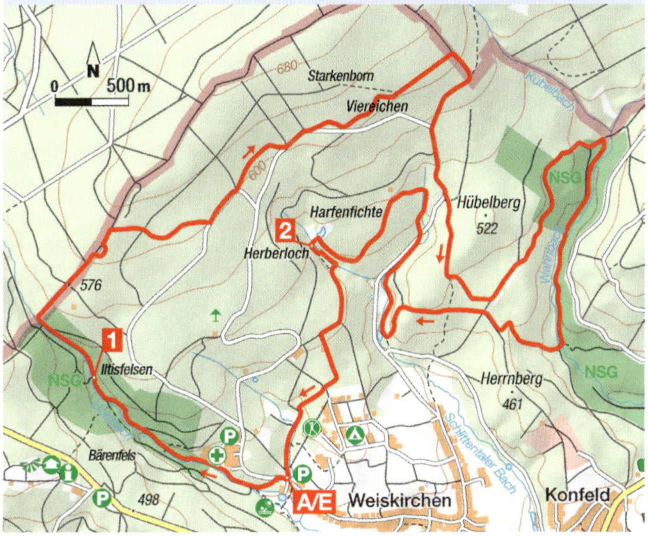

EINKEHR/ÜBERNACHTUNG
Hotel Schinderhannes, Trierer Straße 8, 66709 Weiskirchen
https://hotel-garni-schinderhannes-weiskirchen.hotel-mix.de

BESTE JAHRESZEIT
Ganzjährig

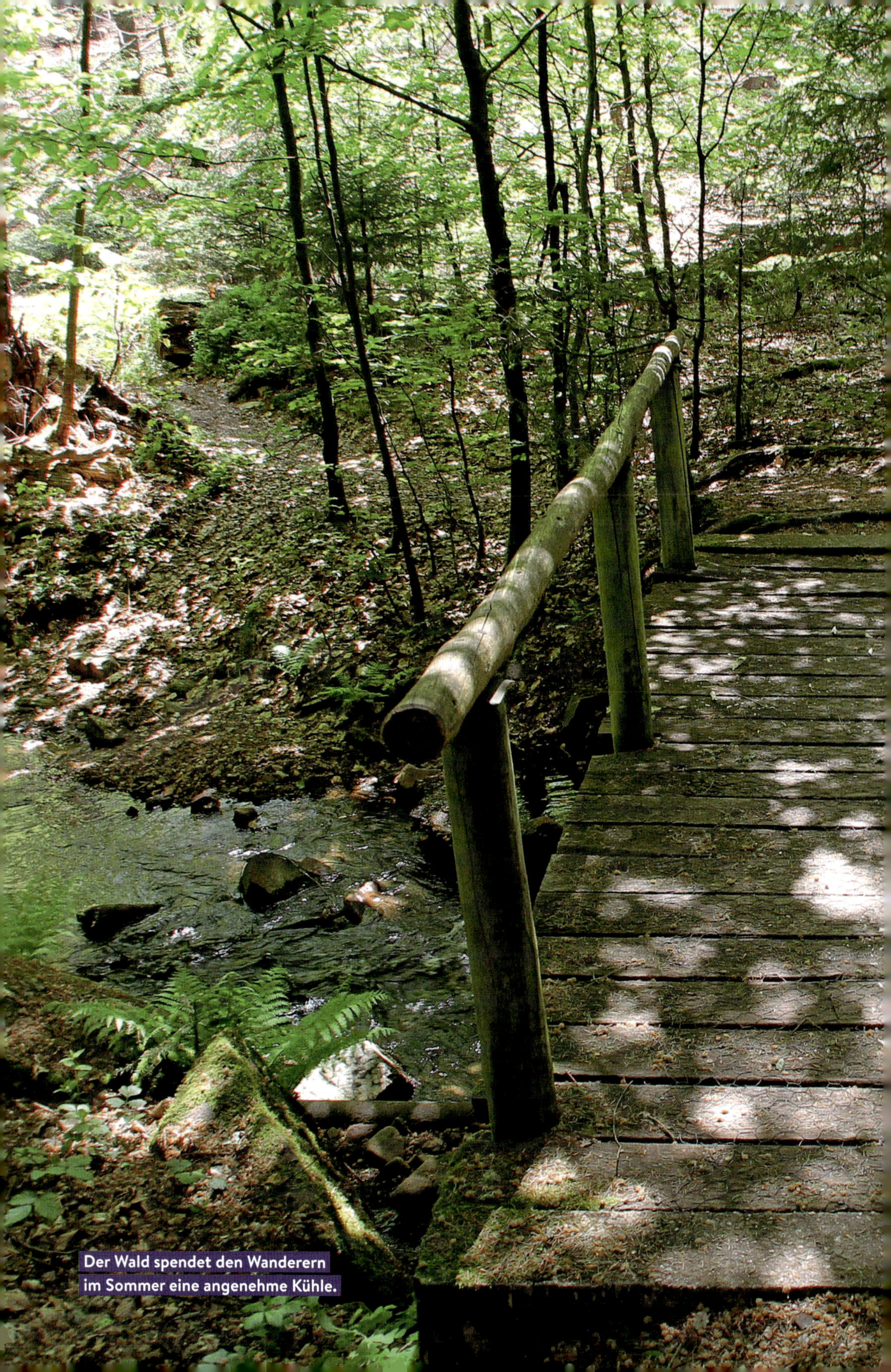

Der Wald spendet den Wanderern im Sommer eine angenehme Kühle.

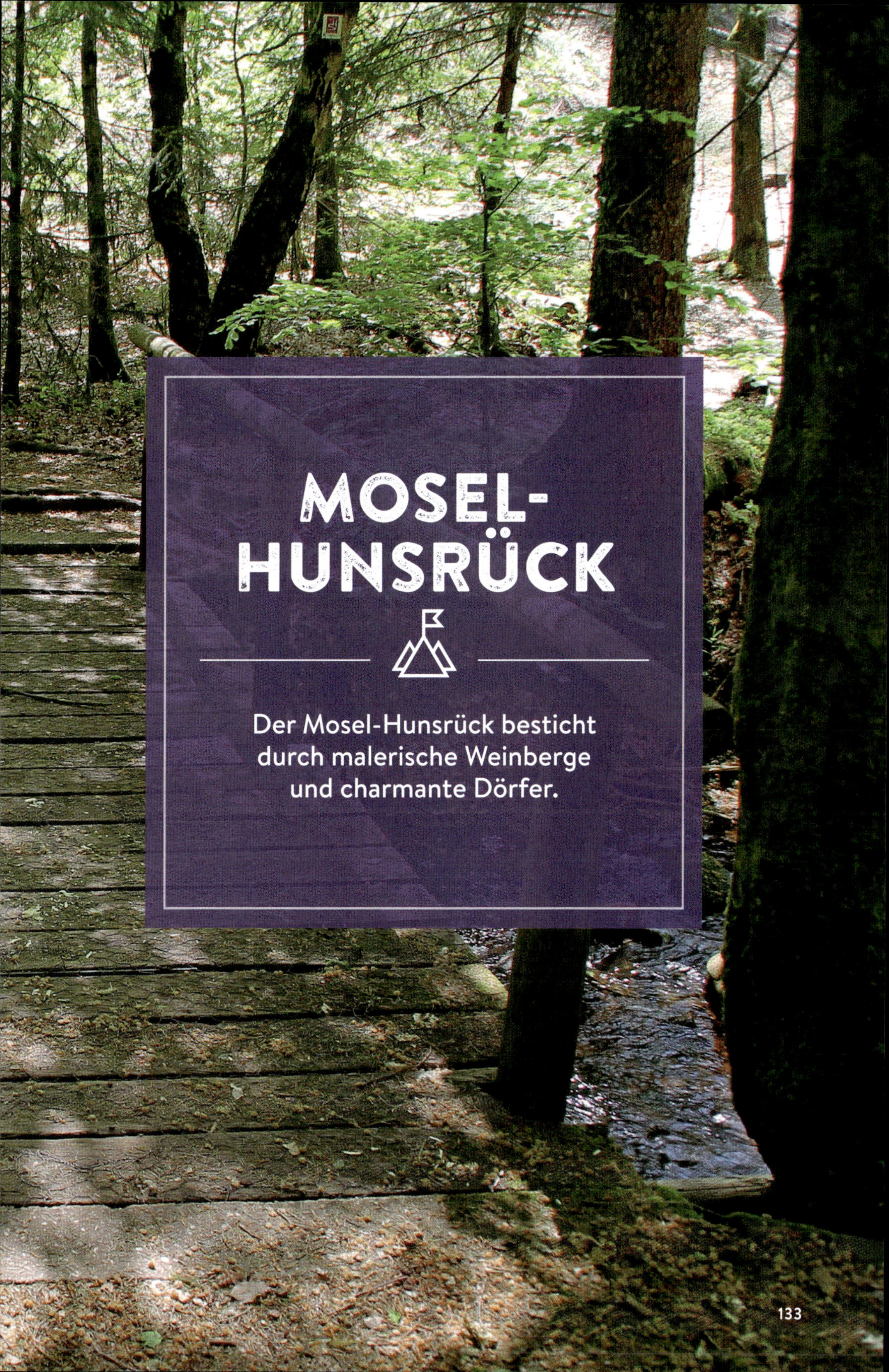

MOSEL-HUNSRÜCK

Der Mosel-Hunsrück besticht durch malerische Weinberge und charmante Dörfer.

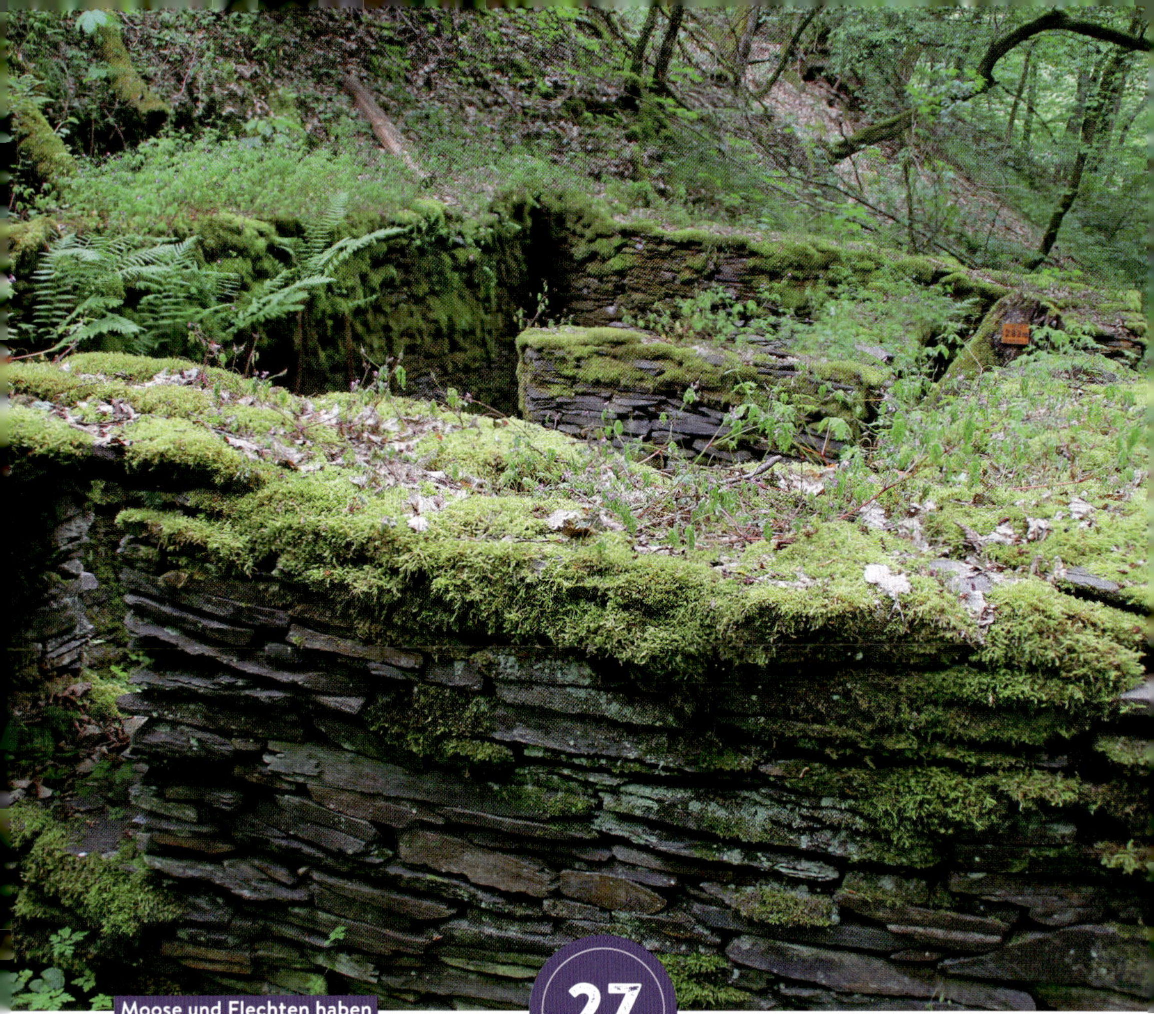

Moose und Flechten haben die Mauerreste überwuchert.

27

TRAUMSCHLEIFE LAYENSTEIG STRIMMIGER BERG

Eigenwillige Felswände

Drei Klettersteige gilt es während dieser spannenden Wanderung zu bewältigen. Dabei sind unterschiedlich schwierige Herausforderungen zu meistern, die allerdings auch umgangen werden können. Zudem führt diese aussichtsreiche Tour an alten Schieferstollen vorbei.

ZUR SCHOCKKAPELLE Unser Ausgangspunkt ist der **A Parkplatz an der Kirche** in Mittelstrimmig, von der wir der Markierung Richtung Traumschleife folgen. Dabei folgen wir anfangs der L 202, bis wir das Dorf verlassen und das Portal erreichen. Auf einem asphaltierten Weg geht es nun etwa 300 Meter weiter. Dabei streifen wir einen Baumlehrpfad, wo wir neue Erkenntnisse gewinnen. Schon bald erreichen wir die hübsche **1 Schockkapelle** und genießen die schöne Aussicht. Nachdem wir die L 200 gequert haben, erreichen wir den Schockwald. Unserer Markierung folgend, gelangen wir schließlich zu einer Grillhütte.

DURCH DAS MÖRSBACHER BACHTAL

Schon bald erreichen wir offenes Gelände. Auf der Anhöhe genießen wir eine kleine Pause und die schöne Sicht über das Tal. Nach der Pause folgen wir weiter unserer Markierung und halten uns links etwa 1200 Meter abwärts über Feldwege und gelangen schließlich auf einem schmalen Weg bis zum Portal Altstrimmig. Auch hier steht eine Grillhütte. Jetzt wird es etwas abenteuerlich. Ein kleiner, schmaler und kurviger Weg führt uns durch Wald am Bach entlang. Nach weiteren 500 Metern leitet uns der Weg bis zum Bildbach. Linker Hand erreichen wir das Mörsdorfer Bachtal nach etwa 1,5 Kilometern. Hier gehen wir wieder links weiter auf dem Talrandweg, während der Mörsdorfer Bach uns begleitet. Nach weiteren zwei Kilometern lassen wir es uns nicht nehmen, die erste Sinnesbank auszuprobieren. Ganz entspannt genießen wir dabei die Aussichten. In direkter Nähe befindet sich eine überdachte Infostelle zu den geologischen Besonderheiten.

IN DAS FLAUMBACHTAL Weiter auf unserer Wanderung streifen wir die Birkmühle Richtung Pulgermühle. Kurz vorher biegen

Tipp

WAHRHEIT ODER LÜGE?

Mittelstrimmig begann 1852 mit der Aufforstung des Binsfeldes. Ursprünglich hatte aber Hesweiler Hunderte von Jahren das Weiderecht, und so begann ein Streit, der vor Gericht ging. 1857 wurde der Prozess beendet. Hesweiler verlor und musste die Gerichtskosten tragen. Die Strimmiger zahlten eine Entschädigung für das Weiderecht. Nach einer Überlieferung hatte sich die Auseinandersetzung folgendermaßen entwickelt: Lange Zeit hatten beide Kontrahenten die gleichen Chancen, das Gericht zu überzeugen. Eines Tages kam ein Bürger aus Strimmig zum Bimsfeld und behauptete, in einem alten, aber nicht mehr vorhandenen Schriftstück gelesen zu haben, dass das Binsfeld zu Mittelstrimmig gehöre. Dazu leistete er einen Eid. Die Hesweiler glauben noch heute, durch diese Lüge hätten die Mittelstrimmiger das Binsfeld erhalten. Dem Mann, der gelogen hatte, erging es nicht gut. Er starb früh und geistert des Nachts im Binsfeld herum, um Grenzsteine und Erde zu tragen. Sein Jammern ist weithin zu hören.

Ein stummer Zeitzeuge mehrerer Jahrhunderte begegnet uns auf dem Weg.

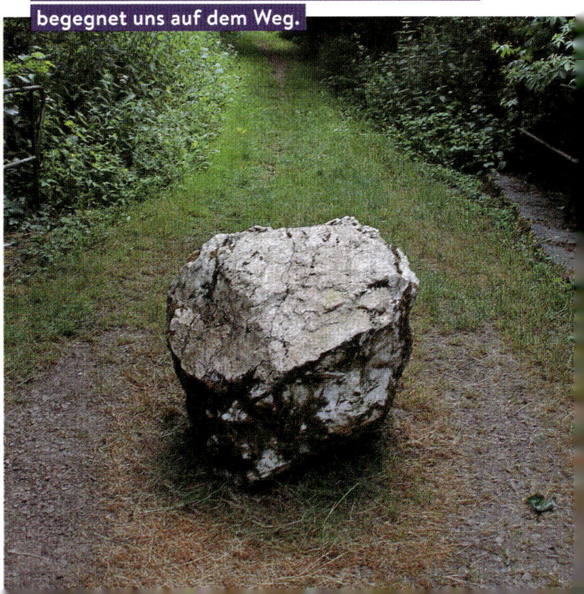

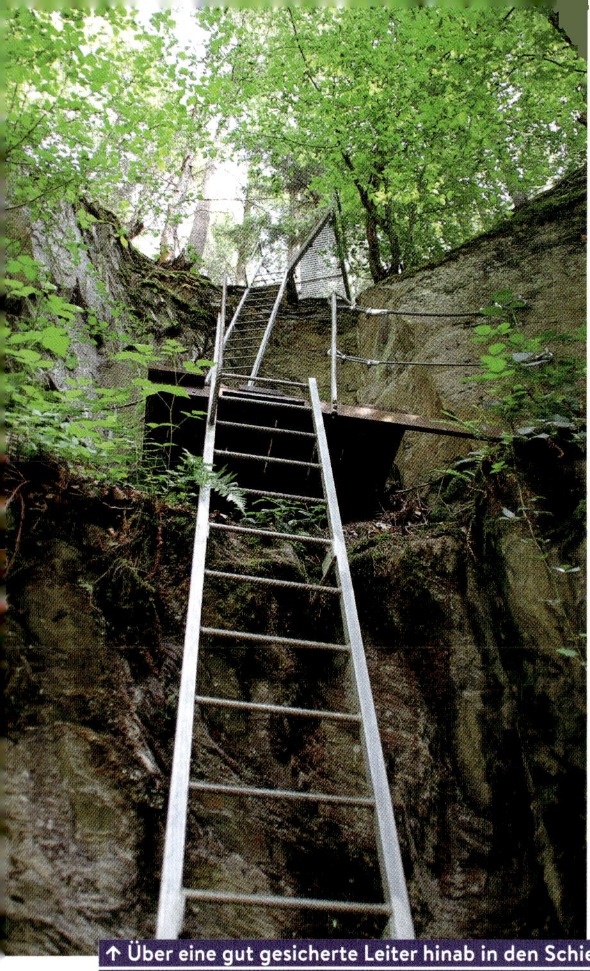

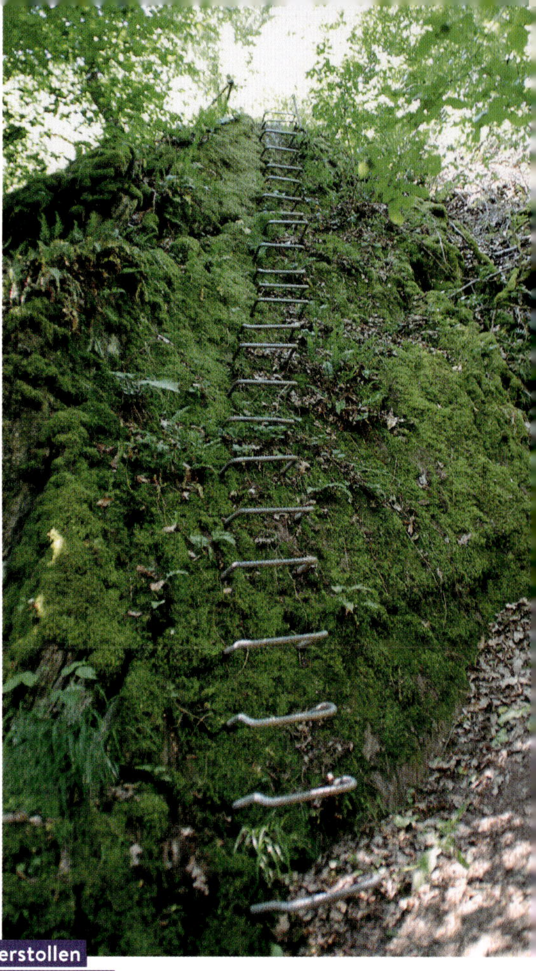

↑ Über eine gut gesicherte Leiter hinab in den Schieferstollen
↗ Bei den steilen Eisentritten ist besondere Vorsicht angebracht.

wir links ab und erreichen nach wenigen Metern die Straße, die wir queren. Nach einem halben Kilometer auf einem bequemen Waldweg erreichen wir das **2 Flaumbachtal**. Knapp einen Kilometer benötigen wir, bis wir den Flaumbach erreichen. Links geht es nun auf einem sehr schmalen Weg etwa 300 Meter am Bach entlang, bis wir eine Brücke erreichen und damit die Bachseite wechseln.

DER ERSTE KLETTERSTEIG Nach kurzer Zeit haben wir dann den ersten **3 Klettersteig** erreicht. Bei unpassenden Wetterbedingungen ist eine Umgehung durch das Tal bis zur Schafsbrücke möglich. Über den Klettersteig gelangt man dagegen in Höhen, die wunderschöne Aussichten über das Flaumbachtal bieten. Nun geht es den Burgberg hinab bis zur Schafsbrücke. Mit dem Keltenweg wandern wir durch den Wald bis zum Wegekreuz, wo der Einstieg zum zweiten Klettersteig beginnt.

AM FELSEN ENTLANG Über einen schmalen Pfad durch Mischwald geht es weiter bis zu einer kleinen Kanzel. Ab hier zieht die Route aufwärts. Die Steigeisen, die im Felsen eingelassen wurden, erleichtern den Aufstieg. Wer diesen Abschnitt umgehen möchte, findet hier entsprechende Informationen. Als Lohn für seine Mühen kann sich der Wanderer hier über tolle Aussichten freuen. An dieser Stelle machen wir eine kleine Pause, bevor wir weiterwandern. Nach etwa 100 Metern biegen wir rechts ab. Über bequeme Wege führt die Route aufwärts zur **4 Goßen Kanzel**. Neben einer Sinnesbank befinden sich auch Bänke und eine Hütte vor Ort.

MIT DER LEITER IN DIE TIEFE Nach einem letzten Fernblick geleitet uns die Markierung zum dritten Klettersteig. Über eine Leiter geht es nun hinab in alte **5 Schieferstollen**, die im Zweiten Weltkrieg als Zufluchtsort dienten. Auch an dieser Stelle ist eine Umgehung möglich. Unsere Markierung führt uns nun leicht bergan. Nach dem Streifen eines Feuchtbiotopes erreichen wir die Hauptstraße, welche wir queren. Über einen schmalen Weg gelangen wir zum Portal Liesenich, wo sich ebenfalls eine Sinnensbank befindet. Ganz entspannt führt unsere Route auf Feldwegen weiter und an einem Fischteich vorbei, bis wir das Portal Mittelstrimmig und den **E Parkplatz an der Kirche** erreicht haben.

INFO

TOURENCHARAKTER
Schwerere Wanderung mit mehreren Highlights

ORIENTIERUNG
Sehr gute Ausschilderung

HÖCHSTER/TIEFSTER PUNKT
404 m/156 m

AUSGANGS-/ENDPUNKT
Parkplatz Kirche, Schulstraße 1, 56858 Mittelstrimmig (Alternative Einstiege: Parkplatz Friedhof in 56858 Altstrimmig, Parkplatz an der alten Schule in 56858 Liesenich (371 m)) GPS 50.086673, 7.281178

ANFAHRT
Auto: Von Kastellaun über die L 203 nach Mittelstrimmig
ÖPNV: Mit dem Bus Linie 742 von Mörsdorf nach Mittelstrimmig

EINKEHR/ÜBERNACHTUNG
Gasthaus Zur Buche, Wohnplatz an der Buche 1, 56858 Mittelstrimmig, Tel. 06545/247, https://gasthaus-zur-buche.eatbu.com

BESTE JAHRESZEIT
März–November

Schwer	13,8 km	465 Hm	4.30 Std.

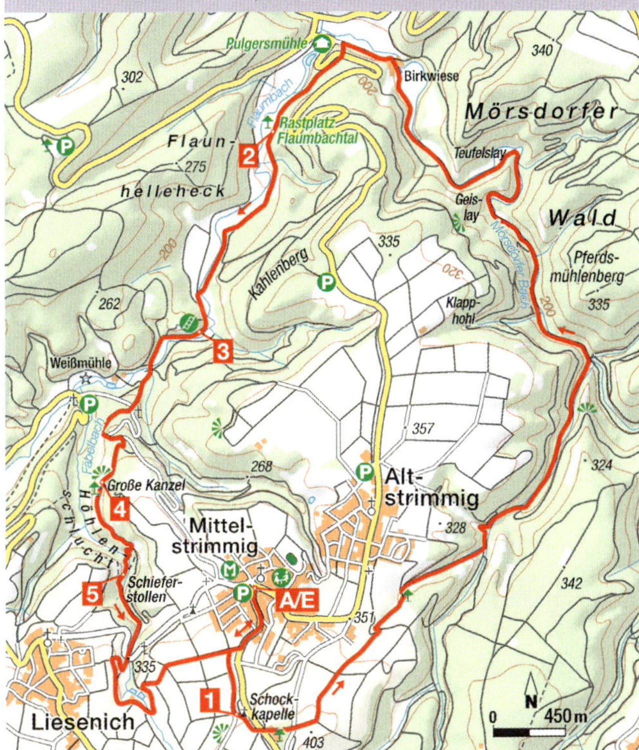

KULTURWEG GRAFSCHAFT VELDENZ

»Schwarzer Peter«

Der Weg »Grafen, Gold undSschwarzer Peter« verbindet mehrere Orte in der Grafschaft. Das Wegenetz bindet die Ortschaften Mülheim, Veldenz, Brauneberg, Burgen und Gornhausen ein und kann individuell erkundet werden. Wanderer entdecken die Spuren der Grafschaft Veldenz, einer bedeutenden Adelsfamilie. Der Weg verwebt Natur mit Geschichte, während er Einblicke in die reiche Vergangenheit dieser Region gewährt.

Das Schloss Veldenz thront erhaben auf dem Berg und ist von Weitem sichtbar.

28

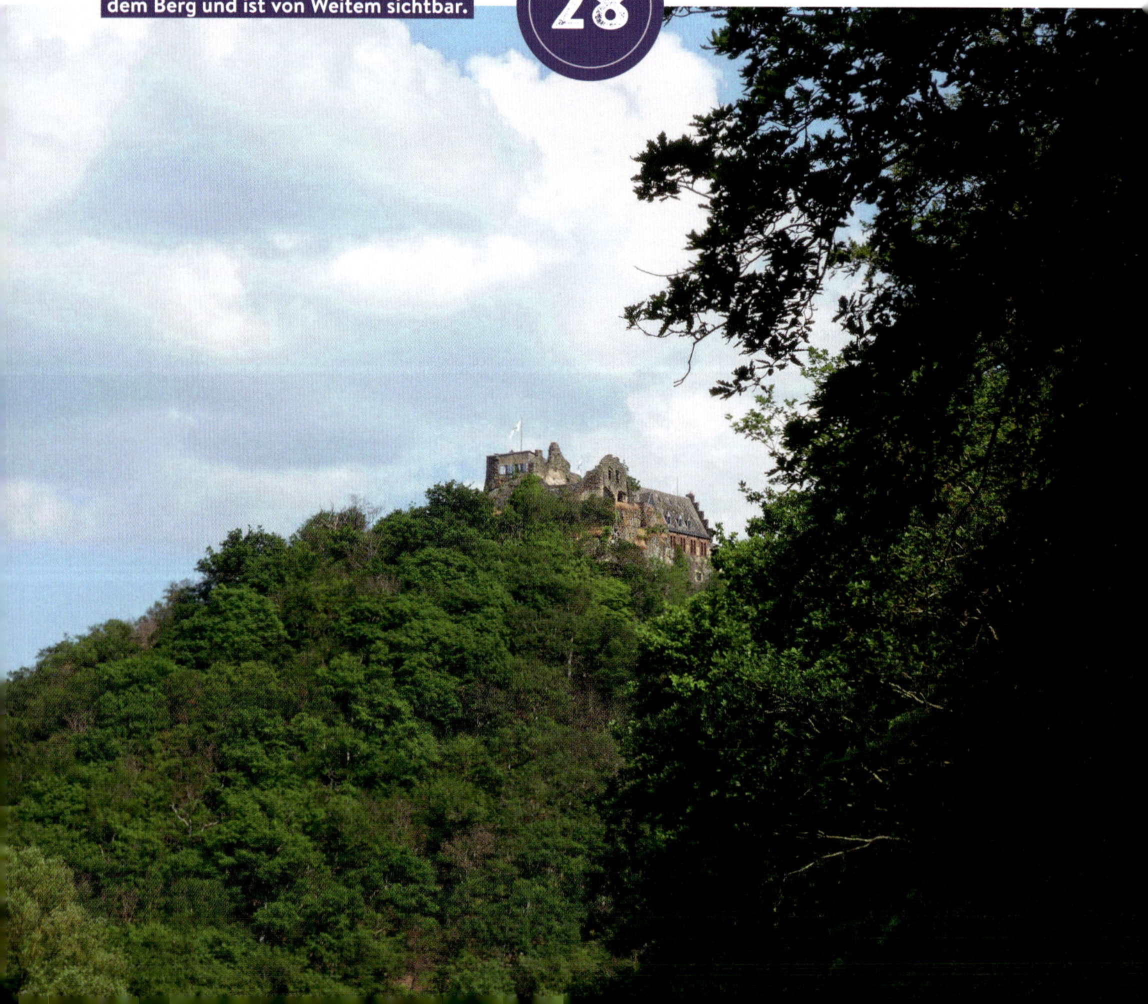

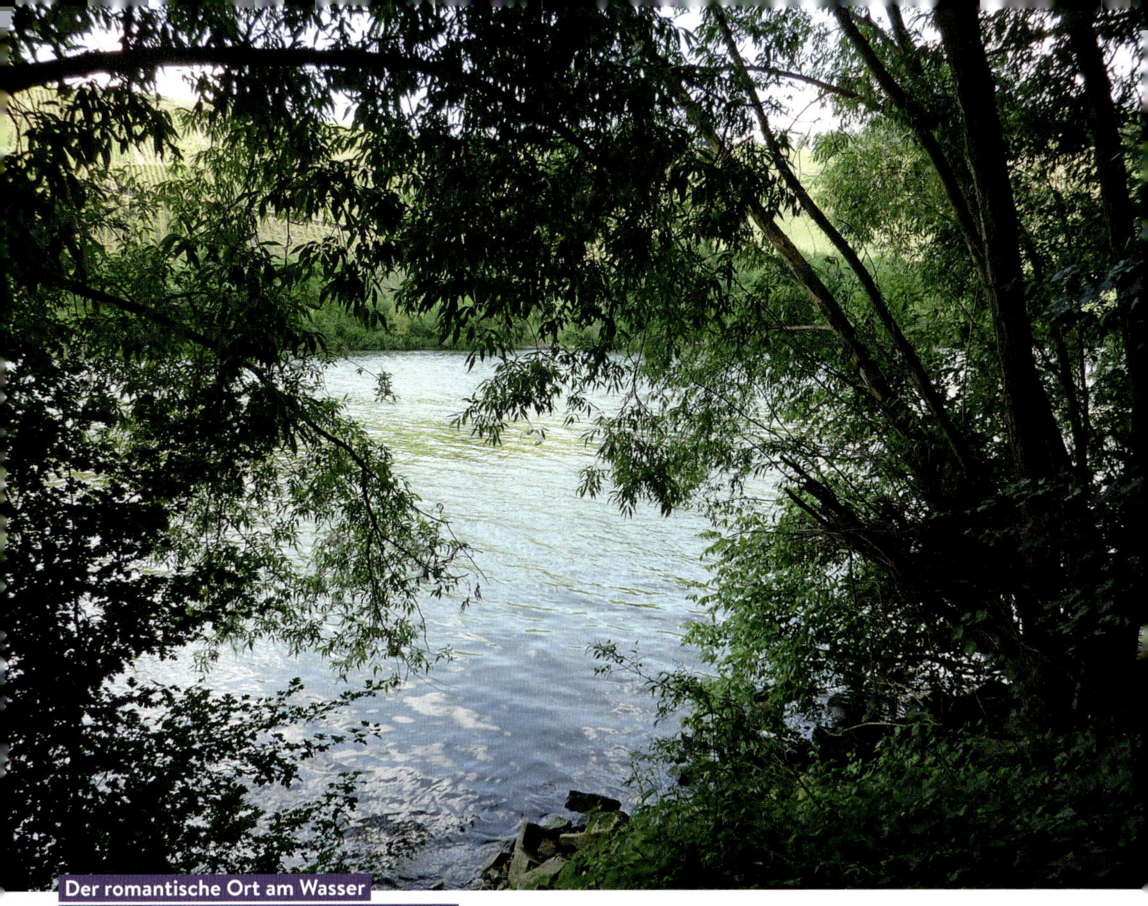

Der romantische Ort am Wasser lädt zu einem ausgedehnten Picknick ein.

Veldenz liegt im Landkreis Bernkastel-Wittlich an der Mosel, in der Nähe der Städte Bernkastel-Kues und Traben-Trarbach, umgeben von Weinbergen. Die Gemeinde hat eine spannende Geschichte, die bis ins Mittelalter zurückreicht.
Anfangs war Veldenz ein bedeutendes Herrschaftszentrum der Pfalzgrafen von Veldenz. Die Veldenzer Grafen hatten eine bedeutende Stellung in der Region und auch eine enge Verbindung zu Hildegard von Bingen. Das Schloss Veldenz ist ein imponierendes Wahrzeichen. Diese mittelalterliche Burg wurde im 12. Jahrhundert erbaut. Immer wieder wurde sie beschädigt und wiederaufgebaut.
Veldenz ist bei vielen Weinkennern durch den Weinbau bekannt. Neben den Fachwerkhäusern trifft man im Ort auch immer wieder auf Restaurants, die zur Weinprobe des typischen Rieslings einladen.

GEMÜTLICHER BEGINN In der **A Ortsmitte von Veldenz** befindet sich die Villa Romana, wo wir ganz in der Nähe die Tour starten. Wir folgen der Weingartenstraße und biegen dann rechts in die Straße Auf der Olk ab. Über die Straße Veldenzer Hammer erreichen wir das Restaurant Rittersturz. Weiter auf unserem Weg erreichen wir die Münzstraße, der wir links folgen. Das Schloss Veldenz können wir jetzt schon sehen. Hoch oben thront es auf dem Berg. Rechts abbiegend und bald in Begleitung des Kalmbaches erreichen wir die Schloßstraße, der wir rechts folgen. Mitten im Wald erreichen wir einen kleinen Wanderparkplatz und die kleine Waldkapelle. Die

Tipp

DER GOLDENE RING

In vergangenen Zeiten waren die Veldenzer Grafen für ihre außergewöhnliche Treue bekannt. Eine Sage erzählt von einem tapferen Ritter, der sich ins Heilige Land begab und seiner Geliebten einen goldenen Ring als Abschiedsgeschenk überreichte. Nach fünf Jahren war er immer noch nicht zurückgekehrt, und die Mutter des Mädchens riet ihr, den Ring fortzuwerfen, um endlich andere Gedanken fassen zu können. Also warf sie den Ring in die Zisterne der Burg, doch am nächsten Tag tauchte er wieder in einem Eimer auf. Daraufhin entschloss man sich, den Ring in den Garten zu werfen, doch er wuchs unerklärlicherweise an einer Bohnenranke empor, die bis vor das Erkerfenster des Mädchens wuchs.
Nun beschloss die Mutter, den Ring ins Feuer zu werfen, und als sie versuchte, ihn der Tochter zu entreißen, die ihn nun doch nicht mehr hergeben wollte, hörte man plötzlich das Klirren von Sporen im Treppenhaus: Der Ritter war zurückgekehrt und angeblich belohnte das reine Glück ihre Treue.

Kapelle ist nicht nur ein beliebter Ort zum Innehalten, sondern auch eine historische Wegmarke.

ZUR JOSEFINENHÖHE Wir halten uns rechts und folgen unserer Markierung weiter durch den Wald, bis wir zum **1 Rittersturz** und den Pionierfelsen gelangen. Über einen aufwärts verlaufenden Zickzackweg ist die Josefinenhöhe bald erreicht. Dieser Aussichtspunkt lädt zu einer gemütlichen Rast ein. Hier befindet sich auch ein Weinschrank, wo der Wanderer gegen eine geringe Gebühr eine Kleinigkeit erwerben kann. Über Waldwege kommen wir **2 Gornhausen** immer näher. Wir queren schließlich in Gornhausen die Straße Im Leinpfad und wandern die Hauptstraße weiter entlang. Links abbiegend können wir nun einen Abstecher zum Kaisergarten unternehmen. Umrundet von acht Weißtannen steht in der Mitte eine Eiche. Fünf Weißtannen sind noch von der Erstbepflanzung erhalten.

NACH HIRZLEI Zurück von unserem Abstecher erreichen wir wieder die Hauptstraße und wandern dann links in die Veldenzer Straße. An der nächsten Möglichkeit biegen wir links und dann rechts in den zweiten Weg ein. Nachdem wir die Kläranlage passiert haben, führt uns die Wanderung zur **3 Klaramühle.** Der Markierung weiter folgend, ist **4 Hirzlei** unser nächstes Ziel. Wir folgen der Ortsstraße und anschließend der Hirzleier Straße, bis der Wanderweg uns parallel entlang zum Frohnbach führt. Vorher haben wir noch die Möglichkeit, den Hirschfelsen aufzusuchen. Auf unserem ursprünglichen Wanderweg geht es nun in Richtung Burgen. Auf der Fahlser Straße biegen wir rechts ab. Die Bergstraße führt uns nun direkt in den Wald, wo wir den Rastplatz oberhalb von Burgen erreichen.

ZUR KELTISCH-RÖMISCHEN VILLA Unsere Markierung führt uns nun weiter durch den Wald. Wir streifen eine Schutzhütte und erreichen später die Straße In den Banngärten in Veldenz. Rechts abbiegend in die Schulstraße haben wir nun die Villa Romana erreicht. Die Ursprünge der Villa Romana lassen sich bis in die keltisch-römische Zeit zurückverfolgen. Im Untergeschoss des ehemaligen Pfarrhauses sind beträchtliche Überreste eines gut erhaltenen römischen Bades zu finden. Das Gebäude dient heute als Museum, das eine ansehnliche Münzsammlung

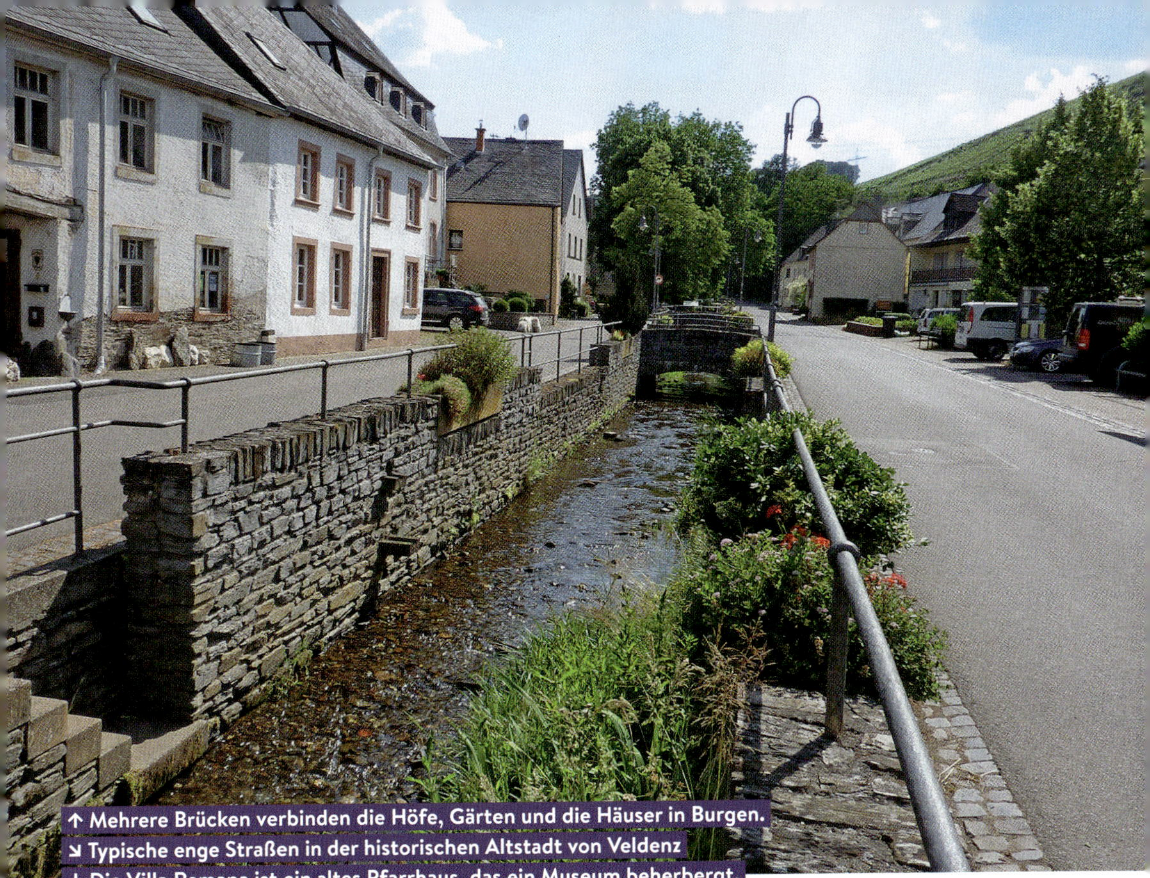

↑ Mehrere Brücken verbinden die Höfe, Gärten und die Häuser in Burgen.
↘ Typische enge Straßen in der historischen Altstadt von Veldenz
↓ Die Villa Romana ist ein altes Pfarrhaus, das ein Museum beherbergt.

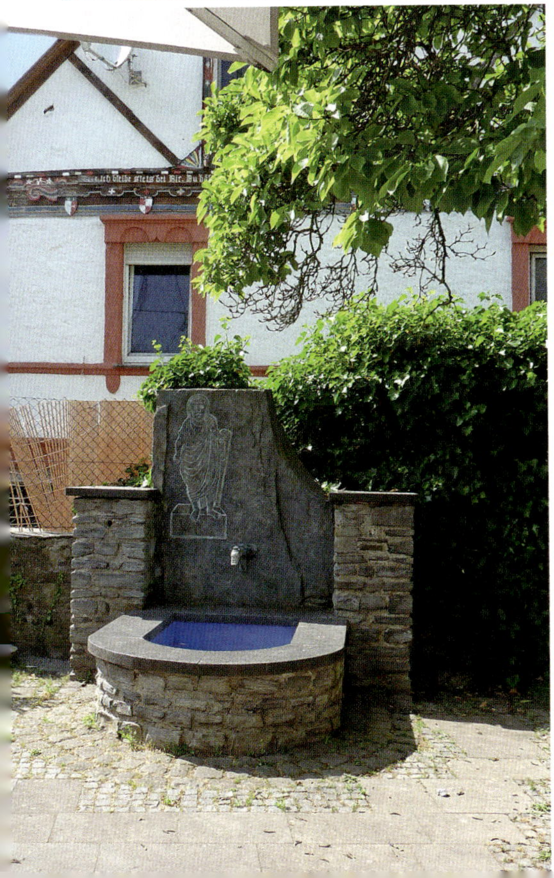

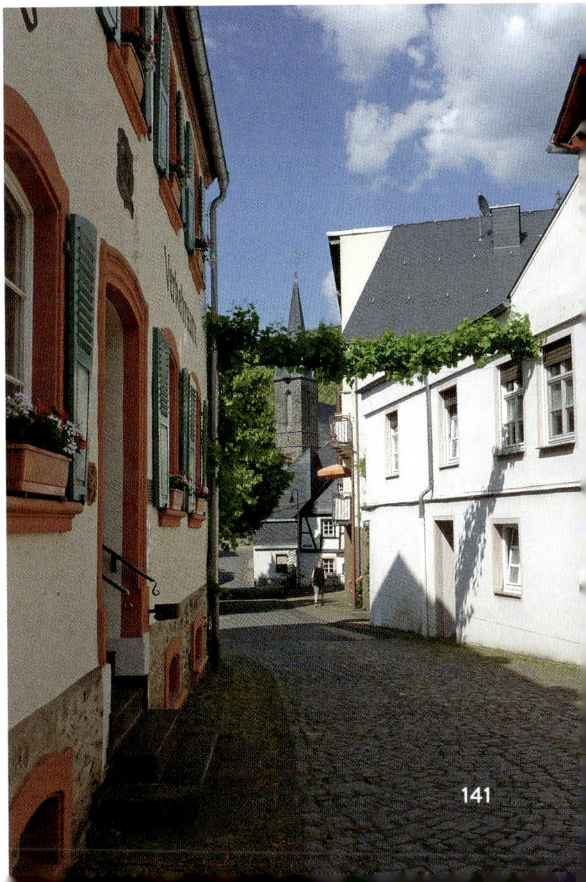

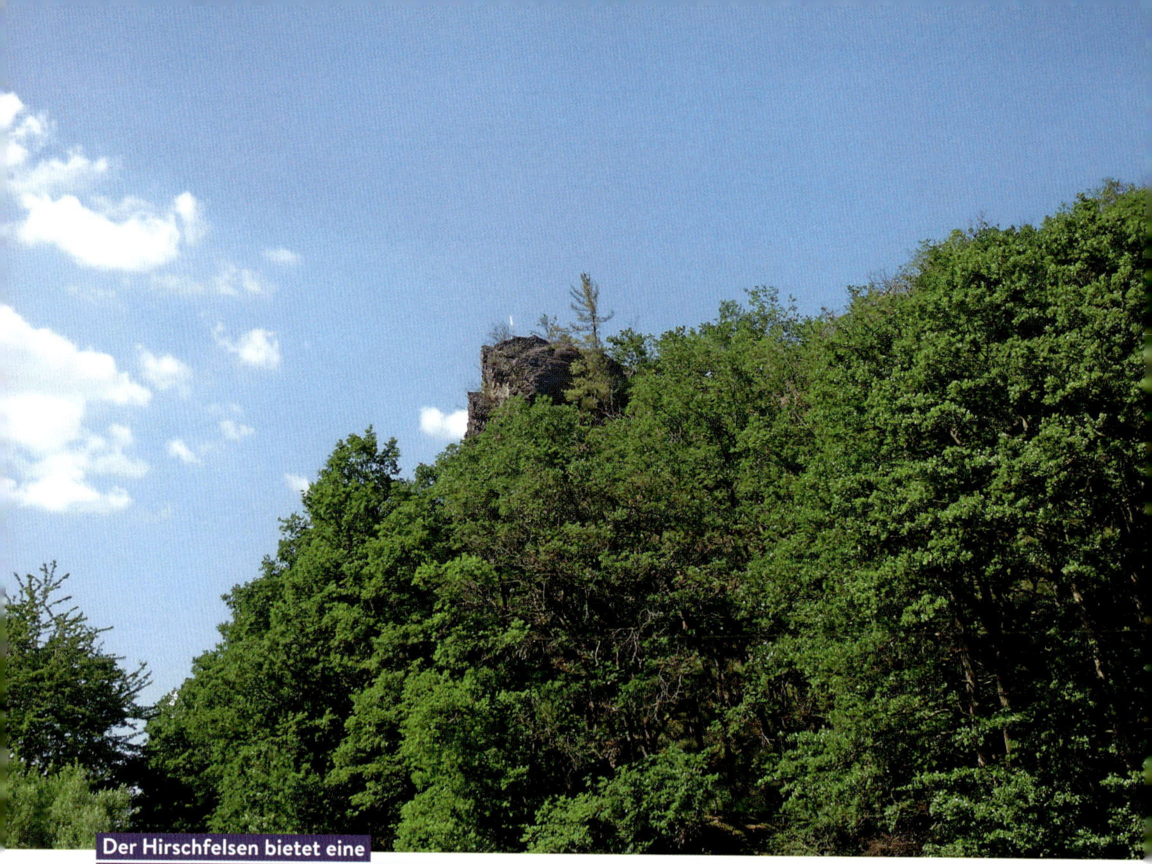

Der Hirschfelsen bietet eine herrliche Aussicht ins Frohnbachtal.

beherbergt, sowie als Ort für wechselnde Bilderausstellungen. Über die Bergstraße erreichen wir die Hollandstraße, der wir rechts folgen. Links in der Gartenstraße weiter, kommen wir an der Feuerwehr vorbei und gehen am Veldenzer Bach weiter. Diesem folgen wir und erreichen **5 Mülheim an der Mosel**. Der Ort ist umgeben von idyllischen Weinbergen. Auch die Römer fanden die Lage des Ortes perfekt. Sie errichteten vor etwa 2000 Jahren einen Flussübergang und verbanden so die Römerstraßen.

Auf dem Talweg gehen wir rechts und links in die Straße Zur Doctorey weiter, um schließlich links in die Straße Bergfried abzubiegen. Dieser folgen wir, bis wir rechts in die Marktstraße abbiegen können. Links auf die K 88 und Hauptstraße führt uns die Wanderung links auf dem Mühlenweg weiter. Bald erreichen wir die Straße Im Brühl, der wir weiter folgen. Nach der Querung des Frohnbaches halten wir uns rechts und queren schließlich die K 87. Wir streifen den Jüdischen Friedhof und erreichen rechts haltend den **6 Donatusbildstock**. Hier führt uns die Markierung weiter in das Ortszentrum von Brauneberg. Der Hans-Schlösser-Weg bringt uns zur Dusemonder Straße. Links abbiegend erreichen wir den Filzener Weg und die Moselweinstraße. Rechts ist nun die Klosterschänke, wo wir einkehren können. Wir umrunden halb die Kirche St. Josef und verlassen links haltend **7 Filzen**. Weiter führt die Tour direkt an der Mosel entlang. Wir ziehen durch die Nussbaumallee in Brauneberg, halten uns dann rechts, queren die Moselweinstraße und wandern links weiter zur Hauptstraße, der wir rechts folgen.

BURGEN UND SEINE BRÜCKEN Rechts über die Straße Im Brühl und den Mühlenweg erreichen wir Burgen, wo wir dem Frohnbach bis ins **E Zentrum** folgen. Keine Gemeinde im Umkreis verfügt über so viele Brücken. 19 steinerne, hölzerne und schmiedeeiserne Brücken und Stege queren den Bach. Zudem befinden sich hier sehr schöne gepflegte Fachwerkhäuser, Winzereien wie auch eine alte Wassermühle aus dem Jahr 1845 in dem Ort. Johann Peter Petri, genannt »Der alte Schwarzpeter« oder »Schwarzer Peter«, bekannt als Komplize des »Schinderhannes«, lebte einst hier vor Ort. Geboren wurde er 1752 in Burgen. Während der französischen Besatzung verlor er alles und wurde zum Räuber. Er soll auch der Namensgeber des Kinderkartenspieles »Schwarzer Peter« sein. Anscheinend hatte er während seiner Gefängnistage das Kartenspiel erfunden, um sich und den anderen Häftlingen den Aufenthalt erträglicher zu machen.

INFO

Schwer	39,9 km	961 Hm	11.00 Std.

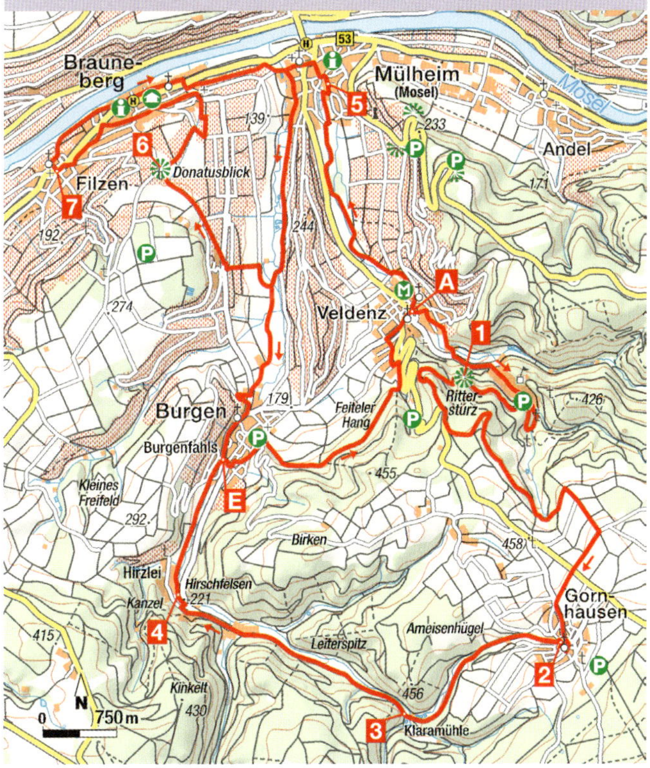

TOURENCHARAKTER
Schwere Wanderung durch verschiedene Ortschaften

ORIENTIERUNG
Gute Wegmarkierung

HÖCHSTER/TIEFSTER PUNKT
529 m/110 Hm

AUSGANGSPUNKT
Ortsmitte, 54472 Veldenz
GPS 49.889540, 7.024290

ENDPUNKT
Ortsmitte, 56332 Burgen

ANFAHRT
Auto: Auf der B 53 von Bernkastel Richtung Trier, durch Andel bis Mülheim, dann auf der L 158/K 88 Richtung Wittliche/Salmtal/Lieser/Veldenz/Mülheim nach Veldenz
ÖPNV: Mit dem Bus Linie 335 von Bernkastel-Kues nach Veldenz-Ortsmitte

EINKEHR/ÜBERNACHTUNG
Platz Weinhotel & Restaurant, Hollandstraße 12, 54472 Veldenz, Tel. 06534/244, http://wein-restaurant-platz.rhinelandpalatinatehotels.com/nl

BESTE JAHRESZEIT
Ganzjährig

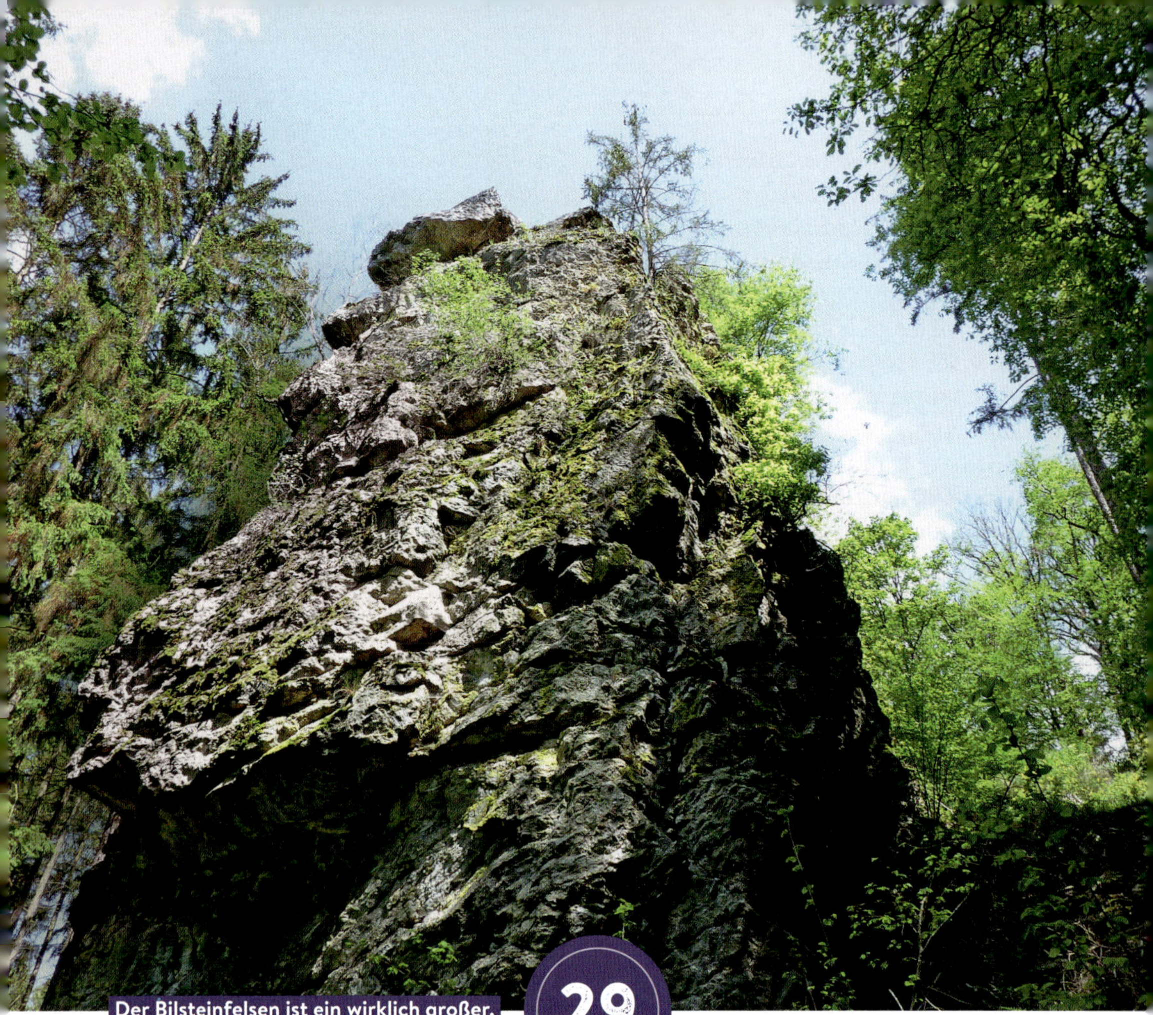

Der Bilsteinfelsen ist ein wirklich großer, senkrecht aufragender Felsen.

29

SEITENSPRUNG KIRCHSPIEL'S TÄLERTOUR

Entspanntes Bachgeflüster

Der Premiumwanderweg führt von Kleinich, einer kleinen Gemeinde im Kreis Bernkastel/Wittlich, durch Wald und Wiesen zu den kleinen Ortschaften Emmeroth und Pilmeroth. Das Wasserrauschen im Tal des Trabener Baches begleitet zudem ein Stück auf der Wanderung und sorgt für eine angenehme Entspannung.

ETWAS GESCHICHTE Seit der Reformation bildeten viele kleine Orte rund um den Hunsrückort Kleinich im heutigen Kreis Bernkastel/Wittlich eine Pfarrei namens »Kirchspiel Kleinich«. Dieser Name blieb bis heute bestehen. Es wird vermutet, dass die Orte aus Einzelgehöften entstanden und keltischen Ursprunges sind. Viele Funde aus dem Kreis verweisen auf das Vorhandensein der Kelten. Der bedeutsamste Fund ist das zum Vicus Belginum gehörende Gräberfeld aus keltischer Zeit. Die Ortschaften sind heute von hübschen, zum Teil mit Schiefer verzierten Höfen und Häusern geprägt. Die abwechslungsreiche Topografie mit Bergen und Tälern bietet spannende Fernsichten und das beruhigende Plätschern des Wassers. In dieser ansprechenden Landschaft ist eine Wanderung auf der 13 Kilometer langen Seitensprung »Kirchspiel's Tälertour« äußerst reizend. Bei Hochwasser sind die Bachüberquerungen allerdings nicht möglich. Zudem ist nach Regenwetter auf das passende Schuhwerk zurückzugreifen.

BANK MIT FERNBLICK In Kleinich startet unsere idyllische Tour. Der Ort wurde im Jahr 1220 erstmals erwähnt, und noch heute gibt es alte Fachwerkhäuser zu sehen. Im Zentrum des Ortes befindet sich die Kirche, die zwischen 1789 und 1790 errichtet wurde. Von unserem Ausgangspunkt, dem A **Parkplatz am Feuerwehrhaus** in Kleinich, wandern wir auf den Premiumwanderweg Richtung Götzeroth. Auf einer Riesenbank verweilen wir und genießen den Rundumblick.

NACH PILMEROTH Wir queren den Kautenbach und halten uns kurze Zeit später rechts parallel zum Ortsrand von Götzeroth. Nachdem wir Götzeroth hinter uns gelassen haben, wandern wir in Richtung

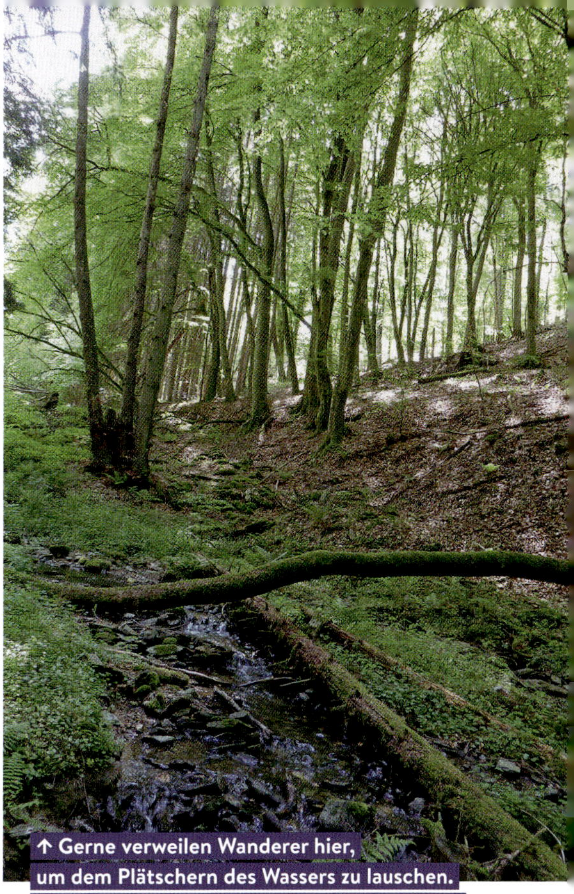

↑ Gerne verweilen Wanderer hier, um dem Plätschern des Wassers zu lauschen.

↓ Auf der Wandertour entdeckt man manche alten sehenswerten Gemäuer.

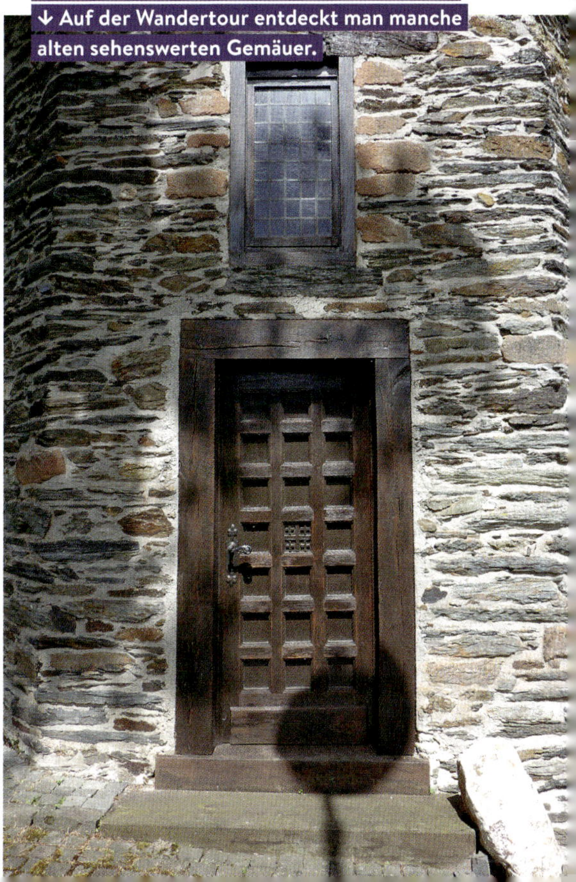

Tipp

ALPAKA-TREKKING

Die kleine Pferde- und Alpaka-Farm Abayomi bietet Alpaka-Trekking an. Der Name der Farm stammt aus dem afrikanischen Sprachraum und bedeutet »freundliches Zusammentreffen«. Ein freundliches Zusammentreffen findet hier auch statt. Beim Alpaka-Trekking gehen Mensch und Tier gemeinsam in die Natur und unternehmen schöne Spaziergänge – besonders für Kinder ein sehr einprägsames Erlebnis. Der Spaziergang dauert etwa 1,5 Stunden und findet nach vorheriger Vereinbarung statt (Emmeroth 13, 54483 Kleinich, Tel. 06536/933874, www.abayomi-lieser.de).

Emmeroth. Schließlich tauchen wir in den Ort ein und durchstreifen ihn. Unser Wanderweg führt uns nun Richtung Pilmeroth. An der 1 **Spießbratenhütte** verweilen wir und genießen die Pause. Nun folgen wir unserer Markierung durch Pilmeroth. Diese kleine Gemeinde hatte 1974 gerade einmal 52 Einwohner. Das Wappen des Ortsteiles von Kleinich zeigt seinen Bezug zu Landwirtschaft und Viehzucht.

IN BEGLEITUNG DES WASSERS Nachdem wir Pilmeroth hinter uns gelassen haben, führt die Tour weiter durch den Ewertswald. Anschließend queren wir den Ilsbach und erfreuen uns an dem Wasserplätschern. Vorbei am imposanten 2 **Bilsteinfelsen** be-

Bezaubernde evangelische Pfarrkirche mit Glockenturm in Kleinich

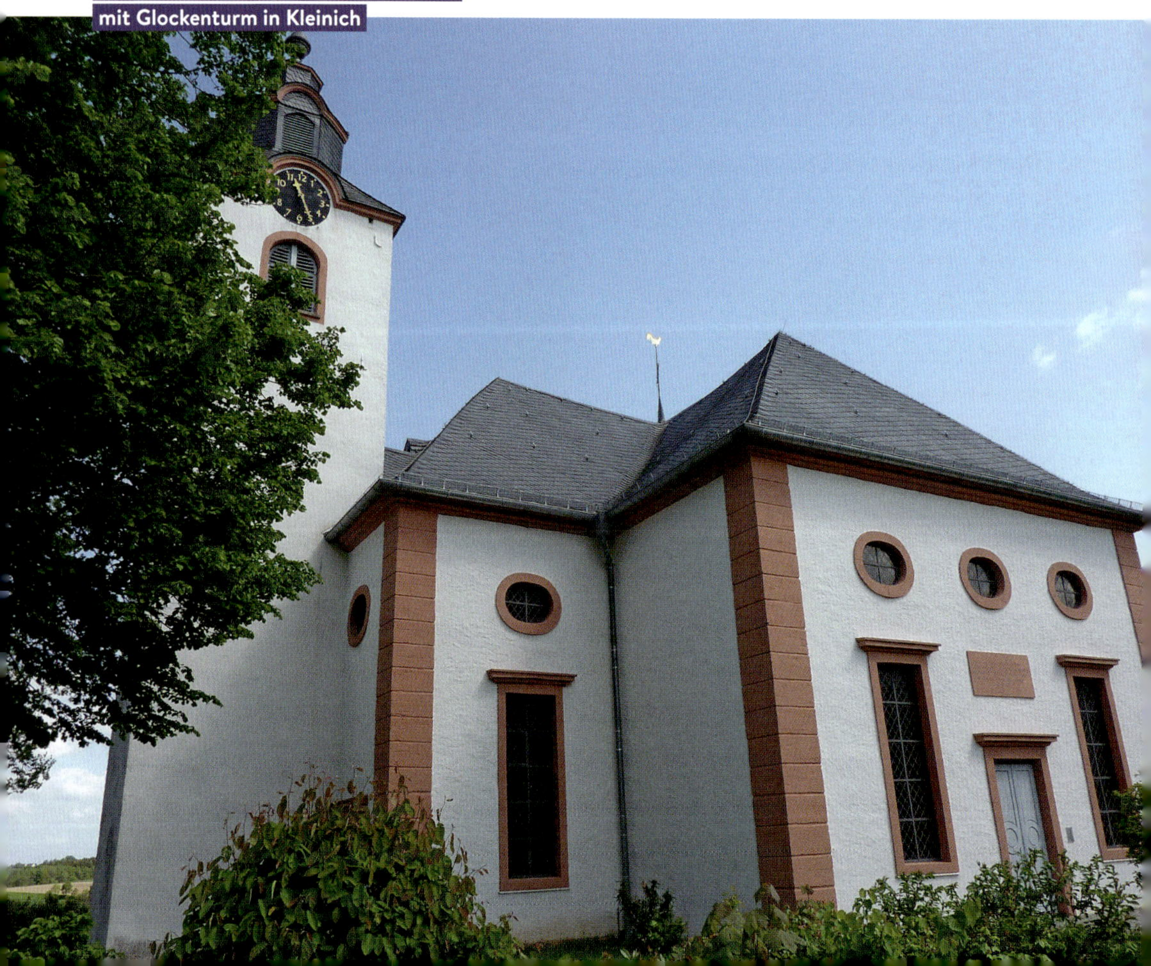

gleitet uns später der Trabener Bach und nachfolgend der Kautenbach ein Stück unseres Weges. Nach ungefähr zehn Kilometern haben wir den Ort Fronhofen erreicht. Der Ort liegt etwa zwei Kilometer von Kleinich entfernt und war bis 1974 eine eigenständige Gemeinde. Sein Wappen, in Grün gehalten mit silbernen Geweihstangen und einer goldenen Wolfsangel, weist auf die Landwirtschaft, das Wild und die hier vorherrschende Forstwirtschaft hin.

FEINE KRÄUTER UND UNKRÄUTER Sehr schön anzusehen sind die kleinen Fachwerkhäuser wie auch die evangelische Kirche. In der Ortsmitte verweilen wir am **3 Naturkräutergarten**, in dem Küchenkräuter, Winter- oder Sommerkräuter, aber auch exotische Kräuter neben vermeintlichen Unkräutern wachsen. Im Hofladen können Produkte mit dem einen oder anderen verarbeiteten Kräutlein erworben werden. (www.naturkraeutergarten.de)

NACH KLEINICH Weiter auf unserem Rückweg verlassen wir auch diesen Ort und wandern Richtung Kleinich. Nach Querung der K 106 haben wir unseren Ausgangspunkt, den **E Parkplatz am Feuerwehrhaus**, bald erreicht. Zum Abschluss nutzen wir noch die Möglichkeit, die evangelische Pfarrkiche von Kleinich näher anzusehen. Ihr Glockenturm stammt aus dem Jahr 1539. In der Kirche selbst ist die Stummorgel sehenswert. Die Orgel wurde 1809 eingeweiht und 1986 restauriert. Noch heute ist ihr voller Klang bei verschiedenen Konzerten zu erleben.

INFO

TOURENCHARAKTER
Aussichtsreiche Wanderung auf Wald- und Wiesenwegen

ORIENTIERUNG
Durchgehende Markierung

HÖCHSTER/TIEFSTER PUNKT
482 m/247 m

AUSGANGS-/ENDPUNKT
Feuerwehrhaus, Ortsstraße, 54483 Kleinich
GPS 49.891396, 7.185077

ANFAHRT
Auto: Von der A 61 bis Ausfahrt Rheinböllen, weiter auf der E 4 bis Kleinich
ÖPNV: Mit dem Bus Linie 311 von Bernkastel-Kues nach Kleinich

Mittel | 13,5 km | 310 Hm | 4.00 Std.

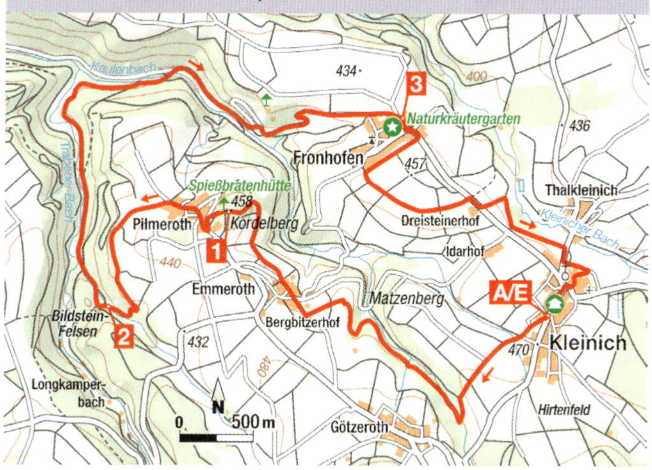

EINKEHR
Landhaus Arnoth »Alter Gasthof Faust«, Auf dem Pütz, 54483 Kleinich, Tel. 06536/286, www.landhaus-arnoth.de

BESTE JAHRESZEIT
Ganzjährig

RUINE BALDENAU

Pure Romantik

Die mittelschwere Wanderung führt auf leicht zu gehenden Wegen zu der romantisch gelegenen Wasserburg Baldenau. Das Wahrzeichen der Gemeinde Morbach befindet sich im landschaftlich sehr reizvollen oberen Dhrontal zwischen Hundheim und Hinzerath und ist die einzige Wasserburg im Hunsrück. Die Ruine beeindruckt mit ihren verwitterten Mauern und bietet Besuchern einen malerischen Ausblick auf die umliegende Landschaft. Die Geschichte der Burg ist ebenso faszinierend.

30

Eindrucksvolle Anlage der Wasserburg Baldenau mit ihrem Wassergraben

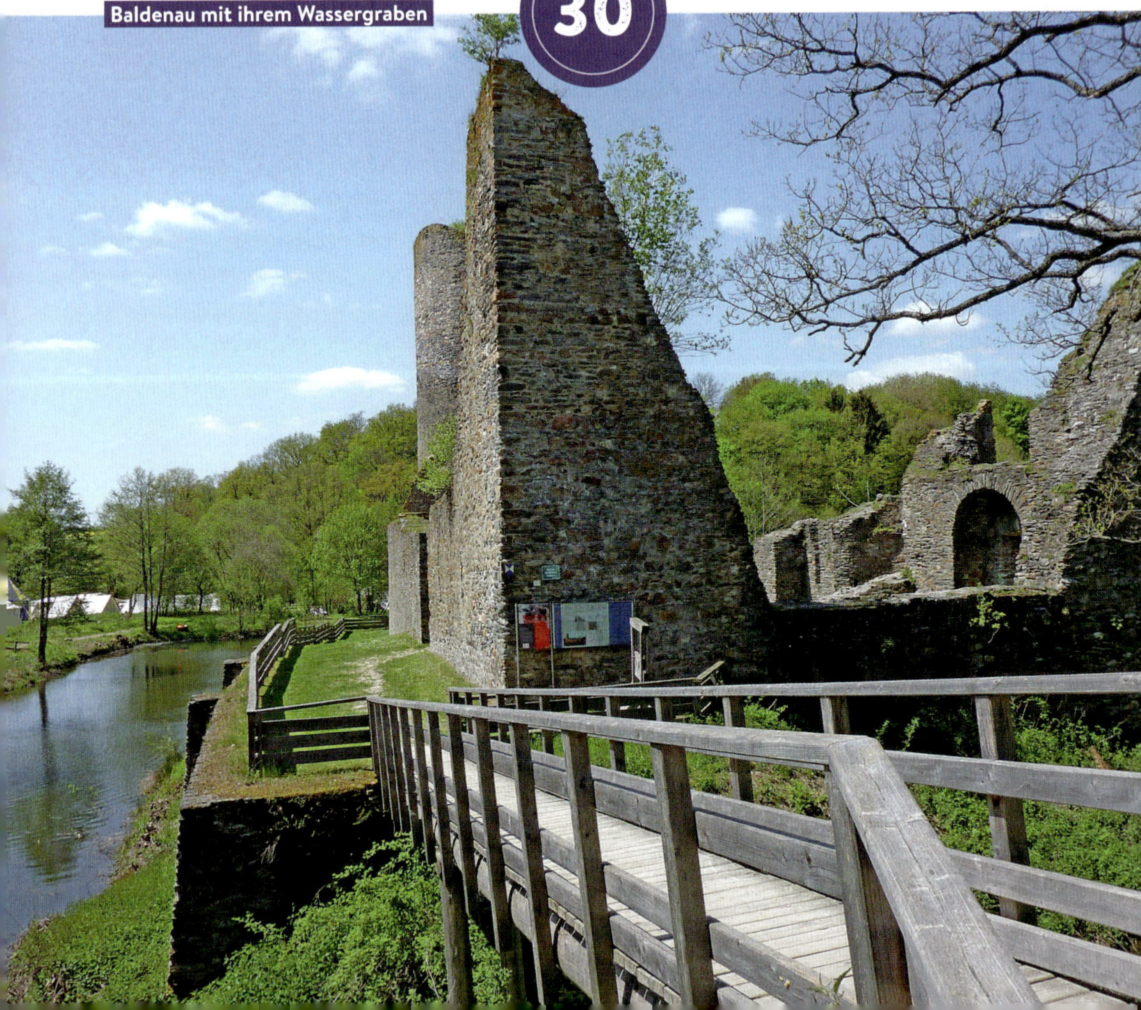

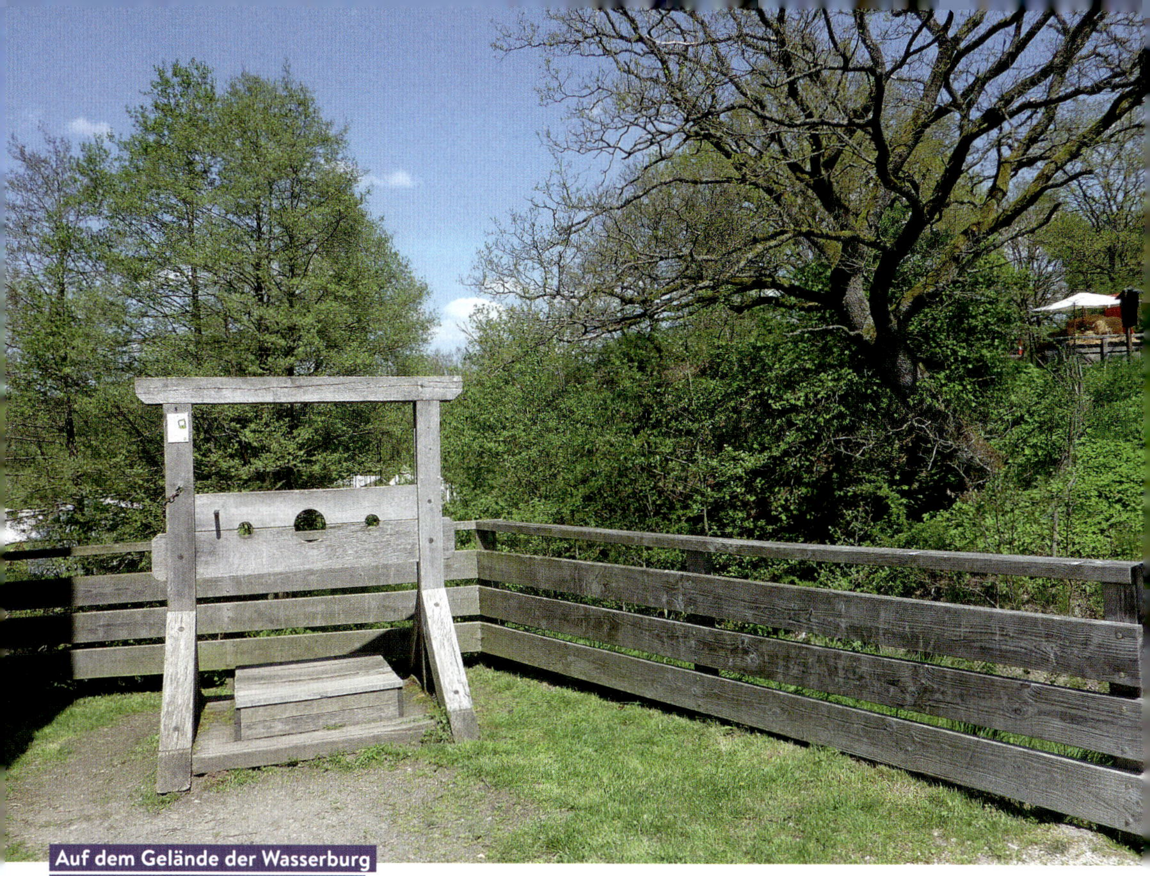

Auf dem Gelände der Wasserburg steht dieser historische Pranger.

EIN KLEINER GESCHICHTLICHER EINBLICK Im Weistum des Erzbischofs von Trier wurde Hinzerath erstmals im Jahr 1315 urkundlich als »Huntzerait« erwähnt. Später wurde Hinzerath von französischen Revolutionstruppen besetzt und war von 1798 bis 1814 Teil der Französischen Republik und später des Napoleonischen Kaiserreiches. Nach dem Wiener Kongress im Jahr 1815 kam die Region zum Königreich Preußen. Hinzerath wurde im Jahr 1816 dem Regierungsbezirk Trier zugeordnet und nach dem Zweiten Weltkrieg innerhalb der französischen Besatzungszone Teil des neu gegründeten Landes Rheinland-Pfalz. Heute ist Hinzerath Teil der verbandsfreien Gemeinde Morbach.

DER »STUMPFE TURM« UND DIE BURG BALDENAU Das Wappen von Hinzerath zeigt im unteren Teil einen grünen Dreiberg. Darüber ist auf grünem Hintergrund eine schwarze runde Turmruine mit zerbrochener Mauer zu sehen. Der Dreiberg am unteren Rand repräsentiert die Berge des Hunsrücks. Der Turm stellt den sogenannten »Stumpfen Turm« dar, der als ein bekanntes Symbol des Ortes gilt. Dieser Turm steht in der Nähe der Burgruine Baldenau und ist direkt an der Hunsrückhöhenstraße positioniert.

Der »Stumpfe Turm« diente über viele Jahrhunderte hinweg als Wach- und Meldeturm für die Burg, die im Tal gelegen war. Von dieser erhöhten Position aus konnten drohende Gefahren frühzeitig erkannt und an die Burg gemeldet werden. Die Baumaterialien des Turmes lassen darauf schließen, dass er ungefähr zur gleichen Zeit wie die Burg Baldenau, also zu Beginn des 14. Jahrhun-

Tipp

EIN KREUZ ZUM GEDENKEN

In unmittelbarer Nähe der Straße, die von Hinzerath nach Bruchweiler führt, erhebt sich das Graue Kreuz. Eine überlieferte Sage berichtet von einem Köhler, einem französischen Flüchtling, der sich mit seiner schönen Tochter in der Nähe des Hottensteiner Grenzsteines niederließ. Die Tochter war aufgrund ihrer Schönheit bei den Burschen in den umliegenden Dörfern sehr begehrt. Aber sie wies jeden ab bis auf einen jungen Förster, in den sie sich sehr verliebte. Einer der abgelehnten Verehrer war besonders wütend und tötete daraufhin das Paar. Der unglückliche Vater erschoss daraufhin den Mörder seiner Tochter und setzte das Kreuz als Gedenkmal. Jahre später fand man am Fuße des Kreuzes einen Greis. Das war der Köhler, der gekommen war, um bei seiner Tochter die letzte Ruhe zu finden.

An der Mauer von Sankt Anna findet man das Steinrelief des Heiligen Georg.

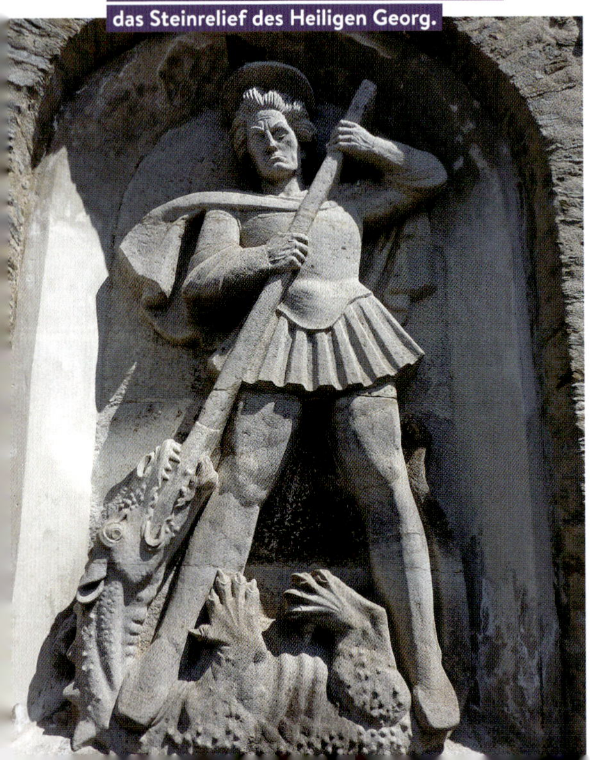

derts, errichtet wurde. Der Turm hat einen Durchmesser von etwa sechs Metern und ist ungefähr zehn Meter hoch.

RICHTUNG BISCHOFSDHRON Vom Ausgangspunkt, dem A **Bahnhof Hinzerath**, halten wir uns links und folgen dann rechts der Belginumstraße. Auf ihr gehen wir etwa 700 Meter und biegen dann rechts auf den Weg ab. Geradeaus weiter kommt eine Kurve, die uns zu einer Weggabelung führt. Hier wandern wir rechts weiter Richtung Bischofsdhron. Bald erreichen wir die ersten Häuser von Bischofsdhron und die Straße Zur Baldenau. Hier halten wir uns links und wandern dann auf der Paulinusstraße weiter bis zum Abzweig Morbacher Straße. An der Gabelung gehen wir links weiter. Wir treffen auf die Straße Am Sportzentrum und wandern rechts weiter. Wir verlassen die Straße und halten uns nach kurzer Zeit links. Nun wird die Bischofsdhroner Straße gequert. Am Friedhof von Morbach entlang erreichen wir bald die Bernkasteler Straße, der wir links folgen. Auch nach einer rechten Kurve gehen wir auf ihr weiter und biegen dann links in den Unteren Markt ein. Kurze Zeit später überqueren wir den Morbach. Wir halten uns links und biegen dann links in die Biergasse ab. Über den Unteren Markt stoßen wir auf die Bahnhofstraße, der wir rechts folgen.

KIRCHE ST. ANNA Nun erreichen wir die Birkenfelder Straße und die Kirche von Morbach 1 **St. Anna**. Die katholische Kirche kann auf eine Geschichte zurückblicken, die bis in das 13. Jahrhundert reicht. Ein bedeutender historischer Schatz der Kirche ist das sogenannte Rascheit-Epitaph, welches sich an der rechten Seitenwand der Kirche befindet und aus dem Jahr 1571 stammt. Es wird vermutet, dass es möglicherweise aus der Werkstatt von Hans Ruprecht Hoffmann

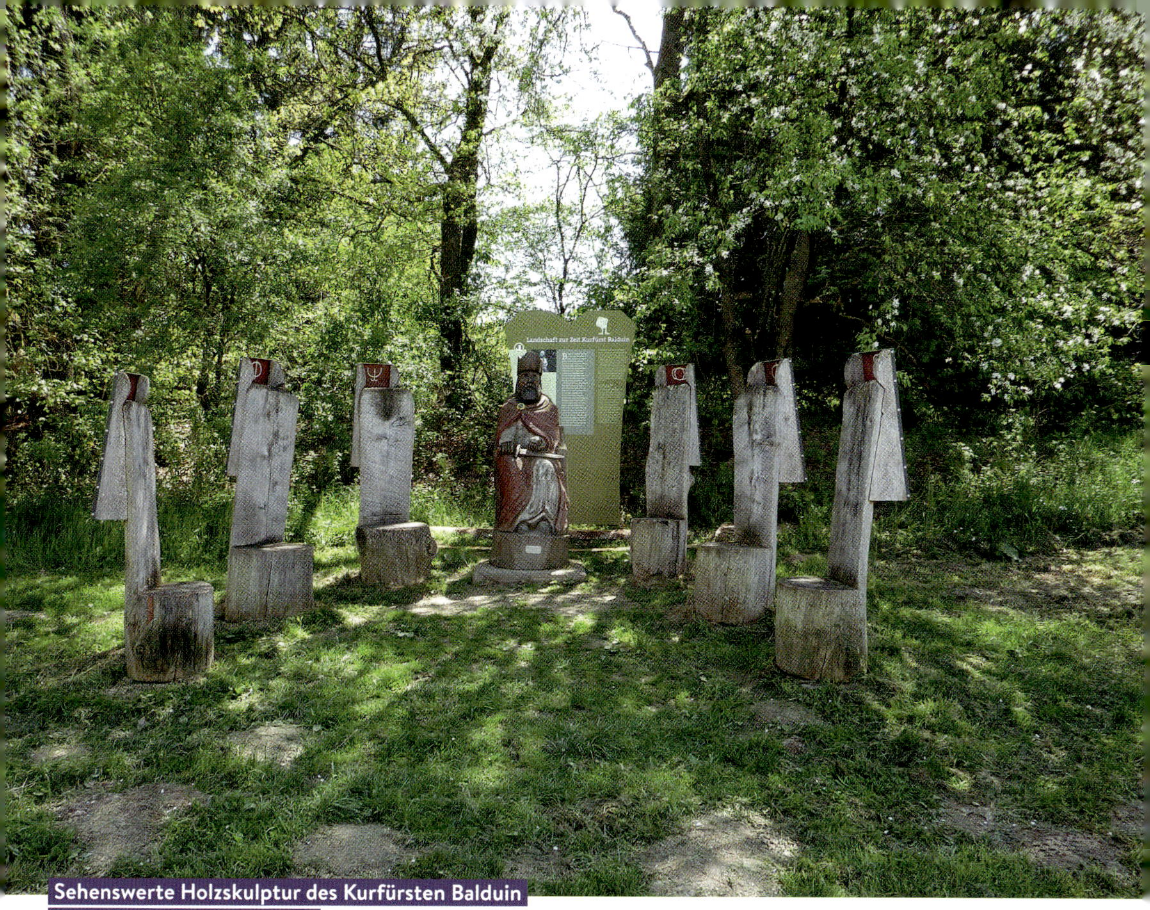

Sehenswerte Holzskulptur des Kurfürsten Balduin in der Nähe der Wasserburg

stammt. Der Hochaltar, die Kanzel sowie verschiedene weitere Figuren in der Kirche wurden von der ehemaligen Morbacher Kunstschreinerei und Bildhauerei Mettler geschaffen. Diese Werkstatt befand sich in direkter Nachbarschaft zur Kirche am Unteren Markt. Die Orgel, die im Jahr 1988 von Orgelbau Trier erbaut wurde, ist ein weiteres wertvolles Element der Kirche. Im Jahr 2021 wurde die Orgel renoviert und erweitert. Am 26. Juli, dem Annentag, welcher der heiligen Anna (der Großmutter Jesu) gewidmet ist, wird in Morbach traditionell die Kirmes veranstaltet.

BURGRUINE BALDENAU Jetzt haben wir schon acht Kilometer unserer Wanderung bewältigt. Vor Ort nutzen wir die Gelegenheit, eine Pause zu machen. Mehrere Cafés und Restaurants laden in der näheren Umgebung zur Einkehr ein. Zu unserem nächsten Höhepunkt wandern wir den gleichen Weg zurück bis zur Straße Zur Baldenau. Dieser folgen wir eine lange Zeit, bis wir rechts der Arnikaschleife folgen können. Über Trittsteine geht es durch die Wiese zur Burg. Dabei begleitet uns die Markierung LandZeit-Tour. Nach etwa 100 Metern passieren wir das Eingangstor zur Traumschleife und haben schließlich die Ruine der 2 **Wasserburg Baldenau** erreicht, die ihr Wasser aus der Dhron bezieht.

GESCHICHTE ZUR BURG Die Errichtung der Burg Baldenau erfolgte um das Jahr 1320. Die Burg wurde von Balduin von Luxemburg erbaut, einem Kurfürsten und Erzbischof von Trier. Balduin wurde im Jahr

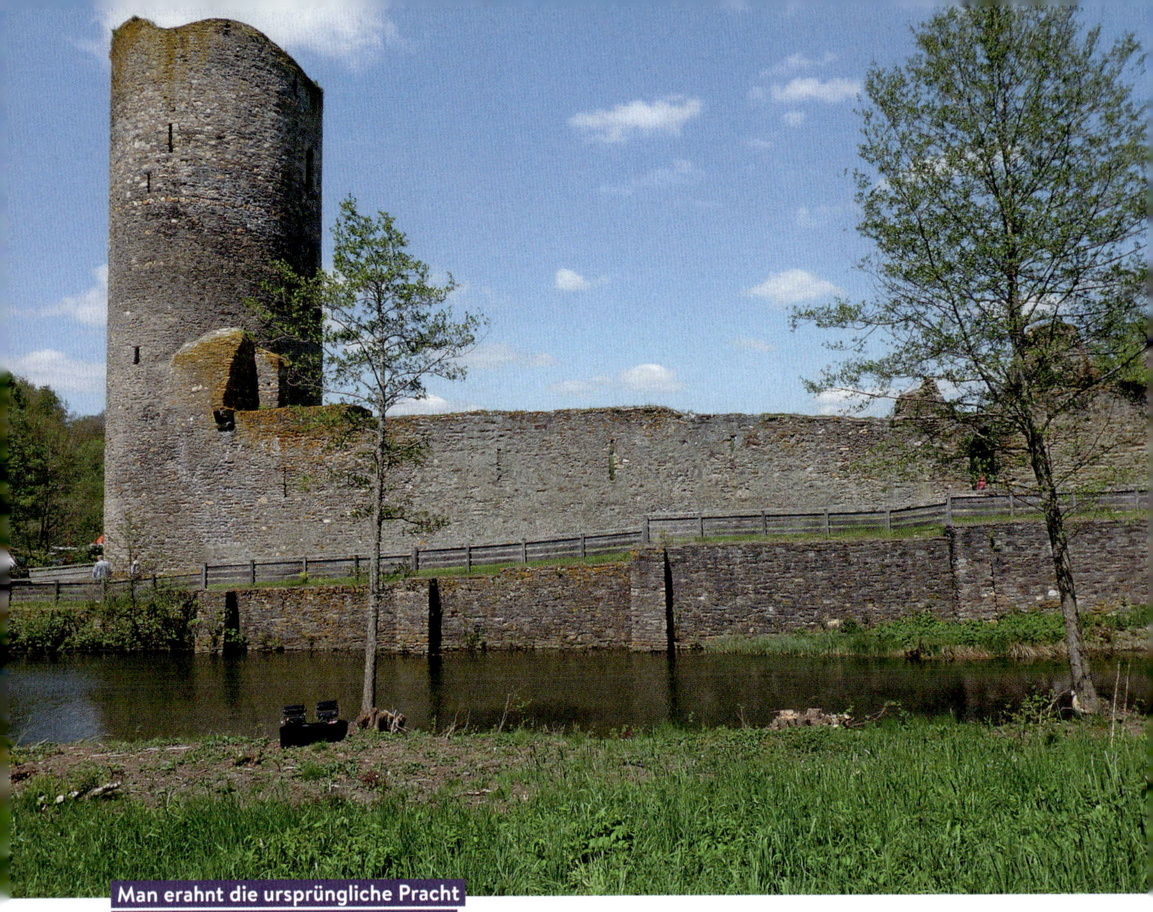

Man erahnt die ursprüngliche Pracht und Bedeutung der Ruine Baldenau.

1308 im Alter von 22 Jahren Kurfürst und Erzbischof. Bis zu seinem Tod im Jahr 1354 gelang es ihm, die Herrschaft von Kurtrier zu festigen und deutlich auszudehnen. Er zählt zu den bedeutendsten Fürsten des späten Mittelalters.

Erzbischof Balduin ließ die Burg erbauen, um seine Herrschaft gegenüber der Grafschaft Sponheim abzugrenzen. Im Jahr 1324 war sie bereits bewohnt, und neben der Burg wurde ein zweites Haus mit mehreren Kammern, Stuben, Ställen und Scheunen errichtet. Im Jahr 1332 bestätigte der deutsche Kaiser Ludwig der Bayer die Zugehörigkeit der Burg zum Besitz von Kurtrier.

Zuweilen diente sie ihm vermutlich auch als Jagdschloss. Der Plan, eine Stadt neben der Burg zu errichten, wurde jedoch nicht umgesetzt. Ab dem 15. Jahrhundert fungierte die Burg Baldenau als Mittelpunkt eines kurtrierischen Amtes.

Der Turm der Burg Baldenau weist einen Durchmesser von etwa 10,5 Metern auf und seine Mauern sind 3,5 Meter stark. Die Gesamthöhe des Turmes beträgt 25 Meter, wobei sich der Eingang auf einer Höhe von 12 Metern befindet. Dieser Eingang war über eine Treppe und eine Galerie von der Nordmauer aus erreichbar. Erst vor 150 Jahren wurde ein Durchbruch im Erdgeschoss geschaffen. Die Burg erlitt ihre erste Zerstörung während des Dreißigjährigen Krieges. In den Jahren 1649 bis 1654 erfolgte die Wiederherstellung der Burg. Die zweite Zerstörung im sogenannten Pfälzischen Erbfolgekrieg machte die Burg unbewohnbar und sie verfiel zusehends. Seit 1980 wurden Maßnahmen ergriffen, um die

Burgruine Baldenau und den Wassergraben teilweise wiederherzustellen.

ÜBER DIE HECKENMÜHLE NACH HINZERATH Wir lassen nun die Burgruine hinter uns und sind nach knapp 13,7 Kilometern an der Bienenweide. Mit der Markierung der LandZeitTour erreichen wir schließlich Überreste der alten **3 Heckenmühle** im Waldbachtal. Neben dem Bach mit der alten Holzbrücke können hier schöne Holzfiguren entdeckt werden.
Nun erreichen wir wieder Hinzerath und biegen rechts und später links in die Straße Zum Strülchen ab. Die Straße mündet in die Belginumstraße, der wir rechts folgen, dann erreichen wir in Kürze wieder den **E Bahnhof**.

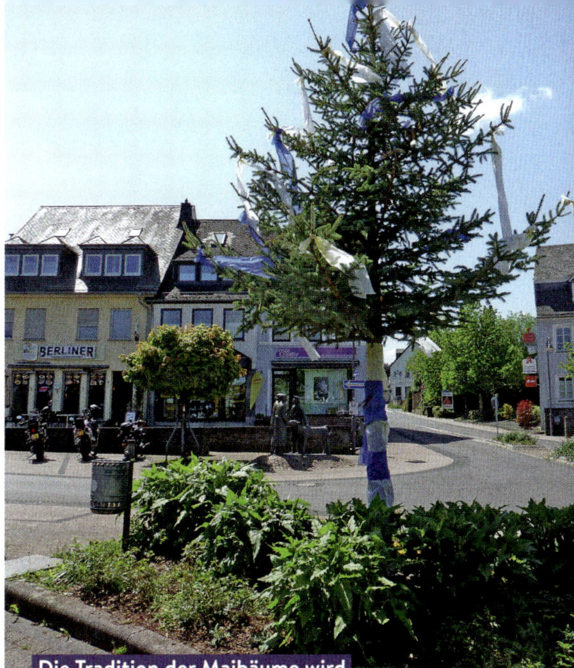

Die Tradition der Maibäume wird in der Region aufrechterhalten.

INFO

TOURENCHARAKTER
Mittelschwere Wanderung mit mehreren Sehenswürdigkeiten

ORIENTIERUNG
Traumpfad-Markierung Traumzeit LandZeitTour

HÖCHSTER/TIEFSTER PUNKT
560 m/430 m

AUSGANGS-/ENDPUNKT
Bahnhof,
54497 Morbach-Hinzerath
GPS 49.8443169,7.1855387

ANFAHRT
Auto: Auf der B 50 oder B 327 zur L 159 und dieser bis Zum Dickesloch in Morbach folgen
ÖPNV: Mit der Bahn nach Morbach und von dort mit dem Bus Linie 311 nach Hinzerath

Mittel	15,5 km	140 Hm	4.30 Std.

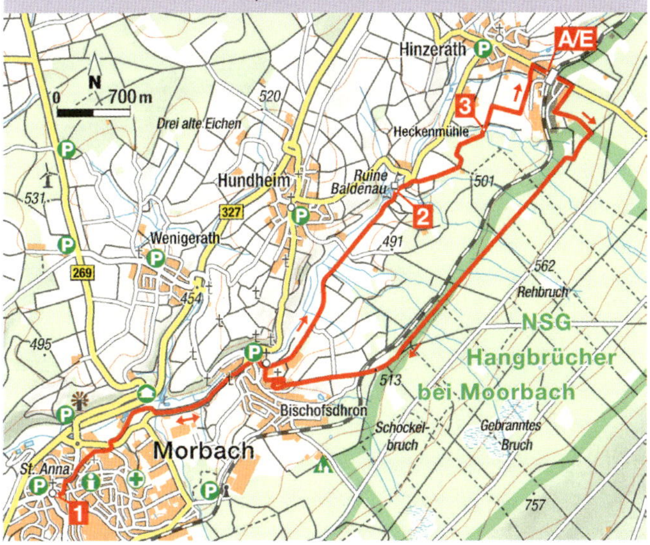

EINKEHR
Wirtshaus Zum Dorfkrug,
Unterer Markt 1,
54497 Morbach,
Tel. 06533/9699720,
www.dorfkrug-morbach.de

BESTE JAHRESZEIT
März–November

PS: FASZINIERENDE PFADE

WÄHREND MEINER ERKUNDUNGEN überraschte mich die landschaftliche Vielfalt der Region immer wieder. Die verschiedenen historischen Stätten, die ich entdeckte, hinterließen einen bleibenden Eindruck aufgrund ihrer überwältigenden Atmosphäre.

NATÜRLICHE WASSERSPIELE

In der Hölzbachklamm entdeckte ich den Kelch der Inspiration. Die zauberhafte Kraft des Wassers regt die Fantasie zu kreativen Träumen an und wirkt wie eine heilende Essenz für die Seele. Zusätzlich verspricht ein erfrischendes Fußbad in der warmen Jahreszeit auch körperliche Wohltat.

MÄRCHENHAFTE AUSSICHTEN

Ich habe meinen Spaziergang durch die weitläufigen Wiesen und Felder in vollen Zügen genossen. Dabei konnte ich die Weite der blühenden und wachsenden Natur intensiv erleben. Ebenso beeindruckend war es, den Frau-Holle-Felsen zu berühren oder sich in der Schinderhanneshöhle mit der Geschichte des berühmten Räubers zu befassen.

FASZINIERENDE ENTDECKUNGEN

Wer hätte gedacht, dass mitten im Wald des Baybachtales ein wunderschöner Rastplatz zu finden ist? Oder gar ein Schüssel-Brünnchen? Auf meinen Entdeckungstouren wurde ich stets von überraschenden Gegebenheiten und Erzählungen mit ihren Hintergründen verblüfft, die selbst manche Einheimische nicht kannten.

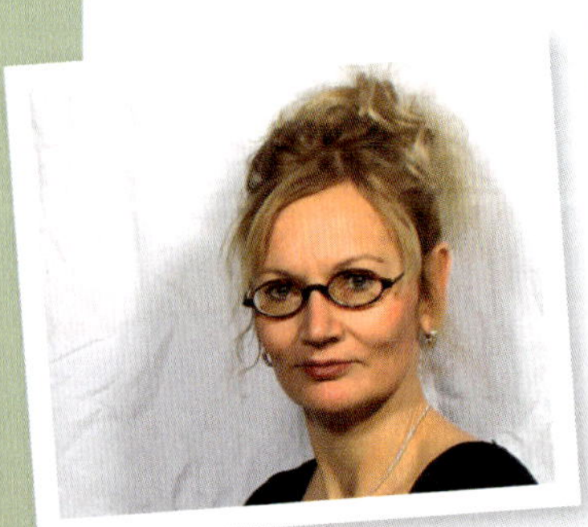

DER FRÜHE VOGEL ...

Es ist stets ein besonderes Erlebnis, die Morgendämmerung zu genießen. Besonders von der Hängeseilbrücke Geierley bieten sich immer wieder spektakuläre Sonnenaufgänge.

Herzliche Grüße Antje Bayer

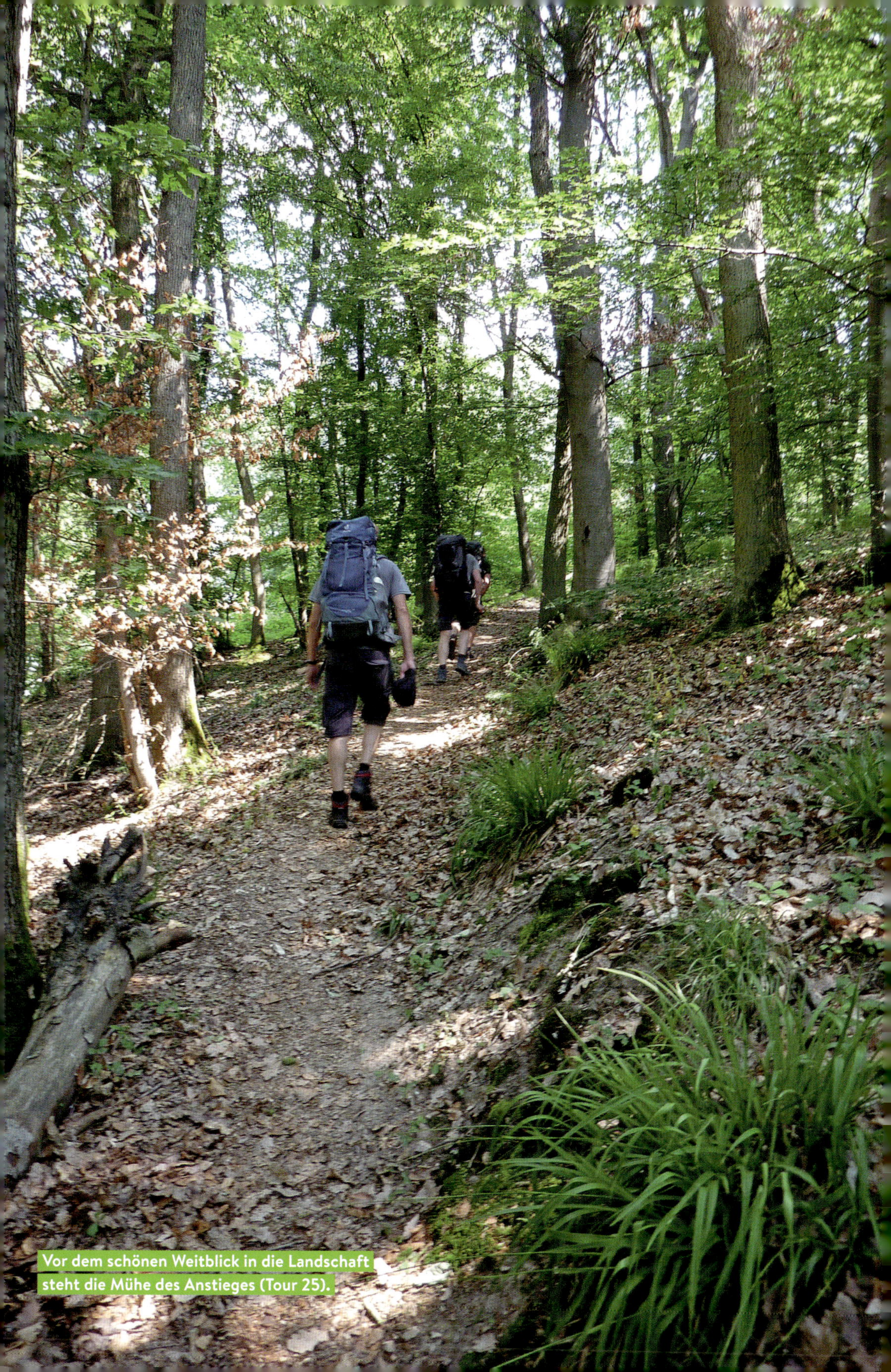

Vor dem schönen Weitblick in die Landschaft steht die Mühe des Anstieges (Tour 25).

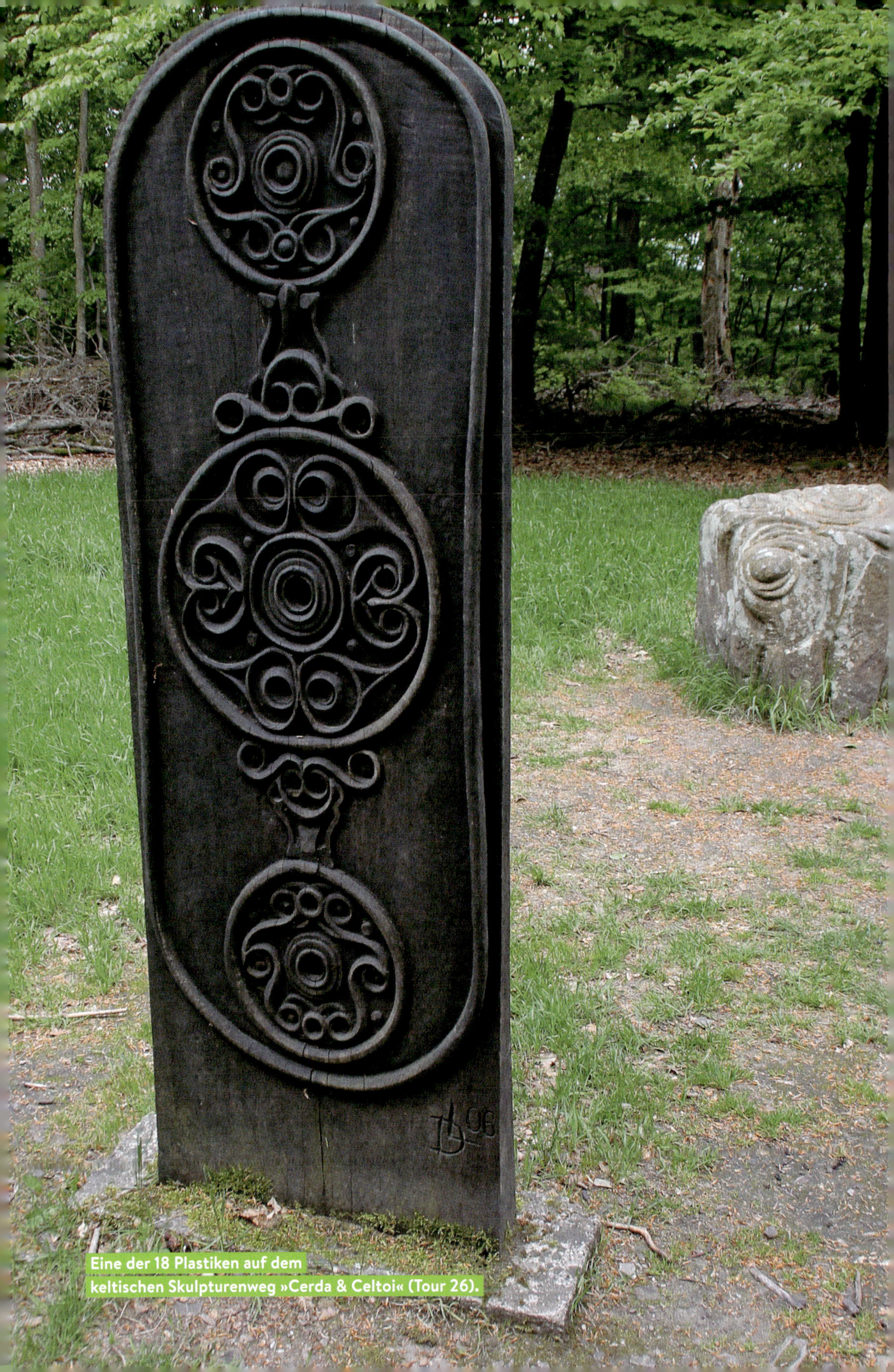

Eine der 18 Plastiken auf dem keltischen Skulpturenweg »Cerda & Celtoi« (Tour 26).

REGISTER

IMPRESSUM

Verantwortlich: Julia Vogl
Redaktion, Lektorat und Satz: mcp concept GmbH
Layout- und Reihengestaltung: Mathias Frisch
Covergestaltung: Rudi Stix
Korrektorat: Simona Fois
Repro: LUDWIG:media
Kartografie: Bruckmann Verlag GmbH, Heidi Schmalfuß
Herstellung: Alexander Knoll
Printed in Poland by CGS Printing sp. O.o.

Exklusiv für Sie als Leser:

MIT GPS-DATEN ZUM DOWNLOAD

unter: gps.bruckmann.de

★★★★★

Sind Sie mit diesem Titel zufrieden? Dann würden wir uns über Ihre Weiterempfehlung freuen.
Erzählen Sie es im Freundeskreis, berichten Sie Ihrem Buchhändler oder bewerten Sie bei Onlinekauf. Und wenn Sie Kritik, Korrekturen oder Aktualisierungen haben, freuen wir uns über Ihre Nachricht an Bruckmann Verlag, Postfach 40 02 09, D-80702 München oder per E-Mail an lektorat@verlagshaus.de.

Unser komplettes Programm finden Sie unter www.bruckmann.de

Alle Angaben dieses Werkes wurden von der Autorin sorgfältig recherchiert und auf den neuesten Stand gebracht sowie vom Verlag geprüft. Für die Richtigkeit der Angaben kann jedoch keine Haftung übernommen werden, weshalb die Nutzung auf eigene Gefahr erfolgt. Insbesondere bei GPS-Daten können Abweichungen nicht ausgeschlossen werden. Sollte dieses Werk Links auf Webseiten Dritter enthalten, so machen wir uns die Inhalte nicht zu eigen und übernehmen für die Inhalte keine Haftung.
In diesem Buch wird aus Gründen der besseren Lesbarkeit das generische Maskulinum verwendet. Weibliche und anderweitige Geschlechteridentitäten werden dabei ausdrücklich mitgemeint, soweit es für die Aussage erforderlich ist.

Empfehlung der Redaktion
Sie sind auf der Suche nach weiterführender Literatur? Dann empfehlen wir Ihnen den Titel *Wochenend & Wohnmobil Kleine Auszeiten im Hunsrück* von Udo Bernhardt und Herbert Taschler. Oder Sie werfen einen Blick in die Zeitschrift *BERGSTEIGER*. Hier werden Sie bestimmt fündig.

Bildnachweis: Alle Bilder im Innenteil und auf der Umschlagrückseite stammen von der Autorin.
Umschlagvorderseite: Herbstwald im Nebel (Adobe Stock / Anselm)
Umschlagrückseite: Ruine einer Höhenburg (Tour 11)

Die Deutsche Nationalbibliothek verzeichnet diese Publikation in der Deutschen Nationalbibliografie; detaillierte bibliografische Daten sind im Internet über http://dnb.d-nb.de abrufbar.

Infanteriestraße 11a
80797 München

ISBN: 978-3-7343-2536-6